中公新書 2580

永吉希久子著

移民と日本社会

データで読み解く実態と将来像

中央公論新社刊

まえがき

日本の移民受け入れは転換点を迎えている。少子高齢化による労働力人口の不足が実感を伴って現れる中、移民の受け入れについての議論がメディアをにぎわせている。その中では、労働力不足に直面する社会の状況とともに、日本の受け入れ制度の現状と問題点が繰り返し指摘された。また、日本に暮らす外国人住民の生活状況について、インタビューにもとづく詳しい報告も行われ、多くの人が知るところとなった。

彼ら／彼女らを「移民」と呼ぶかどうかは立場によって異なるものの、すでに多くの外国人住民が日本に暮らしていること、その中には日本に定住している人も多く含まれることは、共通の認識となりつつある。

もう一つ、共通の認識となっているのは、現在の日本には十分な受け入れ体制が整っていないことであろう。日本政府は一貫して「移民政策はとらない」という立場を示しており、移民統合のあり方についての方針は示されていない。第1章で詳しく見るように、外国人労働者や留学生、難民の受け入れは、その時々の国内外からの要請に呼応しつつ、門を広げたり狭めたりしながら、徐々に進行してきた。

そこにあるのは体系化された受け入れ制度ではなく、質的に異なる受け入れの制度が、にもかかわらず部分的に接合した、キメラのようなシステムである。

たとえば、発展途上国に対する技能移転のための技能実習制度は、単純労働分野で就労する外国人労働者の獲得に利用され、やがて特定技能や介護の在留資格と接合されることにより、日本社会への定住の窓口としての意味ももつようになっている。

このような受け入れのシステムが矛盾をはらんだものとなること、そのことが移民（と呼ぶべきか否かは序章で論じる）を困難な状況に追いやっていることは、すでに多くの書籍で克明に論じられている。

しかし、「現状が問題である」という点を超えて、私たちは望ましい移民受け入れのあり方について、何らかの共通の基盤を持って議論できているのだろうか。

一方で、移民の受け入れの是非はともかく、受け入れた移民に対しての権利の保障の必要性を主張する立場がある。そこで重視されるのは国籍を問わず認められるべき人権であり、同じ社会でともに暮らす人としての共感であろう。

もう一方では、移民の増加が治安の悪化や社会保障費用の増加、「日本人」の主権の喪失につながると考え、移民の受け入れを否定する立場がある。そこで重視されるのは、すでに日本に暮らす人たちの権利であろう。

極端な言い方をすれば、前者の立場からは、後者は偏見に満ちたナショナリストにみえ、後者の立場からは、前者は現実から目をそむける理想主義者にみえるのではないか。価値観の対立に陥ると、建設的な議論は困難になる。

本書は、移民受け入れが社会にもたらす影響に関して、実証的な観点から行われた国内外の研究成果を提示することにより、移民受け入れのあり方について論じるための土台をつくることを目的としている。

移民の受け入れは雇用の喪失や労働条件の悪化、治安の悪化を招くのか。そうした影響は受け入れの仕方や統合のあり方によって異なるのか。移民に権利を付与することは、彼ら／彼女らの社会参加を促すのか、あるいは阻害するのか。多様な人たちが国民を構成することになっても、国民としてのつながりは失われないのか。生じうる帰結を把握することは、「どうすべきか」を論じる第一歩となろう。

本書で取り上げる研究の中心となるのは統計データを用いた量的研究である。こうした研究は、個々の事例の「厚い記述」を行う質的研究と異なり、リアリティを欠いたものと見えるかもしれない。他方で、移民受け入れがもたらす影響を一定の客観性をもって示せるという利点もある。身に迫るような「厚い記述」はこれまで多数刊行されてきた。そこで本書では、これまで不足してきた量的研究の成果を中心に扱う。

移民の受け入れがもたらす影響を第2章以降で見る前に、移民受け入れをめぐる議論の前提として、序章では「移民」とは誰か、また人の移動がなぜ生じるのかを検討する。そのうえで、第1章では日本における移民受け入れの歴史と現状を確認する。

第2章から第5章では、移民受け入れの影響を見ていく。第2章では、移民受け入れの経済的影響をとり上げる。具体的には、移民の受け入れが受け入れ社会住民の賃金や雇用を悪化させるのか、受け入れ社会に技術革新をもたらすのか、あるいはそれを阻害するのか、社会保障制度の維持可能性を高めるのか、あるいはむしろ悪化させるのかについて検討する。

第3章では、移民受け入れの社会的影響として、地域の犯罪率や治安への影響を検討するとともに、移民に対するヘイトクライムの問題も見ていく。第2章、第3章の結論を先どりするなら、国内外で行われた研究の結果は、移民の受け入れがそのままプラスの影響やマイナスの影響をもたらすというものではない。雇用する企業や受け入れ社会の住民など、移民を取り巻くさまざまなアクターや、受け入れ社会の制度が影響のあり方を変える。

そこで第4章では、移民にかかわる制度として、移民の統合政策をとり上げ、それが移民の受け入れの影響をどのように変えるのかを検討する。具体的には、移民の文化的権利を認める多文化主義政策、国民の統合を重視する市民統合政策、移民に対する社会経済的権利や政治的権利の付与が、移民の社会統合に与える影響を見る。

第5章は、移民受け入れの二つの長期的影響をとり上げる。一つは、移民の子どもにあたる第二世代の地位達成である。長期的に見て、移民の受け入れが経済的・社会的にどのような影響をもたらすかは、移民第二世代が移民としての背景をもたないネイティブと同じように地位達成を遂げられるかどうかにかかっている。そこで、移民第二世代の地位達成がどのような条件のもとに起きるのかを検討する。もう一つの長期的影響は、国民としてのまとまりへの影響である。移民第二世代が増えていくということは、国内の民族構成が変化するということでもある。移民受け入れに際しては、これによって国民としてのまとまりが失われるという声が聞かれるが、こうした懸念が妥当であるのか検討する。

終章では、これらの結果をもとに、移民受け入れが社会に与える影響を、多面的な視点から検討し、「望ましい移民受け入れのあり方」を議論するために、何を考える必要があるのかを示す。

目次

図表作成：山田信也（スタジオ・ポット）

移民と日本社会

序章　移住という現象を見る

1　移民とは誰か

移民の定義

移民受け入れが社会にもたらす影響を考えるためには、まず移民とは誰かを定義する必要がある。移民がどのような人を指すのかには、多様な見方がある。その一つが「永住を意図して移り住んだ人」というものだ。日本ではこの意味で「移民」という語を用いることが一般的であろう。

たとえば、国語辞典の大辞泉では「個人あるいは集団が永住を望んで他の国に移り住むこと。また、その人々」と定義されている。日本政府は中長期的なものも含め、外国人労働者の受け入れを進めつつ、移民政策をとらないという立場であったが、そこでも一定の期間に限定された滞在者としての外国人労働者と、永住を前提とした移民が、明確に区別されている。

しかし、永住意図を含む定義は、今日の移民の状況を分析するうえで有効ではない。もともと一定期間働いた後に帰国するつもりだった外国人労働者が、滞在の長期化につれて定住していくことは、多くの国の事例から明らかになっている。交通手段の発達もあり、移民の中には出身国と居住国の間を行き来するような、国を越えた移動を繰り返し行っている人も少なくない。このため、どの時点の意図や、どのように測定した滞在期間をもって「永住」とするのかを判断するのも困難である。

したがって、永住意図をもとにした定義は、移民の実態とそぐわない。そのため、国際連合経済社会局やOECD（経済協力開発機構）をはじめ、移民の定義には永住意図や移住理由などを含まないものが一般的である（United Nations Department of Economic and Social Affairs 1998, OECD 2013）。

永住意図を定義から除外すれば、移民とは「生まれた国から一時的なものも含め、他の国に移り住んだ人」を指す。このような意味で本書も移民という語を用いる。

外国生まれと外国籍

このように定義される移民は、現在の日本にどの程度いるのか。実はこの定義を用いると、移民の人数は明確には把握できない。日本では国勢調査で出生国に関する統計はとられてい

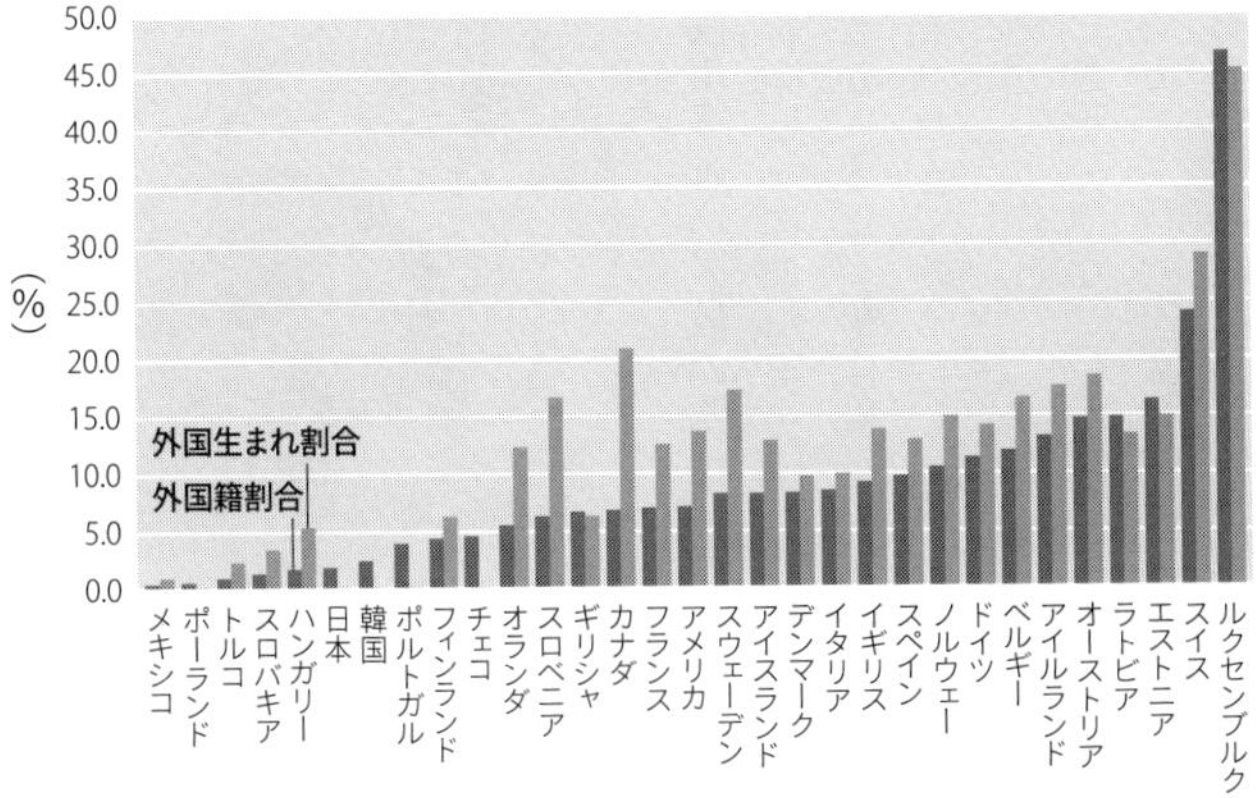

図P－1　OECD諸国の外国籍人口割合と外国生まれ人口割合の比較（2016年）
出典：OECD.STAT, *International Migration Database*. United Nations, World Population Prospects. から作成

ないからだ。日本で把握されているのは、本人および親の国籍のみである。「外国籍」と「外国生まれ」という二つのカテゴリは、似て非なるものである。両者の違いは、それぞれの人数を比較するとよくわかる。

図P－1では、外国籍者の人口と外国生まれの人口の総人口に対する割合を示した。残念ながら、日本と韓国では外国生まれの人口についての統計がないため、その割合は明らかではない。しかし、他の国の数値を見れば、多くの国で、外国生まれ人口が外国籍人口を上回っていることがわかるだろう。

たとえば、アメリカでは外国籍人口は六・九%にとどまるが、外国生まれ人口は一三・四%と六・五ポイント程度高くなっている。カナダではさらに差が大きく、外国籍人口は

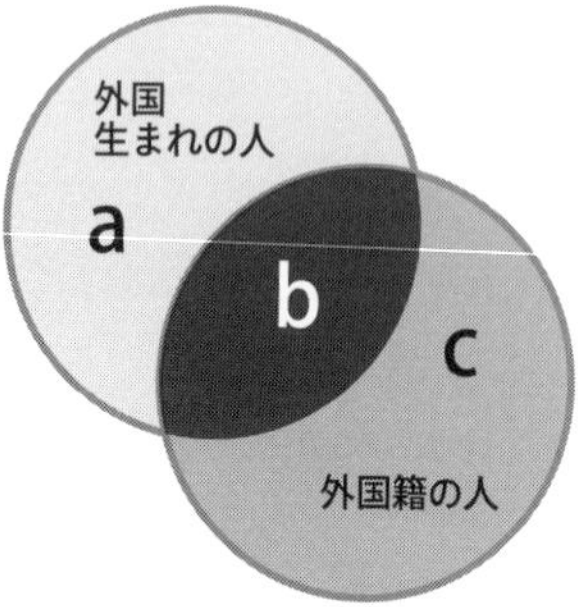

図P－2　「移民」の範囲

六・六％なのに対し、外国生まれ人口は二〇・七％に達し、一四・一ポイントの差がある。

外国籍者の数と外国生まれの数がなぜ大きく異なるのか。それには、各国の国籍制度がかかわっている。図P－2は「外国籍」と「外国生まれ」の関係をベン図にしたものである。図のaは外国生まれだが、外国籍ではない人、bは外国生まれで外国籍の人、cは外国籍で外国生まれではない人を指す。外国籍人口はb＋cの合計であり、外国生まれ人口とはa＋bの合計である。したがって、外国籍と外国生まれの人数の差は、aとcの差にかかわっている。

aとcにあたるのは、それぞれどのような人だろうか。aの外国生まれだが、外国籍ではない人とは、移住後に居住国の国籍を取得した人、あるいは居住国の国籍をもって国外で生まれた人である。したがって、帰化が容易な国であれば、aの人数が多くなり、bの人数は少なくなる。

図P－3は二〇一七年の外国籍人口に対する帰化者の割合を示したものである。これを見ると、スウェーデンやフィンランド、ギリシャでは帰化者の割合がきわめて大きいのに対し、日本では非常に小さくなっていることがわかる。

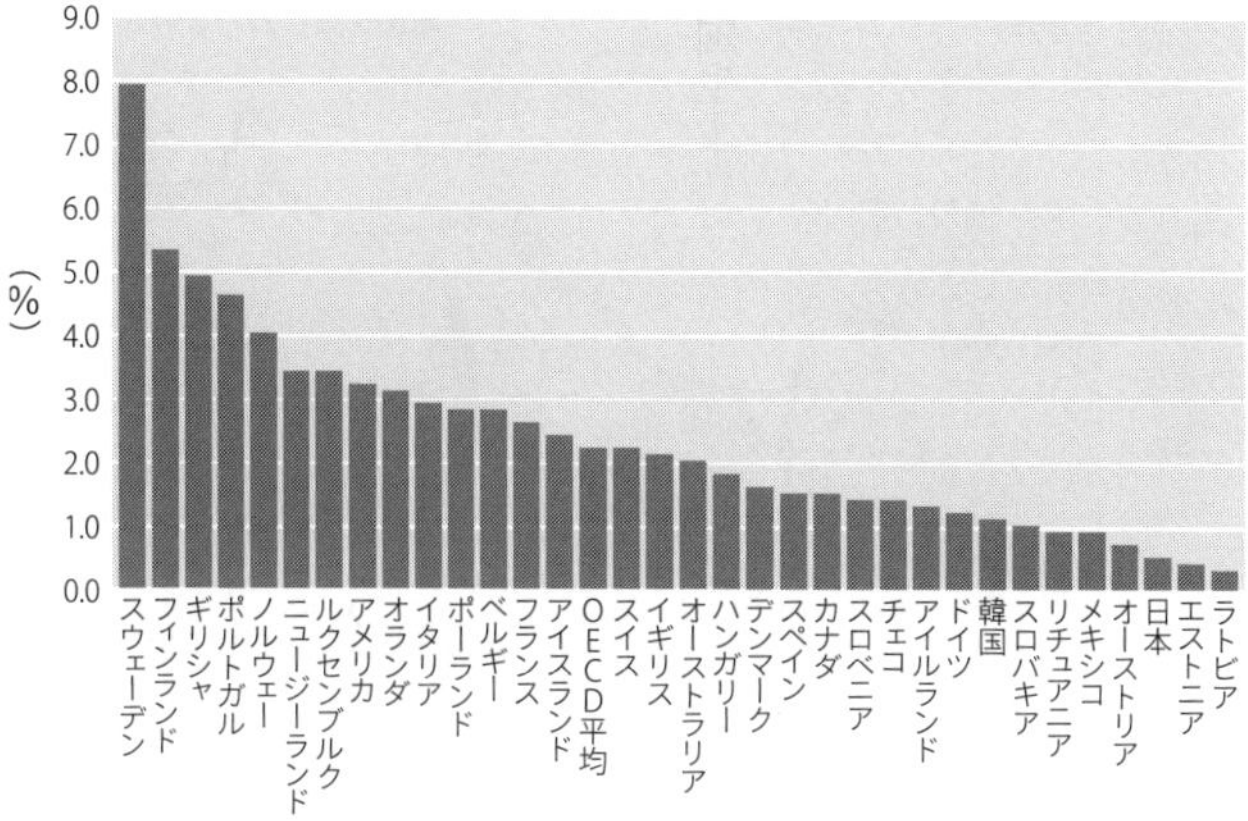

図P－3　帰化者割合（対外国籍人口，2017年）
注：オーストラリア，ニュージーランド，カナダは外国生まれ人口に対する割合
出典：OECD, 2019, *International Migration Outlook*. Paris: OECD.

つまり、図P－1のスウェーデンやフィンランドで外国生まれ人口が外国籍者人口を上回っていたのは、帰化して外国籍でなくなる人口の多さを反映したものである。ただし、国籍の取得には一定期間以上の居住が必要となるため、ここに挙げた数値はあくまで概算でしかなく、移民が増加傾向にある国ではその割合が低く、減少傾向の国では高くなる点に注意が必要だ。日本では、国内の外国籍者が増加する一方、帰化者は二〇一一年以降では年間一万人程度で大きく変化していない。

一方、cの外国籍で外国生まれではない人とは、現在居住している国で生まれたが、居住国の国籍をもっていない人のことを指す。cにあたる人の数は、子どもが生まれた際に、どの国籍が付与されるかという国

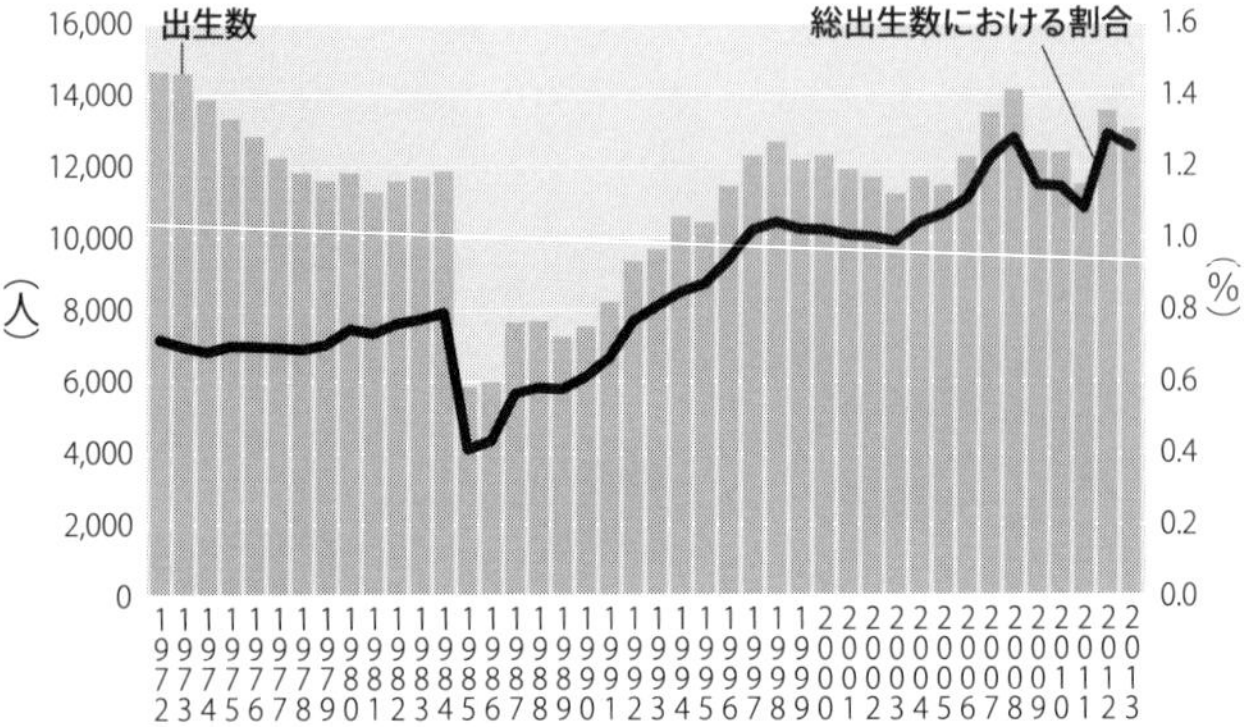

図P－4　日本における子が外国人となる出生数とその割合の推移
出典：厚生労働省『平成26年度　人口動態特殊報告』をもとに作成

籍制度によって影響を受ける。

子どもが生まれた際の国籍付与に関する制度は、大きく言って出生地主義と血統主義に分けられる。

出生地主義とは、生まれた場所が国籍付与の基準となる制度を指す。出生地主義の国では、両親が外国籍でも、その国で生まれた子どもは、当該国の国籍を得られる。出生地主義の国の代表としては、アメリカが挙げられる。

血統主義は、親の国籍が国籍付与の基準となる制度を指す。日本は血統主義の国籍制度を導入しているため、日本で生まれて育った子どもであっても、両親が外国籍ならば外国籍となる。

図P－4は、日本で生まれた子どものうち、外国籍を付与される子どもの数と、その割合の推移を示したものである。これをみると、一九八五年に激減したのち、徐々に増加し、二〇一三年には一万三〇〇〇人程度となっている。これは、全体の一・二％

程度の子どもが外国籍を付与されたことを意味する。

一九八五年に激減しているのは、この年に国籍制度が変更されたからである。それ以前は、父親が外国籍者、母親が日本国籍者の場合には日本国籍が付与されなかったが、国籍法の改正により、この場合にも日本国籍が付与されるようになった。そのため、それまで「外国籍」として数えられていた子どもが、「日本国籍」に含まれるようになり、「外国籍」を付与される子どもの数が減少したのである。このことからも「外国籍者」の数が、国籍制度に大きく影響を受けることがわかるだろう。

このように、外国籍人口は「外国生まれで国籍を取得した人」を含まず、「居住国で生まれたが、血統主義の国籍制度により外国籍でいる人」を含むため、移民の数の把握には適切ではない。

日本に移民はどの程度いるのか

日本に暮らす外国人（外国籍者）の人数を見ると、二〇一八年一二月の時点でおよそ二七三万人、人口の二・二％を占める（法務省『在留外国人統計』と総務省『人口推計』から算出）。この値が移民人口を示すものとして適切でないことはすでに見た。

日本では外国生まれ人口の統計は存在しないものの、いくつかの推計が存在する。たとえば厚生労働省『人口移動調査』では、二〇一六年時点で一・二％が外国生まれと推計されて

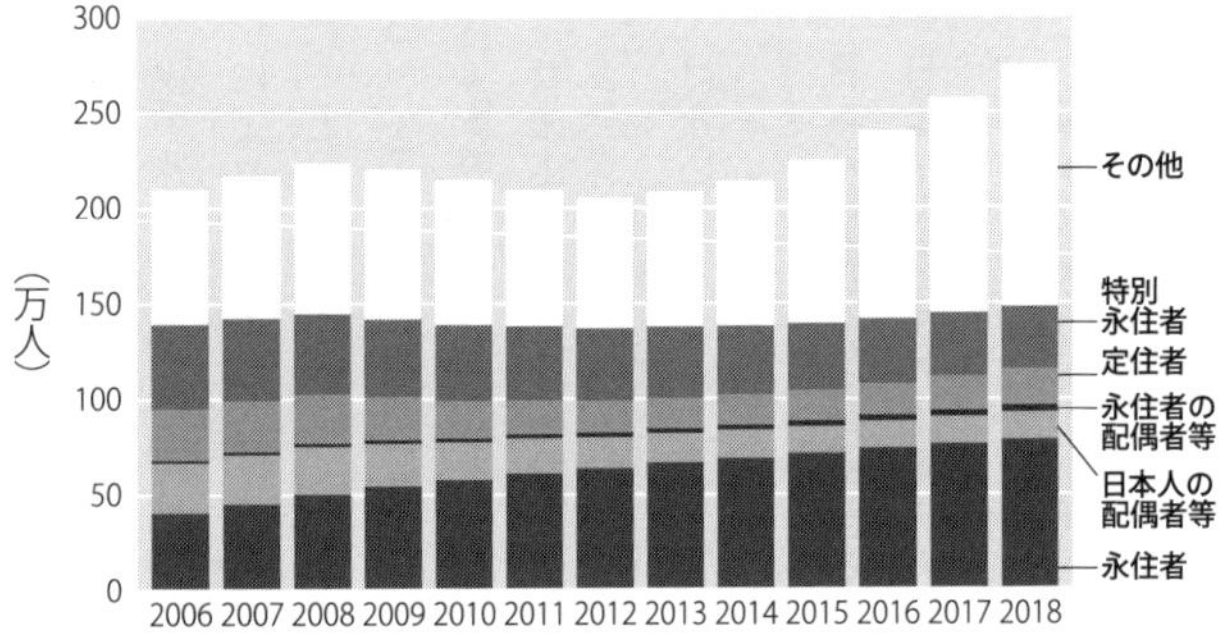

図P－5　外国籍者人口の推移

出典：法務省『登録外国人統計』(2006〜2011)，『在留外国人統計』(2012〜2018)

いる（この年の外国籍人口は総人口の一・九％）。ただし、外国籍者は社会調査への回答率が低いため、実際よりも少ない割合となっている可能性がある。

一方、人口学者の是川夕《これかわゆう》は各年の帰化者の人数から帰化人口を推計し、二〇一五年時点で外国籍者と帰化者の合計は二四七万八二三二人、総人口の二・〇％と推定している（是川 二〇一八）。是川の定義は本書と異なり、日本生まれの外国籍者も含むため、この推計が妥当であったとして、本書の定義する移民は二・〇％より低い割合となる。したがって、二〇一五〜一六年時点における本書の定義する移民の割合は、一・二％と二・〇％の間に位置づけられるだろう。

日本の移民の割合は国籍で見た場合でも、外国生まれ人口の推計で見た場合でも限定的である。しかし、今後もそうであり続けるとは限らない。

図P－5で示したように、国内に暮らす外国籍者は東日本大震災でいったん減少したものの、その後急速に増加している。このような傾向は永住者、定住者、日本人の配偶者など、「定着性の高い在留資格」（髙谷　二〇一九）をもつ人にもあてはまる。特に永住者は二〇〇六年以降、一貫して増加を続けている。

是川は現状程度の増加が続いた場合、両親のいずれかが外国籍である人（とその子孫）までを含んだ移民的バックグラウンドを持つ人の人口割合は、二〇六五年までに一二・〇％になると推計している（是川　二〇一八）。そうであるなら、日本は移民社会へと移行する途上にあるといえるだろう。

日本の移民数の推計では、移民の国籍や在留資格、教育レベルなどが明らかでないため、以降の日本のデータを示している部分の多くは便宜的に外国籍者を移民として扱っている。

2　人はなぜ移動するか

移住の主体は移民か

ここまで日本をはじめとした国々の移民の数を見てきた。国際連合の推計によれば、世界全土で移民の数は二億四三七〇万人、全人口の三・三％程度である（二〇一五年、United Nations 2017）。では、なぜ移民は生まれた国を離れて、生活しているのだろうか。

移民を語る際、ともすれば「移民の流入」「移民の受け入れ」「移民の管理」など、やってくる移民に対し、社会がどう対応するのかという視点がとられる。言外に込められているのは、「勝手にやってくる移民に対し、私たちはどのようにすべきか」という考え方である。

しかし、そもそも国境を越えた人の移動は誰が引き起こしているのだろうか。

古典的な移民研究では、移民の移動を説明する要因は二つに分けて考えられてきた。

一つは、移民が生まれた国を離れたくなる要因である。生まれた国で飢餓や貧困、災害や紛争が起きていたり、そこまでの状況ではなくとも、雇用機会が少なかったり、差別があったり、犯罪率が高かったりすれば、それは移住を促す動機となる。生まれた国からの移民の送り出しを促す要因を「プッシュ要因」と呼ぶ。

これに対し、第二の要因は、移民を別のある国へと移動させる、つまり、別のある国へと引きつける要因である。こうした要因を「プル要因」と呼ぶ。プル要因としては、生まれた国との貨幣価値や賃金の差、豊富な雇用機会、治安の良さや、政治的な安定性などが挙げられる。

プッシュ要因‐プル要因を組み合わせることで、移民がなぜ生まれた国を離れ、その国に移住したのかについて、ある程度まで説明できる。この理論から考えると、移民は生まれた国の社会経済的な状況と、移住先の状況を天秤《てんびん》にかけたうえで、移住した際のメリットが大きければ移住することになる。

プッシュ要因‐プル要因から移民の移動を説明するならば、移住をするのはもっとも貧しい国の、もっとも貧しい人ということになる。しかし、実際には発展途上国のもっとも貧しい層が移住することは稀《まれ》である。移住には費用がかかる。また、移住先の情報がない場合や、自分が移住先で職を得て、暮らしていける見込みがない場合には、移住の決断は難しいだろう。

さらに、移住を希望しても、移住先が許可しなければ、合法的な移住はできない。非正規移民となることにはさまざまなリスクが伴い、移住のコストをさらに高めるため、それに見合ったリターンがなければ合理的でない。したがって、移住とは移住者のもつ技能の水準や情報の量、受け入れ国側の政策など、さまざまな要因がかかわった現象だといえる。

移住ルートはいかに形成されるか

移民が移住先の情報をどの程度持つのか。移住先で必要とされるスキルをどの程度身につけるのか。移住に伴うコストとベネフィットはどのようなバランスになるのか。こうしたことは、移民を取りまく「制度」によって決まる。本書では、個人を取り巻く、より大きな社会の構造を制度と呼ぶ。移住は、個人にかかわるミクロな要因と、制度というマクロな要因にともに影響されて行われるのだ。

では、どのような制度が移住にかかわっているのか。近年移住を促す要因として重要と考えられているのが、歴史的に生み出されてきた国境を越えた人と人とのつながり（社会的ネ

フランス			日本		
出身国	人数	%	出身国	人数	%
アルジェリア	21,823	8.9	中国	109,763	23.1
モロッコ	18,792	7.6	ベトナム	98,615	20.8
イタリア	13,578	5.5	フィリピン	29,617	6.2
チュニジア	11,669	4.7	韓国	28,006	5.9
スペイン	10,849	4.4	アメリカ	21,994	4.6
五ヵ国計		31.2	五ヵ国計		60.6

ットワーク）である。移住先に社会的なネットワークがある場合には、現地の情報を得られるだけでなく、移住後にサポートが得られる可能性もある。つまり、移住先に社会的ネットワークがある場合には、移住に伴うコストが減少するのだ。

社会的なネットワークにもとづく移住が生じる場合、移住は人と人のつながりをもとにして、連鎖的に生じることがある。これは「連鎖移民」と呼ばれる現象である。

連鎖移民は移民の出身国と渡航先に、偏りを生む。表P-1は、二〇一七年にアメリカ、イギリス、フランス、日本へ新たに入国した外国籍者の国籍上位五ヵ国を示したものである。アメリカ、イギリスでは三五％以上、フランスでは三〇％以上が上位五ヵ国で占められており、国籍に偏りがあることがわかる。こうした傾向は日本で特に顕著である。日本では、二〇一七年に新規入国した移民の二三・一％が中国籍、二〇・八％がベトナム籍であり、上位五ヵ国で全体の六〇・六％を占めている。

アメリカ			イギリス		
出身国	人数	%	出身国	人数	%
メキシコ	170,581	15.1	中国	58,000	11.2
中国	71,565	6.3	ルーマニア	51,000	9.8
キューバ	65,028	5.8	インド	50,000	9.6
インド	60,394	5.4	ポーランド	25,000	4.8
ドミニカ	58,520	5.2	イタリア	19,000	3.7
五ヵ国計		37.8	五ヵ国計		39.0

表P－1　アメリカ，イギリス，フランス，日本の新規移民の出身国上位５ヵ国の人数と構成割合（2017年）
出典：OECD. STAT, International Migration Database.

移民の出身国の偏りは、個人的なつながりから連鎖的に人が動くという理由によってのみ生じるわけではない。そもそも国を越えた個人のつながりが、一定の規模で生じる背景には、国家の間に形成された政治的・経済的なネットワークがある。

表P－1を見ると、フランスへの新規移民の上位にアルジェリアやモロッコがある。これらの国々は、かつてフランスとは植民地国と宗主国という関係にあった。歴史的に形成された関係は、相手国の情報を増やし、言語などの面での同質性を高め、人の移動を促す。

さらに、ある国に対する軍事的介入や直接投資も、移住のルートの形成を促す（カースルズ＆ミラー　二〇一一）。ドミニカからアメリカへの移民や、ベトナムから日本への移民の多さは、こうした経緯で形成されたルートの影響であると考えられる。

あるいは、より直接的な国家の政策が、移住のルートを形成する場合もある。たとえば、ドイツには多くのトルコ移民が流入している。これは、ドイツが第二次世界大戦後の労働者不足解消のために導入したゲストワーカー制度の影響によるものである。

ドイツ政府は、一九五五年のイタリア政府との間での二国間協定を皮切りに、トルコを含む複数の国との間で協定を結び、組織的な労働者の受け入れを行った。一九七〇年代に入ると、オイルショックによる経済不況が訪れ、労働者の需要は急速に低下、一九七三年にゲストワーカー制度は廃止される。しかし、ゲストワーカーとして流入した外国人労働者はドイツに定住し、家族を呼び寄せた。その結果、今日でもドイツにはトルコ系移民が多く流入しているのである。

日本でも、インドネシアやフィリピン、ベトナムとEPA（経済連携協定）を結び、看護師や介護福祉士の候補生を受け入れている。ほかにも、三世までの日系人の「定住者」という在留資格での受け入れを認めた一九八九年の出入国管理及び難民認定法（以下、出入国管理法）の改正も、国の政策が移住のルートを形成した例であろう。

移動を促す多様な主体

移民を送り出す国の側の事情も影響する。政治的な不安定性が難民を送り出すというだけではない。移民が移動する目的の一つに、母国にいる家族への経済援助がある。居住国で稼いだお金を、家族へと送金する。これは、移民の家族だけでなく、国家にとっても外貨獲得の重要な手段となる。

世界銀行の推計によれば、二〇一八年の発展途上国への移民からの送金の総額は五二九〇億ドルにのぼり、二〇一九年には五五〇〇億ドルに達する見通しである（World Bank 2019）。移民による送金はGDP（国内総生産）の少なくない割合を占めており、国によってはその割合は二割を超える。つまり、国の経済を部分的にであれ移民たちが担っているのだ。このため、発展途上国の中には積極的に移民の送り出しを行う国もある。

たとえば、フィリピンは移民からの送金の総額がインド、中国、メキシコについで四番目に多く、その総額が三三八億ドル、GDPの一〇・二％を占めている（二〇一八年）。こうした状況から、フィリピン政府は海外雇用庁や海外労働者福祉庁などの機関を設置、労働契約の審査から、移住後／帰国後の適応のためのオリエンテーションの実施などを行っている（知花　二〇一二）。送り出し国家の積極的な支援は移住の後押しとなる。

さらに今日では個人と国家、ミクロな要因とマクロな要因の中間（メゾレベル）にある、仲介業者や多国籍企業がもたらす影響も明らかにされつつある。移民が移住する際には、海外への渡航や就労を斡旋《あっせん》する企業がかかわることは少なくない。日本への日系ブラジル人の移住には、ブラジルで人材を募集するブローカーや旅行業者がかかわっている。

また、国際結婚の一部は、結婚仲介業者を用いた「仲介型国際結婚」である（李　二〇一二）。国境を越えた人の移動が増加する中で、そうした移動は商業化され、巨大な「移民産業」を形成するまでになっている。

あるいは、多国籍企業では、本社の社員を他の国の支店に赴任させるというような、国を越えた人材の配置が行われる場合がある。国を越えた配置を行わない場合でも、国を越えた生産のネットワークは、互いの国についての知識を双方にもたらすことで、移住ルートの形成を促進する。

この点について、アメリカの移民研究者サスキア・サッセンは、国際移住のメカニズムの一つとして、次のように説明する。企業が工場などを海外に移せば、その地域の産業構造や雇用機会は変化する。こうした変化は潜在的な移住者を生み出す。また、進出した工場で働く人たちはその国の文化や技術に触れる。そうして価値観の変化がもたらされ、両国の間にはつながりが形成される（サッセン　一九九二）。

個々の企業の果たす役割はこれにとどまらない。経済的メリットを求める移住が行われるのは、移民に労働力としての期待を寄せる企業の存在が前提となっている。技能実習制度がそうであったように、企業の政府への働きかけにより、移住を可能とする制度自体が形成されることもある。

つまり、移民の移住は、移民本人の経済的動機や社会的ネットワークなどの要因だけで決まるのではない。サッセンは、「移民ないし国際労働力移動は、たまたま起こるのではない。それは作り出されるのである」と述べる（前掲書）。

移民の移住に対して、主体としてかかわっているのは、移民本人だけではない。移民を送り出す国、受け入れる国、そして、両国にまたがって活動する仲介業者や企業、それぞれの思惑の中で、あるいはこれらのアクターの行為がもたらす意図せざる結果として、移住は生じているのである。

「移民問題」というフレーム

移住が受け入れ社会の政府や企業なども含む、多くのアクターの選択によって生じている現象だとしても、受け入れ国の人々は必ずしも肯定的な見方をしているわけではない。むしろ移民の受け入れは、社会に対して何らかの問題をもたらすものと認識される。

筆者の参加する研究グループ（国際化と市民の政治参加に関する世論調査研究プロジェクト）が二〇一七年に実施した社会意識調査では、「日本に住む外国人が増えるとどのような影響があると思いますか」という質問を行った。そこで問われている影響は次の八つである。

（ア）日本社会が活性化する
（イ）異文化の影響で日本文化が損なわれる
（ウ）日本社会の治安・秩序が乱れる
（エ）日本経済が活性化する

（オ）日本人の働き口が奪われる
（カ）生活保護などの社会保障費用が増える
（キ）日本社会の文化が多様化する
（ク）犯罪発生率が高くなる

これらの質問に対する回答の分布を示したのが、図P‐6である。これを見ると、社会や文化が活性化することへの期待以上に、ネガティブな影響への懸念が示されている。「犯罪発生率が高くなる」「治安・秩序が乱れる」に対し「そう思う」あるいは「ややそう思う」を選ぶ人は六割を超えている。次いで割合が高いのは、「社会保障費用が増える」であり、四六％が「そう思う」あるいは「ややそう思う」を選んでいる。

一方で、「日本文化が損なわれる」や「働き口が奪われる」に肯定的な回答をする人の割合は三〇％にとどまる。移民の増加で危惧されているのは、日本文化や雇用の数への影響ではなく、治安悪化や社会保障負担の増加なのである。

移民の増加を治安悪化や社会保障の負担と結びつける見方は、日本でのみ見られるわけではない。諸外国でも、移民をテロや犯罪と結びつけたり、社会保障の負担増の原因として名指ししたりする言説は散見される。

近年、福祉国家として知られる北欧社会では、移民の排斥を訴える政党が勢力を広げてい

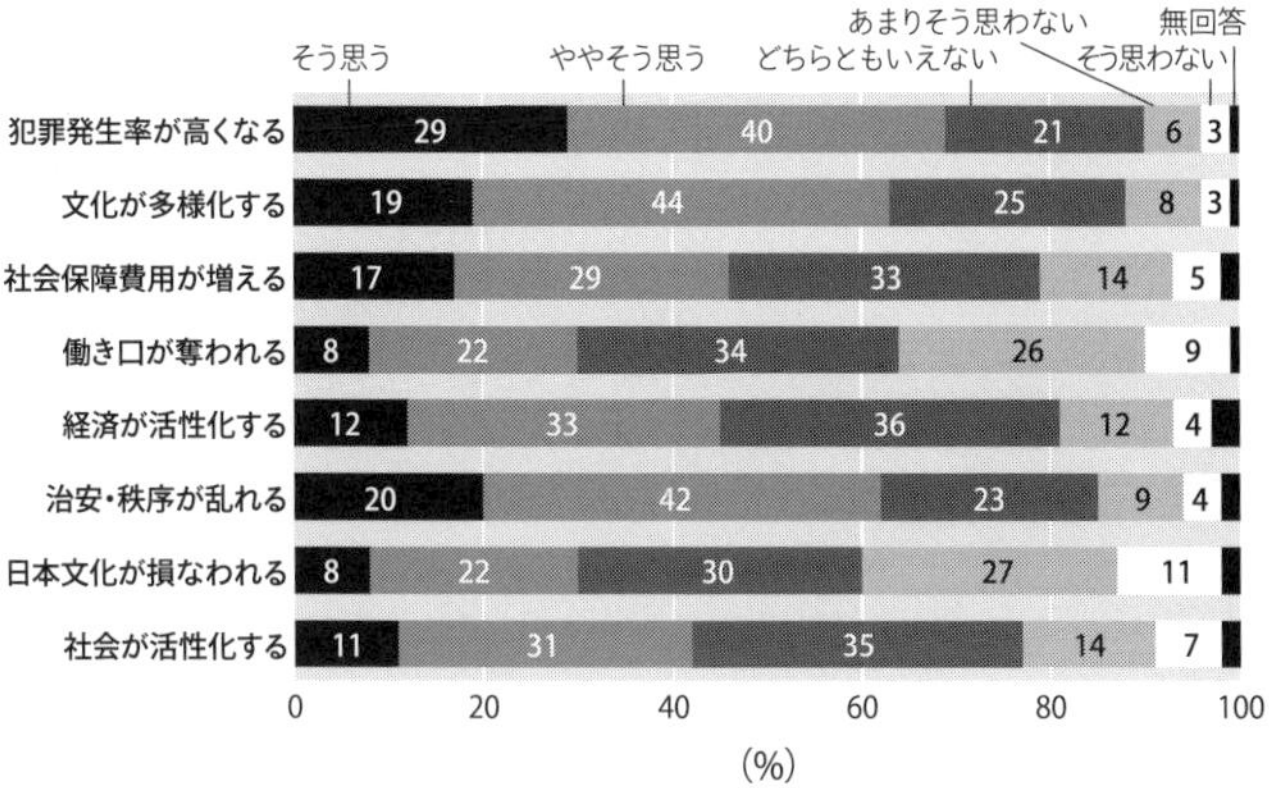

図Ｐ－６　移民増加の影響への意見
出典：「国際化と市民の政治参加に関する世論調査」（2017年）をもとに集計（n = 3880）

るが、そこには移民が「われわれ」の社会保障を奪うという危惧があった（永吉 二〇一八）。

こうした懸念はどの程度現実的なものなのだろうか。それを考える際にも、移民を取り巻くさまざまな制度を考える必要がある。後で見るように、移民がもたらす影響は、国家が誰の滞在を認め、社会統合を促す制度をどの程度整備するのか、企業がどのような待遇で用いるのか、地域社会はどのような仕方で受け入れるのかなどによって異なるからだ。

移民の流入が、移民自身によってのみ起こされたものでないのと同様、「移民問題」も（それが実際に起きているとして）、「移民自身によってのみ起こされた問題」ではない。したがって、「移民問題」は単に「移民の問題」なのではない。それは、移民を受け入れる社会の問題でもあるのだ。

この点について、実証的なデータをもとにした研究をレビューしながら検討する前に、次章では日本の移民の受け入れ状況を概観する。

第1章　日本における移民

1　移民受け入れ前史

移民の送り出し国、日本

今日の日本では移民の受け入れが問題となっているが、明治期以降の長い期間、日本は自国民を他国へと送り出す、移民送出国であった。

近代化に伴う農業従事者の失業、困窮への対策として、また、外貨獲得の方策として、政府の主導のもとで積極的な移民の送り出しが実施された。こうした「出稼ぎ」移民からの送金は、国内での農業収入や工場での労働から得られる収入を上回っており、農家にとってだけでなく、日本にとっても貴重な収入源となった（鹿毛&ピヤダーサ　二〇〇七）。

一九〇〇年代に入ると、労働移民に加え、台湾や朝鮮半島、満州《まんしゅう》などの植民地への移住も行われる。これらの移住は、家族同伴による定住目的の移動が多かった点で、労働移民と

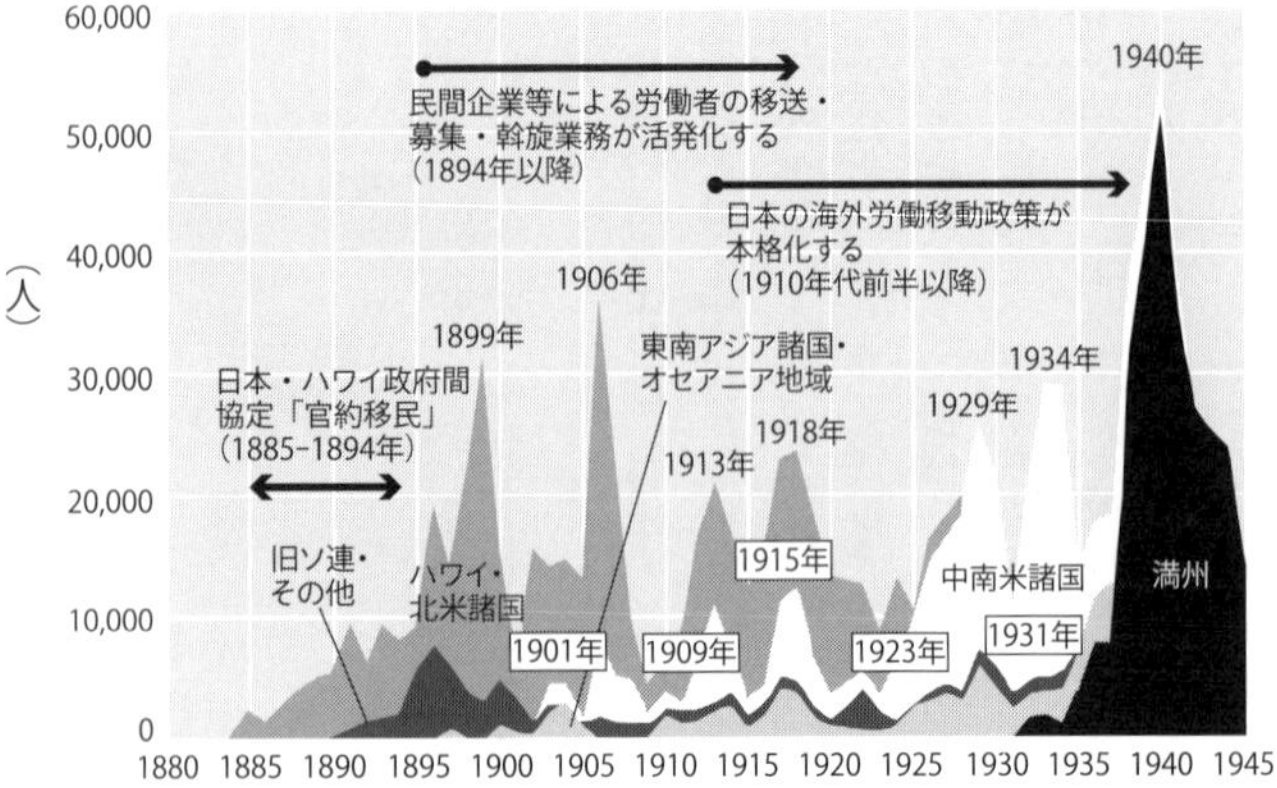

図1－1　日本からの海外労働移民の規模と目的地の推移

出典：鹿毛理恵，ラタナーヤカ・ピヤダーサ, 2007,「経済発展に対する海外労働移動の関連性―戦前日本の経験をめぐって」『佐賀大学経済論集』40 (2), 43-68.

は性質の異なるものであった（前掲論文）。北米やハワイで日本人排斥の機運が高まり、移住が禁止されると、東南アジア諸国や中南米諸国への移住が徐々に増加する（岡部　二〇〇二）。一九二四年には、日本政府がブラジルへの移住者の渡航費補助や、入植者のためブラジルでの土地の確保を行い、政府主導のもと移民の送り出しが行われた。その多くは出稼ぎを目的としていたが、現地で十分な貯金を行うのが難しく、また、太平洋戦争の勃発、日本の敗戦によって、定住の道をたどった（鈴木　一九九二）。

図1－1は日本からの移民人数の推移を、渡航先別に示したものである。一八八〇年代から終戦期まで、渡航先を変えながらも、多くの日本人が他の国へと移民として渡っ

ていたことがわかる。

　太平洋戦争後、海外からの引揚者によって増加した人口への対処として、再び政府主導での海外移住が実施された。一九五二年にはブラジルへの移住が再開され、その後もアメリカ、西ドイツ、パラグアイ、カナダなどの国に移住が行われている。そして高度成長期を迎え、国内の労働力需要が急速に高まるまで、国策としての移民は続いた。最後の国策としての南米への移民が送り出されたのは、一九七三年であった（ベフ　二〇〇六）。

在日「外国人」の処遇を決める二つの転機

　日本が移民受け入れ国へと転換するまでの間に、その後の移民受け入れに大きな影響を与える二つの出来事が発生する。一つは太平洋戦争での敗戦とその後の植民地出身者の処遇の決定であり、もう一つは一九八〇年代の「難民の地位に関する条約」および「難民の地位に関する議定書」（以下、あわせて難民条約）への加入である。

　就労を目的とした移動や動員の結果として、終戦時の日本には二〇〇万人以上の朝鮮人が居住していたと推定される（外村《とのむら》　二〇〇八）。終戦によって帰国する人が多数いる一方、朝鮮半島での政治的混乱や劣悪な経済状態を原因として、日本に残留、流入する人も少なくなかった。

　ただし、彼らを「移民」と呼べるかどうかについては、議論の余地がある。戦中期には、彼らは日本国籍を持っていたためである。太平洋戦争の日本の敗戦によって、植民地支配は終結するが、その時点では彼らは日本国籍者であった。

しかし、一九四七年の外国人登録令で、旧植民地出身者は「外国人」と定義され、入国管理の対象とされた（朴《パク》 二〇一七）。そして一九五二年、サンフランシスコ講和条約の発効によって、旧植民地出身者は日本国籍を喪失するとの見解が明示される。

これによって日本国内に、多くの「在日外国人」が生まれた。こうした旧植民地出身者の取り扱いは、イギリスやフランス、オランダが、少なくとも一定の期間は旧植民地出身者に市民権を付与してきたのと対照的である。

日本国内での「外国人」の処遇に関する第二の転機は、難民条約への加入である。きっかけは一九七五年、ベトナムからのボートピープルが千葉港に到着したことにある。当初日本政府は第三国に移住するまでの一時滞在を認めたにとどまったが、国際社会からの圧力もあり、一九七八年には一定の条件のもとで定住許可の方針を打ち出した。

日本政府はさらなる難民の受け入れや難民の処遇に対しても国際社会から圧力を受け、一九八一年に難民の地位に関する条約、一九八二年に難民の地位に関する議定書に加入する。これにより、外国籍者に対する処遇を転換する必要に迫られた。当時の日本の制度では、外国籍者は、国民健康保険や国民年金、児童手当など、さまざまな社会保障の対象外であった。しかし、難民条約は社会保障制度について、外国籍者と自国の国籍を持つ者を同等に扱うことを求めていた。

難民条約への加入後、日本政府は制度の改革を余儀なくされ、国籍による制限は徐々に撤廃される。結果として、これらの社会保障制度から排除されていた在日韓国・朝鮮人をはじめとした外国籍者も、制度に包摂されることになった。

移民受け入れ国への転換

このような制度変更がありつつも、日本での移民の受け入れは限定的なものにとどまっていた。

図1－2は一九四七年以降の外国籍者数の推移を示したものである。一九八〇年代の後半まで、国内に暮らす外国籍者数はほとんど変化しておらず、そのほとんどを韓国・朝鮮籍者が占めていたことがわかる。高度経済成長期における労働需要の拡大は、農村からの労働力の移入や、女性労働力によって賄うことができた。そのため、外国人労働力を必要としなかったのだ。

しかし、バブル景気で状況は変化する。いわゆる「3K」（きつい、汚い、危険）の職場では労働者が不足していた。他方で一九八五年九月のプラザ合意によって引き起こされた円高が、外国人労働者にとって日本に出稼ぎに行くメリットを生み出した。ただ、日本政府は単純労働で働く外国人労働者の受け入れを認めておらず、結果として多くの外国人労働者が就

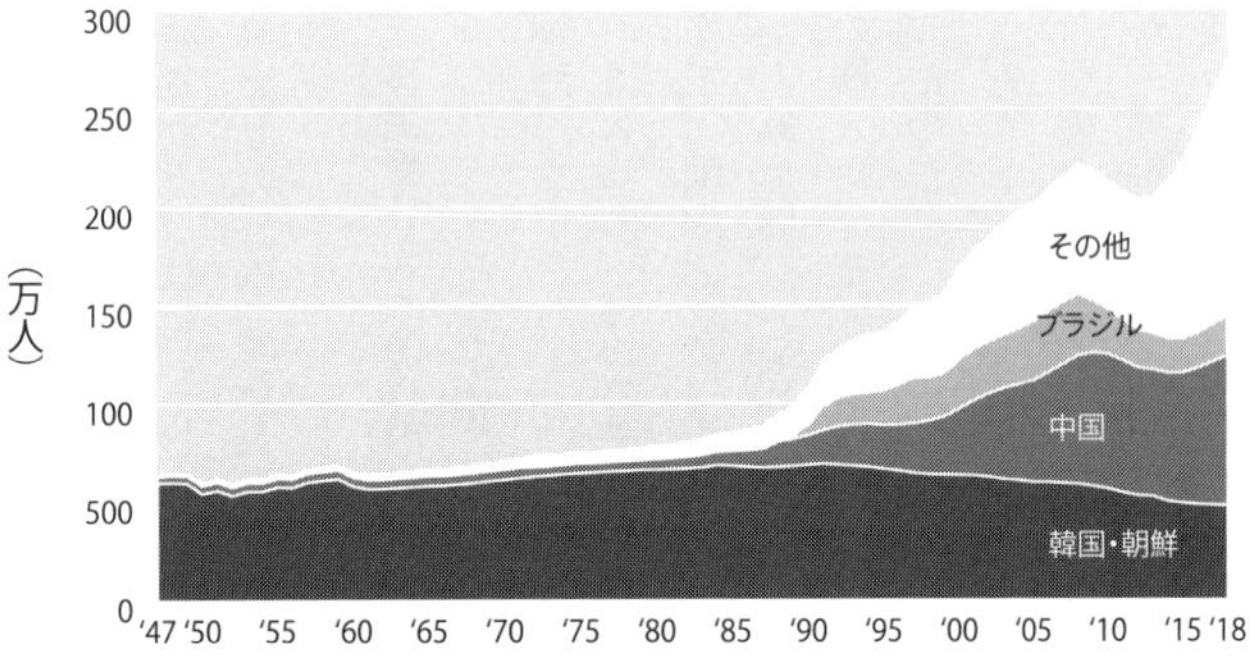

図１－２　国籍別外国人登録者数の推移
出典：法務省『登録外国人統計』，『在留外国人統計』

労のための正規の資格を持たないままに、日本人の就きたがらない労働条件の悪い職場で働くようになった。

一九八九年に資格外活動およびそれに関連する不法残留によって摘発された外国人の数は、プラザ合意前の一九八四年の約三・五倍にも上り（『平成二年 警察白書』）、制度の整備が進まないままに、多くの外国人が不足する労働力を補う形で就労していたことがうかがえる。

高まる必要性と進んでいく実態にもかかわらず、日本政府は戦後一貫して大規模な移民、とくに単純労働者の受け入れに対して否定的な姿勢を示してきた。

一九八八年に閣議決定された「第六次雇用対策基本計画」では、「我が国の労働市場や社会生活等に悪影響を及ぼすことなくこれを進めるなどの観点から検討することが必要である」として、専門・技術的な能力を持つ外国人は可能な限り受け入れる方針を示したのに対し、単純労働者の受け入れには慎重な姿勢を崩さなかった。

この方針のもとで、一九八九年、出入国管理法の改正が行われた。この改正によって、現在の移民受け入れ制度の土台が作られる。具体的には、不法就労助長罪による不法就労、非正規滞在に対する取り締まりの強化、専門・技術職の受け入れ範囲の拡大と制度の整備、日系ブラジル人・ペルー人の受け入れ窓口となった定住者資格の創設、技能実習制度の前身となる「研修」の在留資格の創設が行われた。

翌一九九〇年に改正入管法が施行されると、移民の急増を招いた。図1‐2に示した国籍別外国人登録者数の推移をみると、一九八五年から一九九〇年にかけて、中国籍者やブラジル籍者が増加していることがわかる。ブラジル籍者とペルー籍者の人数は、一九八五年から一九九〇年までの間に二〇倍以上になっている。

これ以降、日本政府はさまざまな窓口を用意し、移民の受け入れを行っていく。その様子は図1‐2における外国人登録者数の推移からうかがえる。ただし、この間も移民を受け入れるための総合的な枠組みが準備されたわけではない。

その様子を社会学者の小井土《こいど》彰宏《あきひろ》と上林《かみばやし》千恵子《ちえこ》は技能実習制度、留学生政策など、個々の政策が、異なる領域でそれぞれに由来する「政策的正統性」を根拠に形成された結果、「移民政策の断片化（fragmentation）が構造的に進行し続け」ていると表現している（小井土・上林　二〇一八）。

以下では、この個々の政策のもとで移民の受け入れがどのように行われているのか、詳しく見ていこう。

2 高度人材としての移民

専門職移民の受け入れ状況

日本政府は単純労働に従事する外国人労働者の受け入れを公式には認めていない。後に見る特定技能の在留資格設立によって、やや拡張したものの、就労を目的とした外国人の受け入れは、専門的な知識、技能、技術を有する外国人にのみ開かれていた。言い換えれば、長年、日本が就労を目的とした在留資格で受け入れてきた移民は、すべて少なくとも名目上は専門・技術職（以下、専門職）移民だといえる。

では、どのような在留資格の移民が、いかなる規模で暮らしているのか。図1－3は専門職移民の人数を在留資格別に示したものである。これを見ると、「技術・人文知識・国際業務」の人数が突出して多い。

二〇一八年にこの在留資格で滞在している人は二二万六千人程度である。この数がきわめて大きいことは、二番目に人数が多い在留資格である「技能」の人数が四万人程度にとどまり、六分の一程度の規模であることからもわかるだろう。

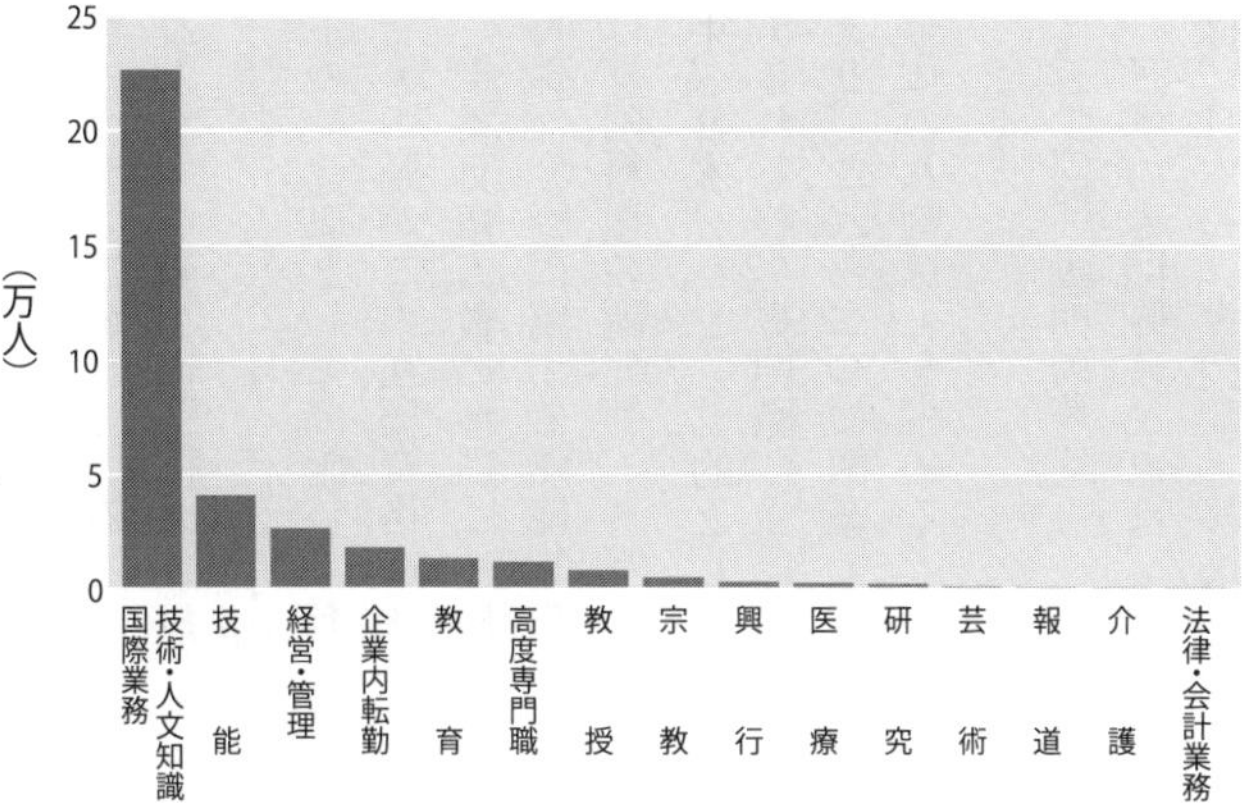

図１－３　在留資格別専門職移民の人数（2018年12月）
出典：法務省『在留外国人統計』

法務省の定義では「技術・人文知識・国際業務」とは、「本邦の公私の機関との契約に基づいて行う理学、工学その他の自然科学の分野若《も》しくは法律学、経済学、社会学その他の人文科学の分野に属する技術若しくは知識を要する業務又は外国の文化に基盤を有する思考若しくは感受性を必要とする業務に従事する活動（この表の教授、芸術、報道、経営・管理、法律・会計業務、医療、研究、教育、企業内転勤、興行の項に掲げる活動を除く）」とある。

ややわかりにくいが、該当例としては「機械工学等の技術者、通訳、デザイナー、私企業の語学教師、マーケティング業務従事者等」が挙げられている。具体的な仕事内容は法務省入国管理局の「「技術・人文知識・国際業務」の在留資格の明確化等について」という通達（二〇一五年三月改訂）により詳しく、大学や大学院を卒業後、ＩＴ関連職や土木・建築関連の研究開発職、語学関連職、貿易関連職などに就いた場合が挙げられている。高等教育機関を卒業後、いわゆるホワイトカラーの職に就いている人が、この在留資格に該当することがわかる。

実際、「技術・人文知識・国際業務」の在留資格は、日本の大学・大学院を卒業した留学生の受け皿として機能しており、二〇一七年に留学から他の在留資格に資格変更した人の九一・四%がこの在留資格に変更している。

二番目に人数の多い「技能」とは、「本邦の公私の機関との契約に基づいて行う産業上の特殊な分野に属する熟練した技能を要する業務に従事する活動」と定義され、該当例としては外国料理の調理師、スポーツ指導者、航空機の操縦者、貴金属等の加工職人などが挙げられている。

これらの「専門職」移民全体の国籍別の割合は、三六%が中国籍、一一%がベトナム籍であり、これら二つの国籍で半数近くを占めている。全体的に見てアジア圏からの移民が多く、全体の八割以上を占める。

「日本的」専門職移民

日本の専門職移民には、職種が多様であるという特徴がある。経営学者の塚崎《つかさき》裕子《ゆうこ》によれば、日本の「専門職」移民に付与される在留資格は、一般には専門職とみなされない職務を含む、きわめて日本的なものである（塚崎　二〇〇八）。

高技能外国人の受け入れに対し調査を行った塚崎は、日本の専門職外国人を、特定の専門分野の職務に従事する人と、経営一般の職務に従事する人、「外国人ならではの職務」に従事する人の三つに分けられると分析している。外国人ならではの職務は、さらに外国語を活用する職務、「外国の文化に基盤を有する思考又は感受性」を活用する職務（これを塚崎は「リエゾン職務」と呼んでいる）、外国に特有の職務および外国の方が進んでいる職務の三つに分けることができる。この「外国人ならではの職務」が日本に特有の専門職移民だといえる。

日本に暮らす専門職移民の仕事を、もう少し詳しく確認しよう。労働政策研究・研修機構では二〇一三年に専門職移民の雇用について、企業を対象に調査を実施している。

この調査によれば、専門職移民を雇っている企業のうち、もっとも多い三七・七％が販売・営業職に配置しており、次いで生産・製造（一九・〇％）、研究関係（一八・四％）、システム開発・設計（一八・〇％）、通訳・翻訳（一七・七％）となっている。

日本での専門職移民が、技術開発やシステム開発といったいわゆる「理系」の職ではなく、販売や営業の分野でもっとも活用されていることがわかる。たとえ生産や技術にかかわる仕事であっても、外国人従業員には現地（多くは外国人従業員の母国）の生産や設計にあたるチームとの交渉役が期待されることが多く、海外と業務関係をもつ企業がコミュニケーションにかかわる知識や能力に期待して、高度人材を活用している（Liu-Farrer 2009）。このため、

「外国の文化に基盤を有する思考又は感受性」をもった人としての移民が積極的に活用されるのである。

また、専門職移民は大企業で働くイメージがあるかもしれないが、これは実態とは必ずしも一致しない。二〇一八年の日本企業に就職した留学生の勤め先は、従業員数が五〇人未満の企業が三六・九%ともっとも多く、これを含め一〇〇人未満の企業に就職した割合は四六・二%を占めている（法務省入国管理局　二〇一八）。

専門職移民を雇用する中小企業は外国に本社があるか、海外取引がある企業が多く、大企業は海外に現地法人が多いという特徴がある（塚崎　二〇〇八）。いずれの場合でも、専門職移民は、日本と海外をつなぐ「橋《ブリッジ》」としての役割を果たしているといえるだろう。

「外国人ならではの職務」で働く移民は一般にイメージされる専門・技術職とは異なるだろう。社会学者の五十嵐泰正《いがらしやすまさ》は、前述した日本労働政策研究研修機構の調査をもとに、日本の企業で働く専門職移民の多くが、「「イノベーションをもたらす」即戦力」というよりも、「日本企業のマスに近い人材」であり、「定着志向の強いホワイトカラー職の外国人」であると指摘している（五十嵐　二〇一五）。

国際的に獲得競争が起こっているIT技術者も、必ずしも高度人材といえる仕事に就いているわけではなく、プログラミングなど人手が必要な労働集約的な場面で活用されることも少なくない。倉田良樹は企業調査の結果から、IT技術者として働く移民が設計などの高技能職ではなく開発・プログラミング職に就いていることなどを踏まえ、「現在の日本で就労している外国人IT技術者は、e-Japan重点計画等が想定する高度プロフェッショナルの活用という方向ではなく、現状の日本におけるIT技術者の労働需給状況に従って、偶発的ないし状況依存的に活用されているに過ぎない」と指摘している（倉田　二〇〇四）。

高度人材獲得の困難

もちろん日本もいわゆる「専門職」とみなされるような、高い技能レベルの移民に対しても積極的に受け入れを行ってきた。その代表的な例が、二〇一二年に導入された高度人材ポイント制度である。

これは一定の条件を満たす移民に対する優遇政策である。高度人材受入推進会議報告書によれば、「高度人材」とは、「国内の資本・労働とは補完関係にあり、代替することが出来ない良質な人材」であり、「我が国の産業にイノベーションをもたらすとともに、日本人との切磋琢磨《せっさたくま》を通じて専門的・技術的な労働市場の発展を促し、我が国労働市場の効率性を高めることが期待される人材」とされる。高度人材として認められるかどうかは、学歴や職歴、年収や日本語能力、職業に関する資格などの合計のポイントで決められる。例を挙げると、大学卒の学歴で一〇ポイント、職歴が七年以上で一五から二〇ポイント（職種によって異なる）となる。

ポイントの合計点が七〇を超えれば、高度人材として認められ、在留資格の更新までの期間が最長の五年となるほか、配偶者の就労が認められ、永住権申請に必要となる居住年数が短縮されるなど、多くの優遇措置が受けられる。

しかし、制度の設立当初は数々の優遇措置にもかかわらず、利用する人数は少なく、高度人材として在留する人は二〇一二年では三一三人、二〇一三年では七七九人（累計認定数は八四五人）にとどまった。

そのため、認定要件や優遇措置の見直しが行われた。たとえば、年収要件の見直しを行い、必要となる年収の下限を引き下げた。また高い日本語能力や日本の高等教育機関の学位取得で得られるポイントを引き上げるとともに、中小企業で就労する人に対しても加点を行った。さらに、優遇措置の一つである、親の帯同の要件を緩和した。二〇一七年からは永住許可申請に必要な居住期間が三年（八〇点以上の高得点者は一年）に短縮された。

これらの制度変更は功を奏し、累計の認定者は二〇一四年には二四五三人（在留者は二二七三人）まで急増、その後も年々増加しており、二〇一八年には一万五千人（在留者は一一六四一人）を超えている。これは、二〇二〇年までに一万人の認定という政府の目標を上回るペースである。

国籍別では、高度人材として滞在する人の六五・六％が中国籍、次いで多いのがインド国籍（四・五％）、アメリカ国籍（四・二％）、韓国籍（四％）、台湾籍（三・八％）となっており、アジア出身者が八五％を占める（二〇一八年末時点）。

高度専門職の移民は年々増加しているが、日本が高度人材の獲得に成功しているとはいえないとの指摘もある。高度人材の受け入れについて長年研究を行っている大石奈々《おおいしなな》は、もともと高度人材の資格はすでに日本に滞在している移民が申請・取得する傾向にあり、国外からの高度人材の獲得のためというよりも、すでに日本に滞在している移民の定住化政策としての機能を果たしていると指摘する。大石によれば、にもかかわらず、高度専門職として認定を受けた人の一割以上がすでに国外に流出している（大石　二〇一八）。

また、総務省の調査では、調査対象となった高度人材の六四％が自然科学分野の専攻を卒業しているが、日本での長期の勤続が見込まれるのは人文科学や社会科学分野の学位を持つ人であった。また、博士号取得者も二割を占めるが、日本での長期の勤続はなかなか見込めないことが指摘されている（総務省　二〇一九）。

日本は高度人材の獲得がなぜ困難なのか。大石の聞き取り調査によれば、アメリカなどと比べた場合の賃金の相対的な低さは大きな問題ではない。それ以上に問題となるのは、賃金以外の面での職に関する要因――昇進の見込みの低さや、転職の困難さ、職場でのコミュニケーションの問題や男女の不平等とワークライフバランス――に加え、家族の生活や子どもの教育の問題である（Oishi 2012）。

たとえ移民制度を整え、優遇措置などで積極的な高度人材の受け入れを行ったとしても、彼らが働く企業や、普段生活する社会のあり方が変わらなければ、高度人材を呼びよせることも、定住を促すことも困難であることが、ここからうかがえる。それは特に、国際競争力が高く、日本以外の国も移住の選択肢となりうる高度人材についていえる。

企業主導の専門職移民受け入れ

専門職移民についても、より限定的な意味での高度人材移民についても、日本の受け入れ政策は企業主導で行われており、政府による介入の範囲が小さいという特徴がある。

これには二つの意味がある。第一に、日本の専門職移民の受け入れ制度は、諸外国で実施されているような労働市場テストや受け入れ上限の設定を行っていない。労働市場テストとは、「国内の労働力では埋められないポストに移民を雇う」ことを証明するため、一定期間国内で求人を行うものである。

たとえばイギリスの技能労働者(Tier2)にあたる移民の受け入れには、労働不足職種や一定の賃金を超えた職を除き、国内および欧州経済領域(EEA)内の労働者では埋まらないことを、一定期間求人を出して証明しなければならない。

また、アメリカの短期滞在(最長六年)の専門職を対象としたH-1Bビザについては、発行の上限があらかじめ定められている。これに加え多数のH-1Bビザの移民を受け入れている雇用者については、労働市場テストの実施が求められる。

これに対し、日本では専門職移民の受け入れに関して、政府が受け入れ数や労働市場の状況に合わせたコントロールを行うというよりも、企業の必要性が重視されている。

第二に、日本ではポイント制度があくまでも企業がすでに採用を決めた移民に対して適用されている。日本に先んじてポイント制度を導入しているカナダやオーストラリアでは、潜在的な移民が移住を申請する際にポイント制度が適用される。近年比重が大きくなりつつあるものの、原則として事前に仕事を見つけていることは要件とされず、必要なポイントをクリアすれば、永住権を持った移民として移住できる。

つまり、国に貢献をもたらしうる移民を積極的に国内にプールしていく制度として、ポイント制度は機能している（明石　二〇一五）。政府はポイントの配分や下限の調整によって、受け入れる移民の量や質をコントロールしている。

一方、日本のポイント制度は、すでに他の在留資格によって滞在が認められた移民が、追加的に申請するものである。すでに勤め先が決まっていることを条件とするならば、専門職移民受け入れ制度での主導権は企業が握っており、政府はその人がどのような条件で日本に滞在できるかを判断しているにとどまる（前掲論文）。

もちろん、最終的に在留資格を認めるか否かは、政府によって判断される。しかし、専門職の移民に関しては、「誰を、どの程度受け入れるか」の判断はまず企業の裁量のもとで行われている。

高技能移民予備軍としての留学生

留学生は高度人材予備軍として、積極的な受け入れが行われてきた。端緒となるのは一九八三年に政府が発表した「留学生受入れ一〇万人計画」である。留学生のアルバイトが解禁され、日本語学校が多く設立された。ただし「留学生受入れ一〇万人計画」はあくまでも国際交流や発展途上国の人材育成を意図したものであった。その後、資格外での就労が問題となり、一九八九年の出入国管理法改正によって日本語学校に所属する「就学」資格が創設されると、厳格な入国管理が行われた（白石　二〇〇七）。

しかし二〇〇〇年代に入ると、方針は転換される。在留資格審査の緩和が行われ、留学生の急増が起こった（図1－4）。さらに二〇〇八年には「留学生受入れ三〇万人計画」が打ち出された。留学生一〇万人計画とは異なり、留学生三〇万人計画は高度人材獲得のためという側面が強く打ち出されたものであった（土田・竹中　二〇一二）。

この計画では、二〇二〇年までに留学生数を三〇万人にまで増やすことが目指され、大学における留学生受け入れ体制の整備や、就職支援などが行われた。

日本学生支援機構の統計によれば、二〇一八年にはすでにこの目標は達成され、三〇万人程度の留学生が日本の教育機関に在籍している。このうち、大学などの高等教育機関に在籍する人が約七〇％、残りの約三〇％は日本語学校などの日本語教育機関に在籍している。

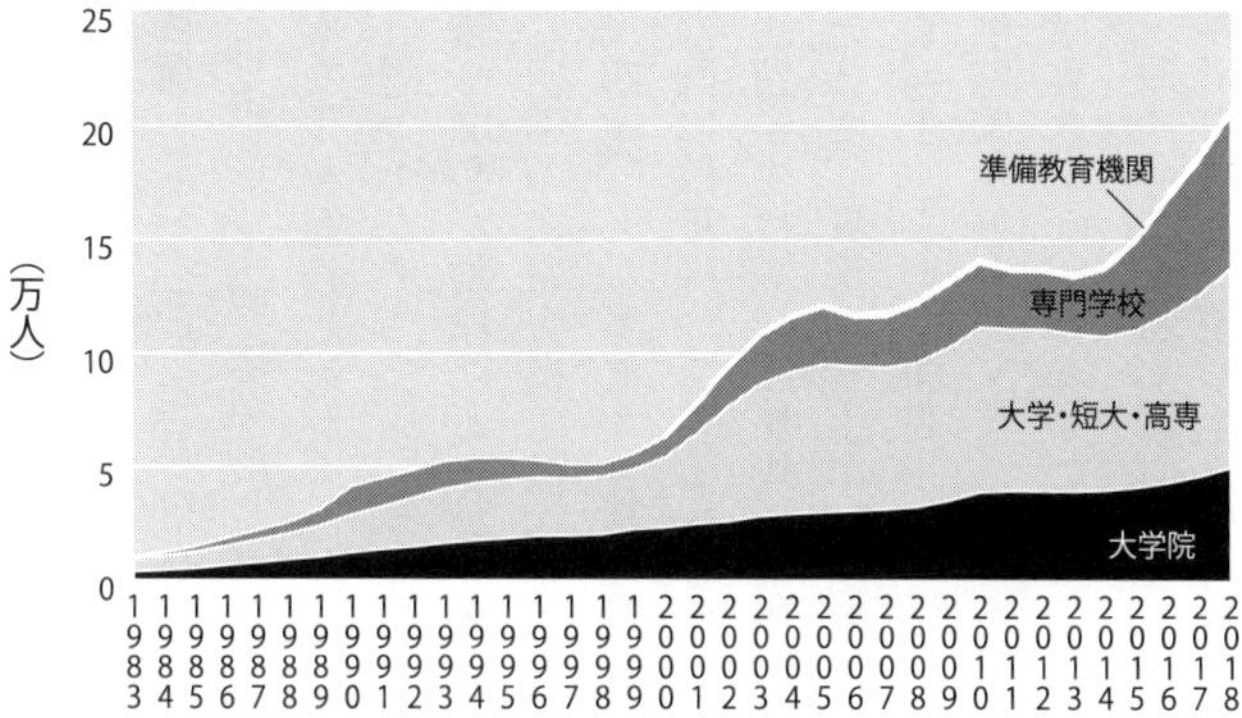

図1－4　留学生数の推移
出典：日本学生支援機構『外国人留学生在籍状況調査』各年。2010年まで統計に含まれていなかった日本語教育機関在籍の学生を除く

高等教育機関をもう少し細かく見ると、大学に在籍する人は二八％、大学院に在籍する人は一七％、専門学校に在籍する人は二三％程度となっており、在籍する教育段階も多様だとわかる。このうち専門学校在籍者は増加が著しく、二〇一八年には約六万七〇〇〇人に上り、二〇〇八年の約二・六倍になっている。

日本語学校を除く高等教育機関に限定して、留学生の専攻分野を見ると、社会科学を学ぶ人の割合が三五・四％ともっとも高く、次いで人文科学が二四・〇％、工学が一七・〇％となっており、文系の学科を学ぶ人の割合が相対的に高い。

これは理系の技術者に代表されるような、いわゆる「高度人材予備軍」像とはやや異なる。しかし、実際に日本の専門職移民が国内外をつなぐブリッジ人材として起用されていると考えれば、留学生の専攻分野の分布も、彼らの卒業後の仕事内容に適しているといえる。

留学生全体の九六％（二〇一八年）を占める私費留学生に対する調査の結果（日本学生支援機構 二〇一九）を見ると、日本を留学先としてもっとも多く選ばれているのは、「日本社会に興味があり、日本で生活したかったため」（六〇・八％）、次いで「日本語・日本文化を勉強したかったため」（四八・二％）であり、「日本の大学等の教育や研究が魅力的と思ったため」（三四・一％）を上回っている。高い技術を学ぶこと以上に、日本社会への興味や関心が動機だとうかがえる。

留学の在留資格で滞在する人の国籍別内訳（二〇一八年）を見ると、三九・三％が中国籍、二四・〇％がベトナム籍と割合が高くなっている。そのほかで一割を超える国はなく、多様な国に散らばっているものの、アジア諸国の国籍を持つ人が九四・〇％に上る。

留学生は高技能移民予備軍であると同時に、少子化による学生不足に悩む高等教育機関にとって、貴重な学生の供給源でもある。私立大学団体連合会は、「私立大学における教育の質向上」という報告書（二〇〇九年）の中で、「留学生受け入れを「大学生き残りのための学生確保競争」の文脈だけで追求しようとする姿勢は排除されて当然」と指摘している。これは裏返せば、こうした文脈が日本の大学に存在していることを示唆するものだ。

また、留学生は学生として滞在する期間に販売職、サービス職の労働力の需要を埋める存在でもある。留学生は資格外活動として週二八時間（夏休み中などは一日八時間以内、週四〇時間）までの就労が認められている。厚生労働省の「外国人雇用状況の届出状況」によれば、二〇一八年に資格外活動によって就労する留学生は外国人労働者全体の二割にあたる二九万八千人にのぼる。

そのうち三六・六％は宿泊・飲食サービス業、二〇・六％は卸売・小売業で働いており、これらの産業で留学生は重要な労働力となっていることがわかる。ただし、「外国人雇用状況の届出状況」は事業所からの届出をもとに集計している。そのため、たとえば同じ人が二か所の勤め先で働いていれば、二人とカウントされることになり、人数が過剰にあらわれてくることには注意が必要である。

就学している留学生の中には学費や生活費を稼ぐため就労している人もいれば、就労自体が目的となっている「出稼ぎ型」の留学生も含まれると考えられる（山口　二〇一六）。

しかし、「国勢調査」の分析を行った是川夕によれば、年齢別に見た留学生のアルバイト率は日本人学生よりも低く、特に大学生の年齢層では最大五ポイント程度下回っている（是川　二〇一九）。先に挙げた私費留学生に対する調査でも、留学生のアルバイト率は七五・八％（大学在籍の学生では七〇・九％）なのに対し、大学生全体を対象とした調査でのアルバイト率は八割を超えている（日本学生生活支援機構　二〇一八）。この結果からは、日本人の大学生のアルバイトと切り分けて、留学生を就労と結びつける「出稼ぎ型」の留学生イメージの妥当性が問われる。

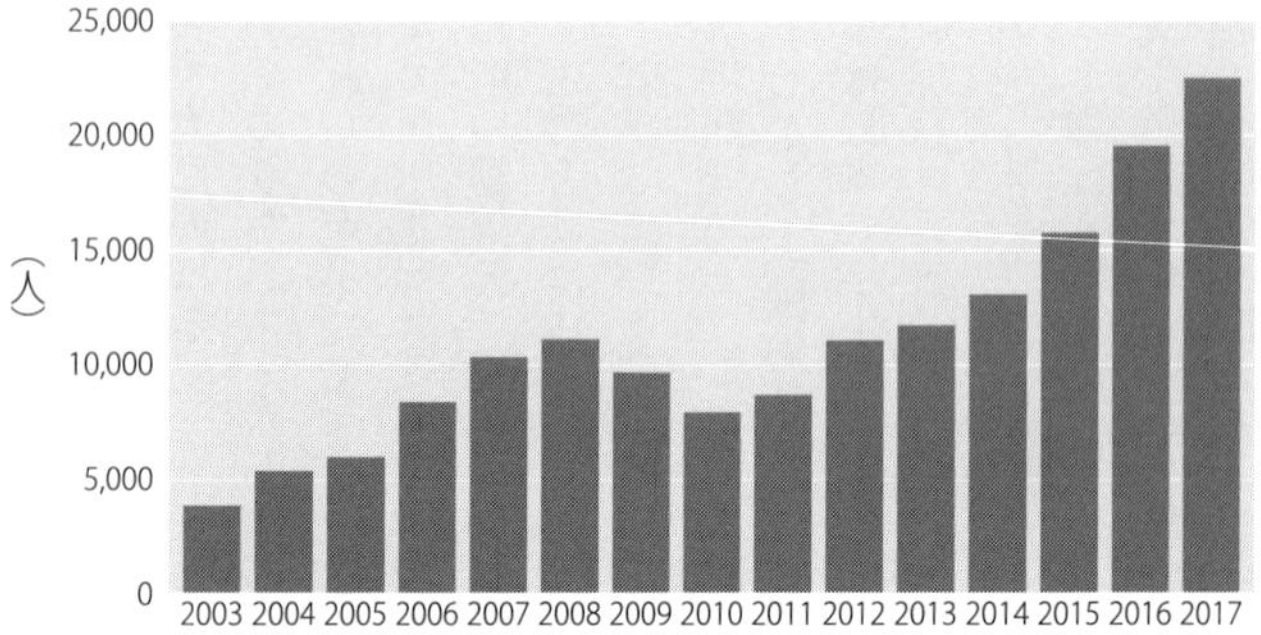

図1－5　留学生の就職目的での在留資格変更者の推移
出典：法務省入国管理局「留学生の日本企業等への就職状況について」各年

この私費留学生に対する調査では、半数以上が日本での就職または日本での進学を希望している。これは『日本再興戦略改定二〇一六』で示された留学生の就職率五〇%という目標とも呼応する。この目標に向け、日本政府は留学生向けのインターンシップ、キャリア教育、ビジネス日本語教育の支援や在留資格の切り替え手続きの簡素化などに取り組んでいる。留学生数自体の増加もあり、日本で就職する留学生の人数はリーマンショック以後年々増加している（図1－5）。

二〇一八年に卒業した外国人留学生のうち、日本で就職した人は四四%であり（日本での進学者を除く割合）、目標値よりは低いものの、一定の定着率を示している。

ここまで見てきたように、日本文化に習熟し、日本語を話し、日本で就職活動を行って「日本型雇用」の中にスムーズに入っていける留学生は、日本における専門職移民の主要な供給源となっている。

さらに、二〇一九年には十分な日本語能力を持つ日本の大学・大学院の卒業者に限り、「特定活動」の在留資格のもとで「日本語を用いた円滑な意思疎通を要する業務を含む幅広い業務」に就くことが認められるようになった。飲食店や小売店での接客や、技能実習生への指導をしながら製造ラインで働くことなど、従来の専門・技術職のカテゴリでは認められてこなかった業務が例として挙げられており、人手不足を背景に、労働力の供給源としての留学生への期待は分野を超えて拡大している。

3　単純労働者としての移民

単純労働移民へのニーズ

二〇一八年、出入国管理法の改正が行われ、新たな在留資格として「特定技能」が設立された。特定技能の在留資格では労働力が不足する分野について、「一定の専門性・技能」(「経済財政運営と改革の基本方針二〇一八」)をもつ外国人労働者の受け入れが認められた。

対象となる産業は農業や製造業、建設業、外食産業などであり、労働力の不足を理由として、これまでよりも広い範囲の職での受け入れが認められた点で、大きな制度変更といえるだろう。「特定技能」の資格を得るためには、技能実習二号からの移行または日本語や技能の試験に合格することが必要となる。このため、特定技能を単純労働の受け入れとするかどうかは意見が分かれる。たとえば経済学者の八代尚宏《やしろなおひろ》は、特定技能で受け入れる移民を従来の「ホワイトカラーの高度人材」と対比させ、「ブルーカラーの中度人材」と呼んでいる（明石ほか　二〇一九）。

特定技能一号は五年間の期限が設けられ、家族の帯同も許可されていないが、建設業と造船業の二分野に限っては、在留資格の更新や家族の帯同が認められる特定技能二号への移行も許されている。つまり、定住への道も開かれている。

ただし、政府は五年間で最大約三四万五千人の受け入れ見込みとしていたが、二〇一九年九月末時点での受け入れ数は二一九人にとどまり、実際どの程度の受け入れ規模になるかは明らかでない。

また、単純労働分野がこれまで移民に閉ざされてきたというのは事実ではない。こうした労働力に対するニーズは一九八〇年代から存在し、移民はこれまでもその需要を埋める役割を果たしてきた。ここでの「こうした労働力」には二つの意味がある。

第一には、日本人が敬遠する勤め先で働く労働力へのニーズである。労働力人口が減少する中、企業規模による収入や労働条件の差を背景に、中小企業の人手不足が深刻化している。

中小企業庁による調査では、二〇一三年以降すべての業種で人員が不足する傾向にある（中小企業庁　二〇一七）。日本・東京商工会議所が二〇一九年に実施した調査によれば、中小企業の六六・四%が、人員が不足していると回答している。賃金や労働時間、就労環境などの面で労働条件が悪く、日本人労働者から敬遠される勤め先では、そこを埋めるための移民労働者のニーズが存在する。

すべての中小企業が移民労働者の受け入れに積極的とはいえないものの、五一％の企業は移民労働者の受け入れに前向きである。この傾向は、特に人員が不足していると回答している企業で高い（日本・東京商工会議所　二〇一九）。

第二に、雇用調整のしやすい労働力へのニーズがある。二〇一三年以降解消しつつあるものの、ミスマッチは雇用形態に対しても生じている（中小企業庁　二〇一七）。一九九〇年代以降、雇用者における非正規雇用者の割合は増加傾向にある。非正規雇用者は人件費が相対的に安価な、または、仕事量に合わせて柔軟に増減できる労働力として、企業にますます活用されるようになっている。

しかし、これは裏返せば働く側にとって低賃金または不安定な雇用を意味するため、日本人から敬遠される。主婦パートや高齢者にとっては短時間での就労は希望を満たす場合もあるが、夜間の時間帯などは集まりにくい。そこで、時間にかかわらず、需要に合わせて働いてくれる人材が必要となる。

移民労働者はこうした需要を満たす存在として活用されてきた。

単純労働者の「サイドドア」と「バックドア」

日本における単純労働移民の受け入れは、三つの窓口を通じて行われてきた。

これらの窓口は「サイドドア」と「バックドア」と言われる。表の入り口（フロントドア）からは、単純労働移民の受け入れが認められない。その代わりに、他の目的で作られた制度を窓口として利用したり（サイドドア）、違法な手段で受け入れたり（バックドア）されたのである。

サイドドアとなった制度は二つある。そのうちの一つが「定住者」の在留資格である。定住者とは、一九八九年の出入国管理法改正によって設置された在留資格であり、「法務大臣が特別な理由を考慮し一定の在留期間を指定して居住を認める者」と定義されている。「特別な理由」とは具体的には難民や三世までの日系人、中国残留邦人などが該当する。

定住資格の創設の動機については諸説あるが、必ずしも単純労働移民の受け入れを目的としたわけではないとの指摘もある。梶田孝道《かじたたかみち》らの研究によれば、この資格の創設は、在日韓国人三世に「特別永住者」の資格によって永住権を認めることとの間の「バランス感覚」にもとづいてなされた。

つまり、国内に居住する「外国人」の権利を認める一方で、国外に居住する日本人の「血統」を継ぐ日系三世に対しても一定の法的地位を認めることにより、血統にもとづく国民観をもつ人々にも配慮したのである（梶田ほか　二〇〇五）。あくまでも親族訪問や自らの「祖国」といえる日本文化に触れるための渡航の際の手続きの簡略化を意図した定住者資格の新設は、南米（特にブラジル）からの日系人の「デカセギ」の増加という意図せざる結果を招くことになる。

当初の意図がどうあれ、定住者資格が単純労働移民の受け入れ窓口となったのは、「難民」や「日系三世」といった身分にもとづく資格であるため、就労する職種に制限がなかったことによる。これは、専門職外国人の場合は、職務内容と在留資格が結びついており、それぞれの在留資格に対応した職務にしか就けないのとは対照的である。日系人の雇用は多様な職種へと開かれており、そのことが国内で不足する単純労働の労働力を補充する形で機能したのである。

日系人（ここでは主に日系ブラジル人）は就労する職種に制限がないにもかかわらず、実際に彼らが就いた職務は単純労働に集中している。日系ブラジル人を単純労働へと導いたのは、定住者という在留資格だけではない。移住の経路がかかわっている。

一九八〇年代から、日本国籍を持つ日系一世のブラジル人が少数ながら日本へと帰国し、就労していた。彼らは日本企業に、ブラジルという「労働力貯水池」があることを伝え、労働者斡旋のネットワークを形成していく（前掲書）。また、群馬県の大泉町《おおいずみまち》など、自治体が主導してブラジルからの労働者のリクルーティングを行ったケースもある。

ブラジルからの移住の特徴は、現地の旅行業者やブローカーを通じたリクルーティングシステムと一体化している点にある（丹野　二〇〇七）。日系人は日本との間の移動に規制が少ないため、本来はブローカーなどを通じて移動する必要はない。しかし、実際にはブローカーや旅行業者が日系ブラジル人をリクルーティングし、日本の業務請負会社や企業へ斡旋するというシステムが確立している。

斡旋業者はビザの発給手続きや日本企業への仲介に加え、渡航費用の立て替えも行っている。樋口直人《ひぐちなおと》らの調査によれば、初来日時に斡旋業者に渡航費を借りているブラジル人労働者は回答者の六五％にも上る（梶田ほか　二〇〇五）。二回目以降の渡航では斡旋業者を使う割合は低下するものの、少なくとも最初の移住では斡旋業者を通じて、特定の企業・業務請負業者へと結びつけられている。

ブラジルからの移住のもう一つの特徴は、非正規雇用者、それも派遣雇用や業務請負の形態で就労する人の多さである。図1‐6は非正規雇用者の割合を国籍別に見たものである。日系人が大多数を占めるブラジル籍者は男性で五三・四％、女性で六六・八％が非正規雇用であり、この割合は日本国籍者を大きく上回る。

派遣雇用や業務請負業が活用されるのは生産に変動があり、必要な労働力量が時期によって変化するからである。大量の生産を必要とする時には、その部分を派遣労働者や業務請負に依頼し、生産が縮小する時期には依頼しない。大量の在庫を抱えることを嫌うジャスト・イン・タイム（「必要なものを、必要な量だけ、必要なときに」調達する）の生産様式に、こう

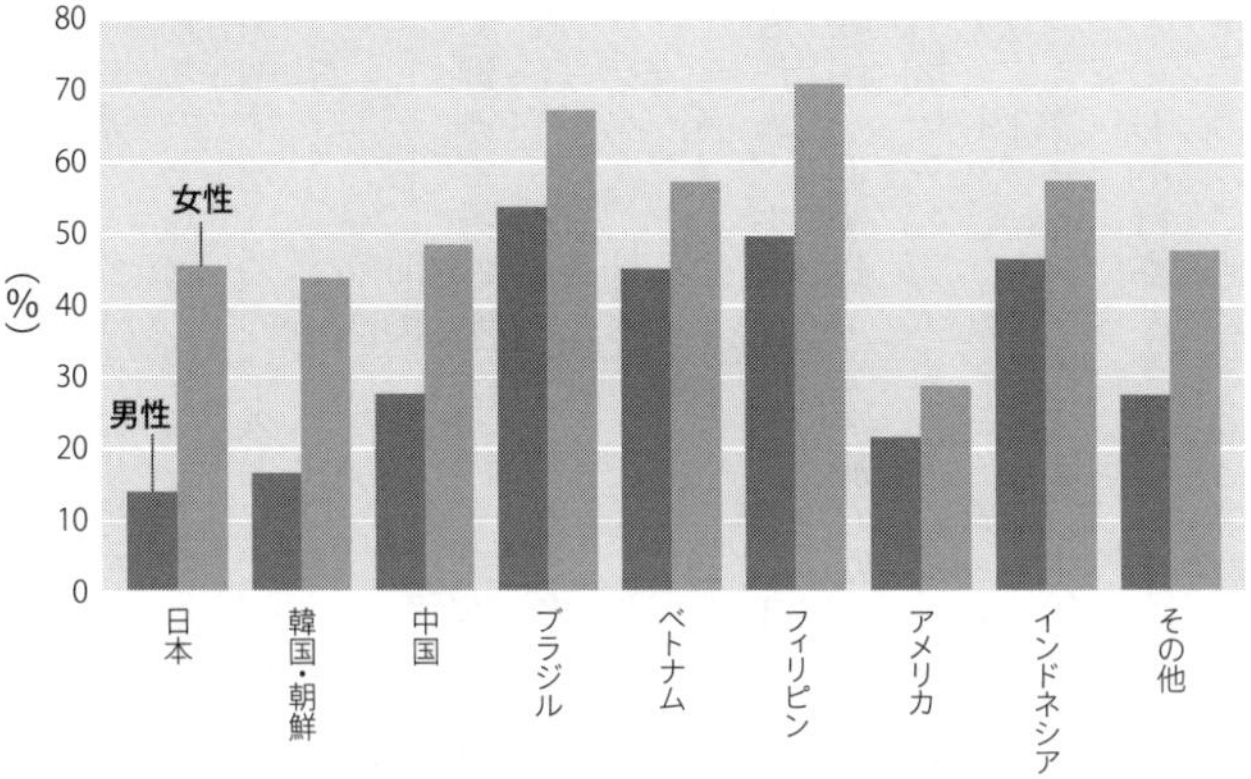

図1－6　国籍別非正規雇用割合（全労働者における割合）
出典：総務省『平成27年国勢調査』をもとに筆者計算

した労働力は欠かせないものとなる。

都合のよい労働力？

こうした就労形態は不安定である一方、デカセギを目的とした場合には都合のよいものでもある。非正規雇用でも一定の条件を満たせば社会保険に加入できるが、未加入であることも少なくない。筆者が二〇一八年に実施した調査では、非正規雇用で働く人者を対象とした外国籍の一四・六％が年金に未加入であった。社会保険に未加入である場合、手取りの賃金は高くなる。できるだけ短期間に多く稼いでの帰国が目的ならば、手取り賃金が高いメリットは大きい。また、業務請負業者や派遣業者は公的機関の手続きや、派遣する工場への送り迎え、その他の日常生活の問題解決の手伝いを行う。したがって、業務請負や派遣雇用で就労することで、生活面でのメリットも大きくなる（前掲書）。

日系ブラジル人は現地で斡旋会社を通じて業務請負業者や派遣会社へと結びつけられ、これらの会社は必要な生産量に応じて増減可能な単純労働力を必要とする企業へと、労働者を派遣する。この結果として、日系ブラジル人は非正規雇用の単純労働職へと集中していくのである。

しかし、前掲の図1－2を見ると、増加傾向にあったブラジル籍者は二〇〇七年にピークを迎え、その後は二〇一五年まで減少している。次章で見るように、リーマンショックによる経済不況は、外国人労働者の働く雇用口の減少を招き、製造業を中心に働いていた日系ブラジル人、日系ペルー人の多くが職を失った。

日系人は、「三世までの日系人である」こと自体が日本への滞在を認める根拠となっているため、失業したとしても日本に滞在する権利がある。これに対し、政府は支援金を提供し、帰国を促す政策を実施した。その影響もあり、樋口の推計では二〇〇八年九月からの一五ヵ月間で三二万人近かったブラジル籍者の人口は、その二五％にあたる八万人近くが減少し、約二四万人になっている（樋口　二〇一〇）。

二〇一八年の出入国管理法の改正では、日系人の受け入れが四世まで広げられた。しかし、この目的はあくまで「日本文化を習得する活動等を通じて日本に対する理解や関心を深めてもらう」ことにあるとされ、多くの制限を伴っていた。

たとえば年齢は一八歳から三〇歳までに限定され、日本語能力試験への合格が要件として求められたのに加え、家族の帯同は認められず、滞在年数は五年の上限が設けられた。政府は一年間に四〇〇〇人の利用を想定したが、二〇一九年六月までの一年間での利用は四三人にとどまっている（毎日新聞二〇一九年七月三日）。

日系人のさらなる受け入れに対して厳しい制限をかけ、期間を限定したことは、単純労働移民の窓口として、定住者を重視しない方向へと舵《かじ》を切ったことを意味するとの指摘もある（樋口　二〇一九）。

前述したように、日系人は「日系」であることを理由に滞在しているため、失業しても日本に滞在できる。これは失業者を日本社会が抱えること、社会保障の負担増につながりうることを意味する（鈴木　二〇一九）。

また、自由な労働者である日系人は、労働条件のよい職を求めて移動するため、企業にとって最適な労働力とはならない。こうした社会や企業にとっての「デメリット」をもたない存在として活用が拡大しているのが、技能実習生である。

上林千恵子は、リーマンショック以前から、日系ブラジル人がになっていた労働力が研修生・技能実習生と置き換えられつつあったことを指摘している（上林　二〇一五a）。また、リーマンショック時には研修生・技能実習生よりも先に日系人たちが解雇された。研修生・技能実習生は日系人と比べ相対的に賃金が低く、より人件費の削減が可能となる。さらに、雇用先の移動ができないため、就労の継続が期待できる。こうした企業側から見たメリットにより、技能実習生を選好する企業が出てきている。

第二のサイドドア——技能実習制度

技能実習制度の前身となる「技術研修生」資格の創設は一九八二年にさかのぼる。発足当初は、ＯＤＡ（政府開発援助）による政府受け入れ研修生や、日本企業の海外現地法人から日本の親企業での技術の習得を目的に来日する現地従業員に限定されていた。しかし、労働者の不足が問題となっていた地方の中小企業団体や業界団体が、この制度を流用し外国からの労働者の受け入れを行うようになった（上林　二〇一五ａ）。

これが制度化されたのが、一九八九年の出入国管理法の改正における在留資格「研修」である。これに伴い、中小企業団体などが受け入れを行う、団体監理型研修制度が設立された。この制度では研修期間は一年間であり、そのうち三分の一以上を日本語研修などの非実習型の研修に充てなければならなかったため、労働力を必要とする企業のニーズを満たすものでなかった。そこで、さらなる長期の受け入れを可能とする技能実習制度が発足した。

一九九三年に発足した技能実習制度は、少なくとも名目上は特定の職種に関しての「技能移転」を目的とした制度である。当初は一年間の研修の後に、技能検定などへの合格をもって一年間の「技能実習」を認めていた。その後、一九九七年には実習期間が二年に延長、二

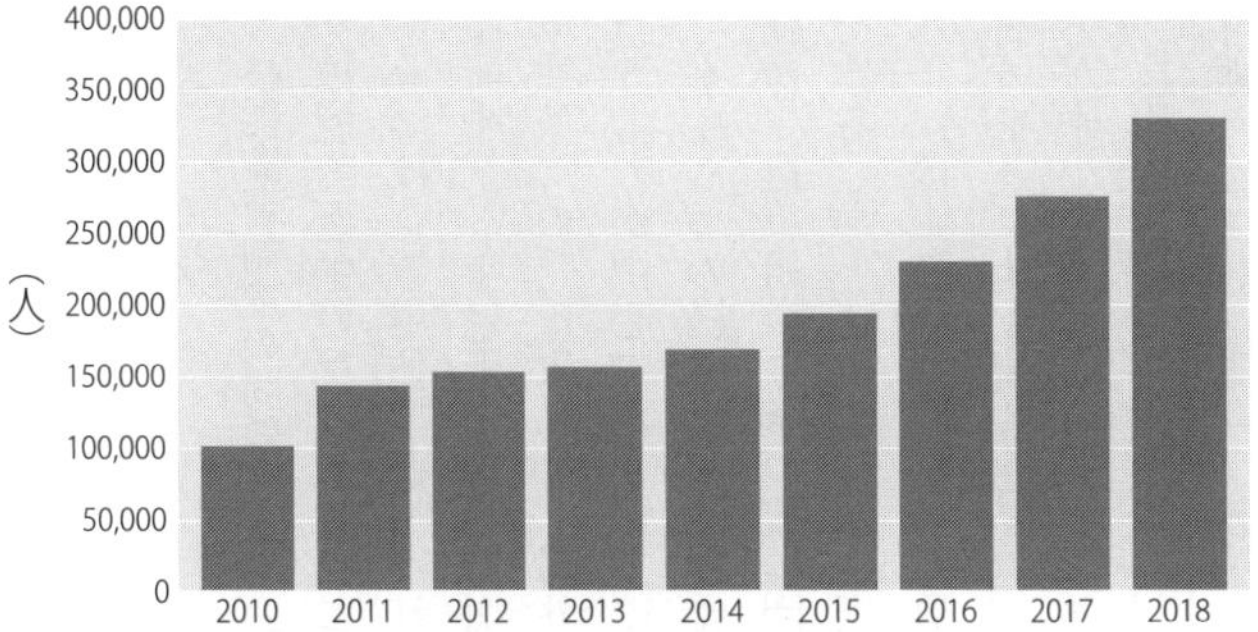

図１－７　在留資格「技能実習」人数の推移
出典：法務省『登録外国人統計』,『在留外国人統計』

〇一七年には優良な受け入れ先に限り実習期間を四年に延長することが認められた。

職種も年々拡大しており、一九九三年時点では一七職種だったが、二〇一九年の時点では製造業を中心に八一職種が対象となっている。特に大きな変化として二〇一七年から介護職での受け入れが開始された。介護職に関しては他の職種と異なり、受け入れ時や、技能実習二号への移行に際し、日本語能力検定試験に合格することが求められている。

技能実習生としての受け入れ人数は年々増加しており（図１－７）、二〇一八年では三二万人を超え、外国籍人口の一二・〇％を占めている。また、国籍構成にも変化が見られ、二〇一〇年には七八・三％が中国籍だったのに対し、二〇一八年にはその割合は二三・七％まで低下している。

代わって多くの割合を占めているのは、一九九〇年代半ばまではほとんどいなかったベトナム籍者であり、五〇・一%を占めるまでになっている。受け入れの拡大とともに、主要な受け入れ国が変化してきたことがわかる。

技能実習制度の問題点

技能実習生の受け入れは二つの経路で行われる。

一つは企業単独型と呼ばれるものである。企業単独型では、海外に支店や子会社をもつ事業所や、一年以上の国際取引のある機関などから従業員を受け入れ、技術を移転する。企業単独型での受け入れは、海外の子会社の従業員を日本にある親会社で受け入れ、技術研修を行うものが中心であり、主に大企業によって実施されている。

もう一つの経路は、団体監理型での受け入れである。団体監理型とは、商工会や中小企業団体、農業組合などの監理団体が受け入れ主体となって、技能実習生の受け入れを行うものである。中小企業による技能実習生の受け入れは、この団体監理型で行われている。二〇一八年には企業単独型が一万数千件程度であるのに対し、団体監理型の認定計画件数は三七万件を超え、九七%を占める(外国人技能実習機構 二〇一九)。今日の技能実習制度のほとんどが中小企業によるものであることがわかるだろう。

技能実習生の特徴として、年齢が若いこと、女性の割合が相対的に高いことが挙げられる。年齢の若さは、若年労働力を求める受け入れ企業の選好を反映している(上林 二〇一五a)。

二〇一八年に認定された実習計画では、全体の六九％が二〇代であり、四三％が女性となっている。

技能実習制度にはさまざまな問題が指摘されている。

第一に、労働者としての技能実習生の権利が十分に守られてこなかった点である。技能実習制度は技能移転を建前としていたこともあり、労働者としての権利が守られず、最低賃金を下回る賃金や劣悪な労働条件で実習生が用いられるケースなどの問題が繰り返し指摘されてきた。

こうした問題への対処として、二〇一〇年に研修制度と技能実習制度が統合され、座学を修了した研修生も労働関連法規の対象となることとなった。さらに、二〇一六年には技能実習法が制定され、技能実習計画が認定制に、監理団体も許可制になった。また、実習生の人権侵害に対する罰則が規定され、送り出し機関の規制が強化されるなどの変更も行われている。しかしその一方で、二〇一八年に監督指導を行った実習実施者のうち、およそ七割に労働基準関連法違反が見られるなど、十分な改善にはいたっていない。

なお、経済学者の万城目《まんじょうめ》正雄はこの点について、技能実習生受け入れ企業に限らず、監督指導が行われた企業では同程度の違反率となっていることから、長時間労働や割り増し賃金の不払いなどは日本の労働者が共通して抱える問題だと指摘している（万城目　二〇一九）。

雇用主によるパスポートとりあげなど、何が技能実習生特有の問題で、何が共通の問題なのか、さらなる検討が必要であろう。

第二に、技能実習制度では「日本人労働者が従事する場合に支払われる賃金と同等額以上の賃金を支払う必要がある」との規定がある。しかし、技能実習生に支払われる賃金はあくまでも最低賃金水準である。

労働政策研究・研修機構が二〇一四年に実施した調査によれば、技能実習生の賃金額（所定内給与）は三年目でも月一四万円までの範囲に全体の六五％の企業が含まれている（無回答を除いた割合）。二〇一四年の『賃金構造基本統計調査』を見ると、企業規模一〇～九九人の製造業で働く二〇～二四歳の平均賃金（所定内給与）が、勤続三～四年の男性で一八・九万円、女性一六・七万円であるのと比べて下回っている。

技能実習生の賃金を引き下げている要因の一つとして、前述したように彼らが雇用先を移動する権利を持たないことが挙げられる。通常、労働者は賃金や労働条件に不満があれば、勤め先を変えることができる。こうした労働者の流出を抑制するために、企業は労働者の賃金を引き上げたり、労働条件を改善したりする。しかし、技能実習制度では、技能実習生は実習期間中にわたって受け入れ先機関を変更できない。このため、市場原理が働かず、技能実習生の待遇は改善されにくい。

この結果、移動の自由があり、賃金の水準に合わせて転職を行う日系ブラジル人が相対的に賃金水準の高い企業で雇用されるのに対し、技能実習生は高い賃金を支払えない零細企業で雇用されやすい。

ただし、日本人労働者に対し地域や産業の平均以上の賃金を提示している企業でも、日本人労働者と職務を分けて技能実習生を活用している企業があることも指摘されている（橋本二〇一二）。したがって技能実習生は、日本人を雇えるだけの賃金を支払えないような企業でのみ用いられているわけではない。

また、技能実習生を雇うメリットは、安価な賃金だけではない。受け入れ先機関を変更できないということは、企業側からすれば一定期間は労働力を確保できるということでもある。このため、技能実習生は求職者が不足していたり、いったん雇っても従業員の定着が困難であったりする企業にとって、基幹的な労働力としての役割も果たす。

少なくない企業にとって、これらのメリットは、技能実習生の受け入れに伴うさまざまなコスト――研修費用の負担や受け入れ体制の整備など――を上回る。そのことは技能実習生の受け入れ人数が年々増加を続けていることからわかるだろう。技能実習生は多くの問題が指摘されながらも、日本の企業を支える貴重な労働力として、その重要性を増しているといえる。

バックドア――「不法就労者」

単純労働の需要を埋めるのは、定住者や技能実習生といった在留資格上認められた形で就

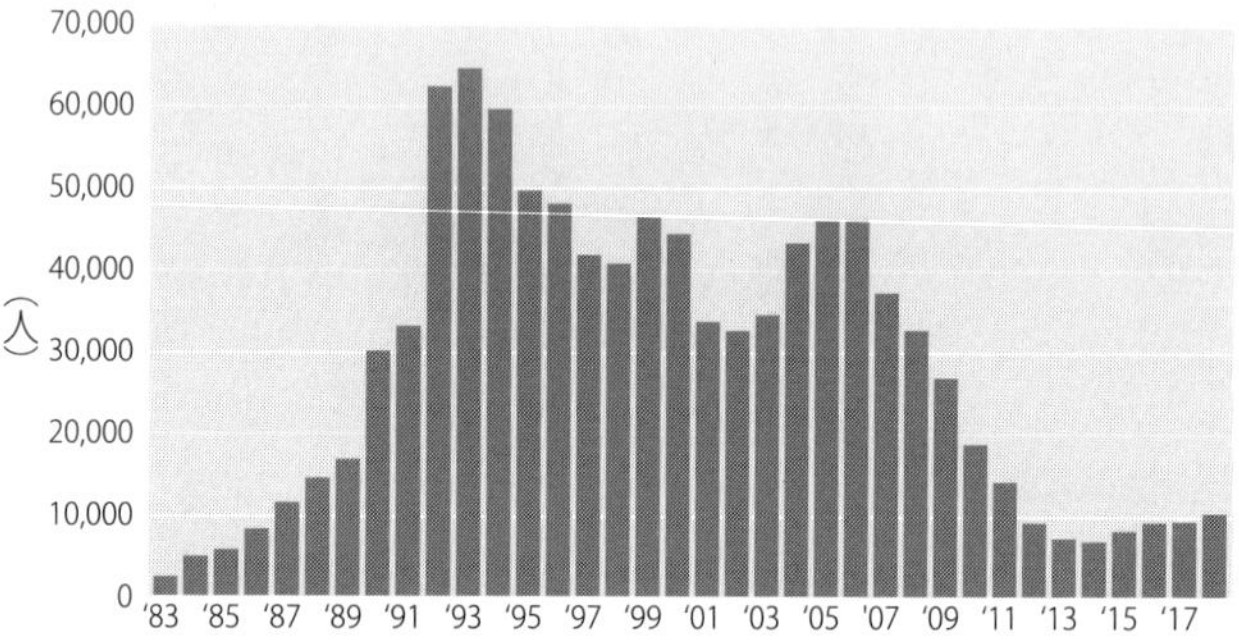

図1－8　「不法就労者」数の推移

出典：1983年から1991年は千葉立也，1994,「日本における外国人労働者をめぐる諸問題（わが国における外国人労働者―日系ブラジル人調査）」『日本統計研究所報』20, 1 -14（表2）．1992年から1997年は馬場康治，2000,「労働者の『国境』を越えた移動―日本で就労することが「非合法」とされる外国人」『空間・社会・地理思想』5, 10-36（表2－1）．1998年以降は法務省『入管法違反事件について』各年をもとに作成

労している人だけではない。在留資格上は認められないものの、あるいはすでに在留資格が失効している中で、単純労働者として就労する人たちがいる。

このような人たちは、「不法就労者」と呼ばれる。一九八九年に出入国管理法が改正され、大規模な外国人労働者の受け入れが行われるまで、「不法就労者」は単純労働者のニーズを満たしてきた。

図1‐8は一九八三年から二〇一八年までの不法就労者数の推移を示している。一九八〇年代から九〇年代初めにかけて急増、その後、出入国管理法の改正を受けて急減している。一九九八年から二〇〇八年までは三万人から五万人の間で推移していたが、二〇〇八年を境に一貫して減少傾向が続き、二〇一二年以降は一万人を下回りほぼ横ば

い状態にあった。近年はわずかに上昇傾向にある。

不法就労という呼称からは、犯罪に加担しているようなイメージをもつ人が多いかもしれない。たしかに、不法就労は出入国管理法に違反する、が刑法犯ではない。また、他方では労働力不足を補う役割も果たしてきた。二〇一八年に不法就労で摘発された男性では建設作業に従事する者がもっとも多く、次いで農業従事者、工員の順で割合が高い。女性では農業従事者がもっとも多く、こちらも次いで工員の割合が高い。建設、農業、製造業は技能実習生を受け入れている産業でもある。今日でも労働者の不足を不法就労者が埋めている。

一九九〇年代に行われた調査では、雇用主は自分の雇う外国人労働者が不法就労かどうかに無関心であることが多かったという（上林　二〇一五a）。不法就労であったとしても、人手不足を補ってくれる外国人労働者は、企業にとっては欠かせない労働力となっていた。その一方で、就労資格をもたないことは、ある程度規模の大きな、労働条件のよい職場での就労を困難にし、労働条件を悪化させている。

こうした中で、すでに社会の構成員となっている在留資格を持たない非正規移民に対しては、正規化（アムネスティ）によって在留が認められる場合もある。

正規化には二つの種類があり、一つは特別な法令などにより、一時期に大量に正規化を行う「一般アムネスティ」であり、もう一つは法務大臣などの所轄機関が、個々の非正規移民に対し個別的に実施する「在留特別許可」である（近藤　二〇〇九）。

日本ではこのうち後者のみが実施されており、主に日本国籍者や永住者の家族である場合や日本で育った未成年者である場合など、対象となる例は限定されている。

4　福祉国家の担い手としての移民

外国人看護師・介護福祉士候補生

近年、とくに外国人労働者の受け入れが求められている分野の一つとして、介護などのケア労働が挙げられる。高齢化や女性の社会進出は、介護や育児、家事などに従事する労働者への需要を増やした。

しかし、こうした職は賃金が低く、労働条件もよくないため、なり手は不足している。厚生労働省によれば、二〇二五年までに六万〜二七万人の看護職員、約三四万人の介護職員が必要となる（日本経済新聞二〇一九年一〇月二四日夕刊）。そこで、外国人労働者受け入れのための多様な窓口が整えられてきた。

その端緒となったのが、EPA（経済連携協定）による外国人看護師・介護福祉士候補生の受け入れである。インドネシアからは二〇〇八年、フィリピンからは二〇〇九年、ベトナムからは二〇一四年に開始された。看護師候補生については、それぞれの国の看護師資格と実務経験（インドネシアとベトナムは二年、フィリピンは三年）が必要となる。介護福祉士候補生は実務経験の必要はないものの、看護学校の卒業や、高等教育学歴と介護士認定資格が必要となる。こうした条件は、一定の専門的スキルを持った人を受け入れたいとする日本政府の意図が表れている。

ただし、EPAによる外国人看護師・介護福祉士候補生の受け入れにはさまざまな点で課題がある。

第一に受け入れ側の施設の負担の大きさがある。候補生の受け入れには、日本語研修費用だけでなく、海外現地での求人費や日本での滞在管理費、候補生の研修を行う介護士の人手など、大きなコストがかかる（上林　二〇一五b）。

したがって、受け入れ先は、ある程度規模が大きく、資金面や人手に余裕のある施設におのずと限定される。

こうした状況を受けて、日本語研修や研修担当者にかかわる費用の支援金が国から支出されるようになったものの、受け入れ施設にとって費用負担が重い状態に変わりはない（平野　二〇一八）。

結果として、受け入れ施設は候補生の試験合格に向けた学習指導に熱心なところと、候補生を短期的な労働力とみなし学習できる環境をほとんど提供していないところとに二極化していることが指摘されている（安里　二〇一六）。

第二に合格率の低さが挙げられる。在留期間は看護師候補生については三年まで、介護福

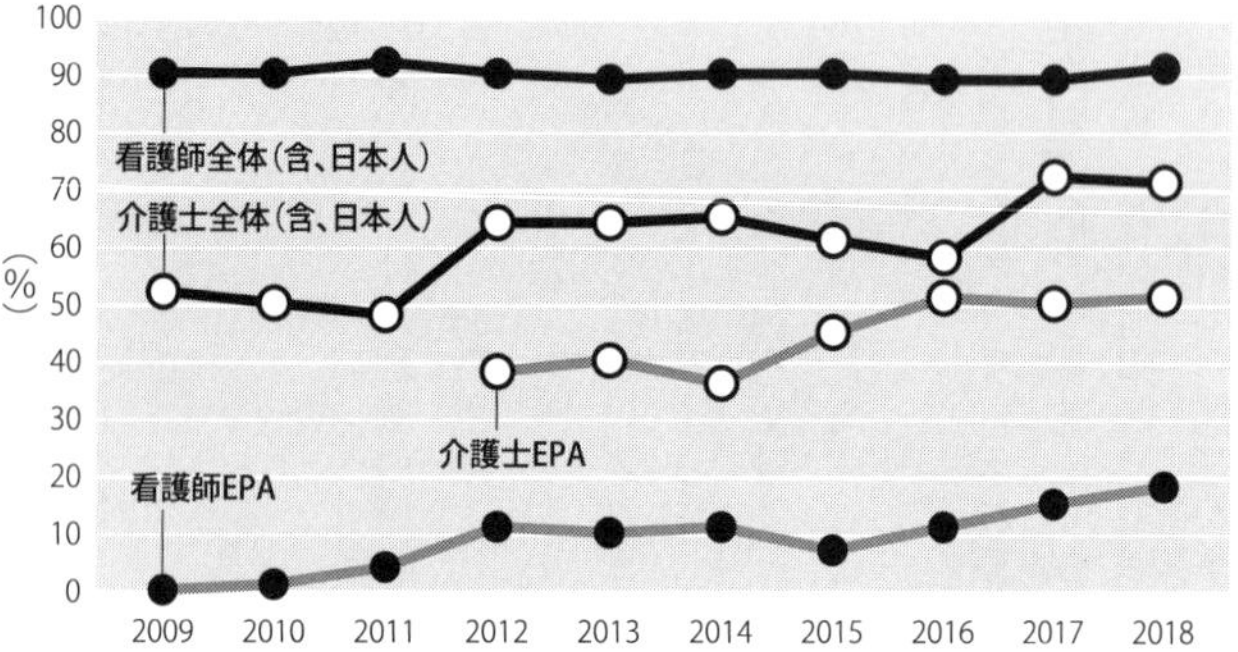

図１－９　EPAによる看護師・介護福祉士候補生と全体の合格率
出典：厚生労働省資料をもとに筆者作成

祉士候補生は四年までとなっており、その期間を使って、候補生は看護師、介護福祉士それぞれの国家資格を目指す。

看護師試験は毎年受験資格があるため、在留期間中に三度試験を受けられるのに対し、介護福祉士資格の取得には三年間の実務経験が必要となるため、国家試験を受験できるのは四年目の一度きりとなる。しかし、これらの国家資格に合格するには、難解な医療用語を外国語である日本語で覚える必要がある。

さらに、日本語研修を終えて以降は、働きながら試験合格に向けた勉強をする必要がある。勉強をサポートする体制は受け入れ先施設によって差が大きく、通常の勤務時間後に勉強が求められることもあった。

図１－９は看護師試験、介護福祉士試験の両方について、ＥＰＡによる候補生と全体の合格率を示したものである。看護師試験は、ＥＰＡ候補生が最初に受けた二〇〇八年度の試験では合格者が一人も出ず、二〇

〇九年度も一・二%ときわめて低い数値で推移した。

こうした状況を受けて、二〇一〇年度の第三回試験から見直しが行われ、難解な表現は改められ、疾病名には英語が併記された。また、一定の条件を満たした候補生については、試験合格を目指し、一年間の滞在延長が認められた。

さらに、二〇一二年度には試験時間の延長も行われ、EPA候補生にとって試験のハードルが下がるよう改善が施されている。結果として、二〇一一年度には合格率が一割を上回るようになった。しかしその後の合格率も一〇%〜二〇%の間で推移しており、九〇%程度で推移している全体の合格率を大きく下回っている。

介護福祉士の合格率は看護師に比べれば高く、二〇一五年度以降は五〇%前後となっている。全体の合格率は七割程度であるので、下回ってはいるものの、比較的高いといえるだろう。特にベトナム出身者は合格率が高く、全体を上回っている。

第三の問題として、低い定着率が指摘できる。たとえ合格し有資格となっても、日本に必ずしも滞在し続けるとはいえない。外国人看護・介護労働者の受け入れの研究を行っている平野裕子によれば、二〇一七年までの介護福祉士資格合格者五四二人のうち、約三分の一にあたる一七八人がすでに帰国している。この原因には職場の人間関係や家族の滞日にかかわる問題に加え、介護福祉士の職への期待と現実のギャップがある（平野　二〇一八）。

候補生たちの母国での看護や介護のあり方は、日本でのそれと必ずしも一致しない。介護

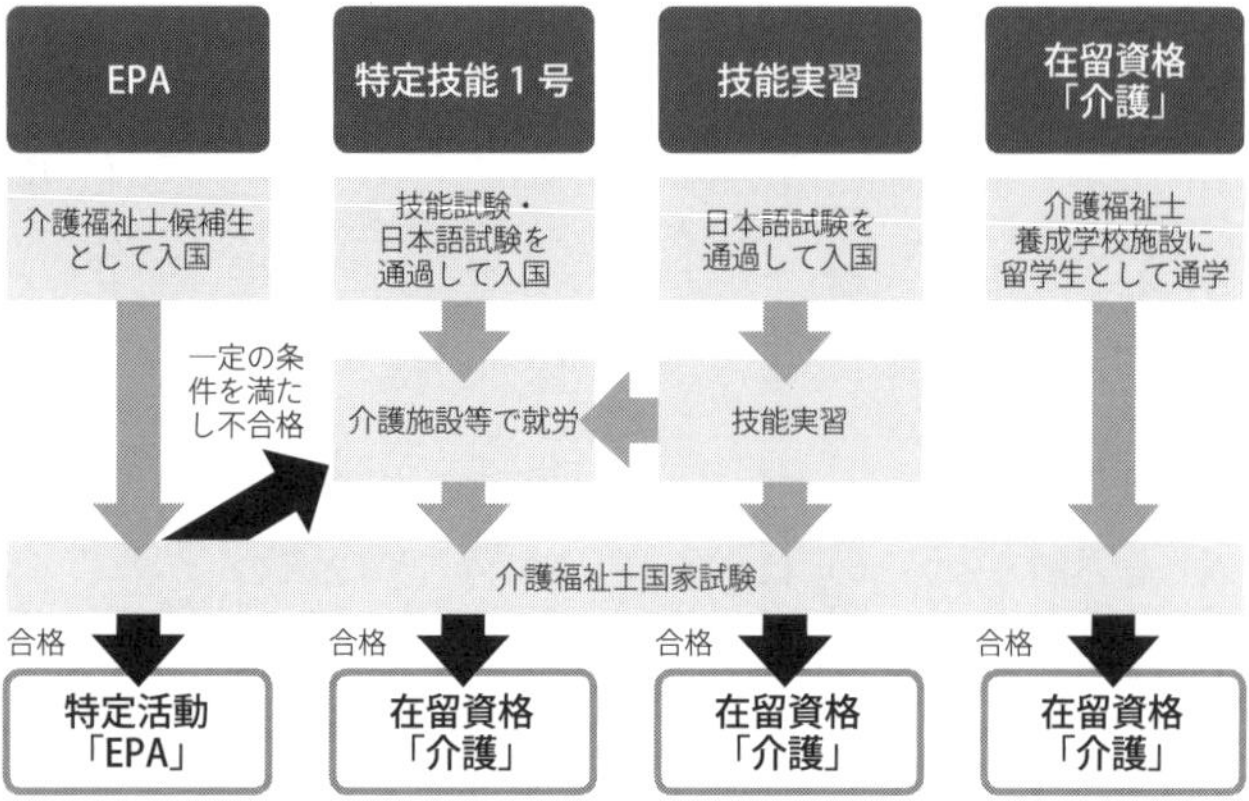

図１－10　介護労働者の多様な受け入れ窓口
出典：厚生労働省「外国人介護人材受入れの仕組み」資料を参考に筆者作成

福祉士候補生は看護学校の卒業者が多く、ケアを医療の一環としてとらえている。こうした候補生にとって、雑用や日常的介助までも含む日本の看護・介護職とは大きなギャップがあり、キャリアの発展に役立たないものと受けとられる場合がある（平野　二〇一八、安里　二〇一六）。

平野によれば、試験への合格が困難であること、キャリアの発展に役立つとはいい難いことが情報として流れ、今後ＥＰＡに参加する候補生に伝わることによって、試験への合格や日本への定住をそもそも希望しない人を惹きつけるようになる可能性もある。

新たな介護労働者の獲得

このように徐々に合格率の向上がみられるものの、定着率は高いとはいえない。そもそも介護分野の人材不足の規模から考えれば、ＥＰＡ

で受け入れられる介護福祉士の人数はきわめて小さく、その効果は限定的である。そこで、二〇一七年から、さらなる介護人材確保に向けて、複数の制度が発足した（図1－10）。

そのうちの一つが技能実習制度の適用業種への介護の追加である。前述したように、他の技能実習制度の業種と異なり、介護での受け入れには日本語能力に関する試験の合格が必要となる。また、前職要件として、介護施設での就労経験や看護学校の卒業などが求められている。

さらに、特定技能の職種としても「介護」が置かれた。特定技能での在留については、技能水準・日本語能力水準の試験に合格し入国するルートのほか、技能実習後に移行するルートや、EPA候補生の中で、四年間の就労後に介護福祉士試験で合格基準点の五割以上をとり、すべての試験科目で得点があるという基準での移行のルートもある。他の特定技能と同じく、最長五年の在留が認められる。

また、新たな在留資格として「介護」も設立された。この在留資格を得るには介護福祉士の資格取得が要件となっており、日本の介護福祉士養成施設を卒業後、資格を取った人や、他の在留資格で滞日する人のうち資格を取得した人も含まれる。この中には技能実習から特定技能に移行し、三年以上の就労経験を積んだ人も含まれる。介護の在留資格は家族の帯同が可能であり、更新の制限もないため、定住が可能となる。

介護労働者の不足が深刻となる中で、政府は多様な制度を活用・新設しながら、海外からの獲得を目指している。その中では、「技能実習」という短期的な滞在を可能とする制度を窓口に、定住にまでつながる道筋が作られている。

ただし、二〇一八年時点で、技能実習で受け入れの認定を受けたのは一八二三人、介護の在留資格を持つ人は一八五人にとどまる。不足を補うに足るほどの移民の受け入れは行われていない。

無償のケア労働者

介護労働者の受け入れは、ケアの外部化を前提としている。ケアを家族ではなく他者に担ってもらう状態があってはじめて、その不足を外国人「労働者」の受け入れによって埋めようとする。

海外からのケア労働者の受け入れは、日本だけで生じている現象ではない。むしろ諸外国では日常的な家事や子どもの面倒を見ることも含む、より幅広いケア労働が移民によって担われている。ＩＬＯ（国際労働機関）によれば、世界には六七〇〇万人を超える家事労働者がおり、その一七％程度が移民労働者である（ILO 2016）。自国の女性の社会進出、少子高齢化、公的ケアの低下などが家事労働の外部化の主な要因として挙げられる。

日本では移民家事労働者の受け入れは二〇一四年の「日本再興戦略」改訂の際に掲げられ、東京、大阪などの特区に限定して行われている。ただし、これ以前から永住者や日本人の配偶者として滞日する移民の中に、家事労働者として働く人がいた（長谷部　二〇一六）。そして、より見えない形で家事労働を担ってきた存在として、特に農村地域における、結婚移民が挙げられる。

一九八〇年代から、農村男性の未婚化が問題となった。若い女性は農作業や伝統的な家族関係・人間関係への不安から、農家の男性との結婚を避ける。

地方の男性未婚化に対する解決策の一つとして行われたのが、国際結婚の奨励である。一九八五年、山形県朝日町《あさひまち》では行政主導でフィリピン人女性との国際結婚の推進が行われた。その後、山形県の周辺市町村、新潟県、秋田県、徳島県、岩手県などへと広がっていった。

しかし、双方のことをほとんど知らないままに行われる集団お見合いを通じた結婚は、国家間の経済格差を利用した人身売買との批判を受け、その後は結婚仲介業者を介した民間主導のものへと変化していく（桑山　一九九五）。ただ、民間主導のものとなった結果、仲介による国際結婚は多額の金銭のやり取りを伴うものとなった（李　二〇一二b）。

農村に限らず、国際結婚件数の推移（図1－11）を見ると、一九八〇年代までは夫が日本国籍・妻が外国籍の夫婦の数と、夫が外国籍で妻が日本国籍の夫婦の数には大きな差がなかったが、一九八〇年代に前者の結婚件数が急増したことがわかる。

この急増は、日本人男性とアジア人女性の結婚の増加によって引き起こされた（内海・澤二〇一〇）。この中には、すでに「興行」などの在留資格（例、俳優、歌手、ダンサー、プロ

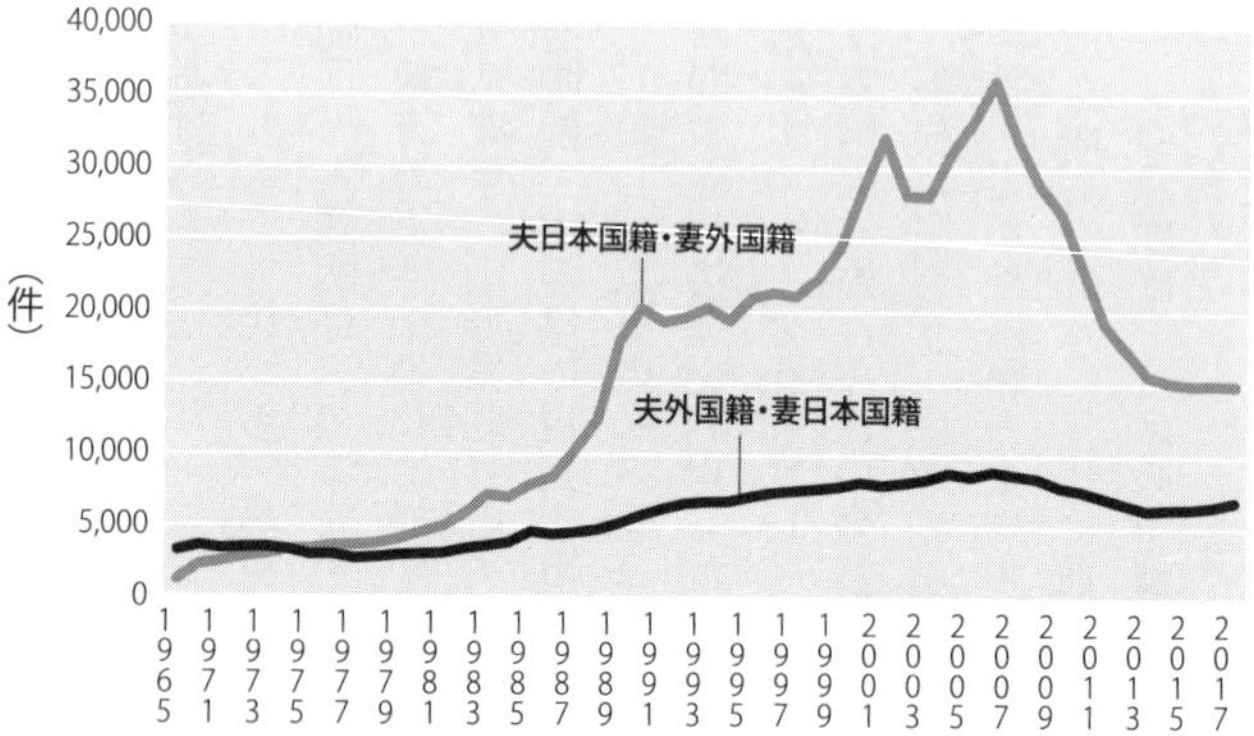

図1－11　国際結婚数の推移
出典：総務省『人口動態調査』各年をもとに作成

スポーツ選手）で来日し、働いていた女性が、日本人男性と結婚するケースも含まれる。

ただし国際結婚数は二〇〇六年をピークに減少しており、特に夫日本国籍、妻外国籍の二〇一七年の婚姻数はピーク時の半分に満たない。この理由としては、次の三点が指摘されている（Takeshita 2016）。第一に「興行」の在留資格の厳格化によって、潜在的な結婚相手となる女性の流入が減少した。第二に、アジア圏の経済成長と日本の経済状況の悪化により、国際結婚のメリットが低下した。そして、悪質な国際結婚仲介業者の摘発が強化されたことが影響しているとも指摘されている。

仲介型の国際結婚は、移民女性の母国での経済的困窮や経済不安をプッシュ要因（序章参照）としている。しかし、プッシュ要因となるのは、これだけではない。たとえば李善姫は「適齢期」を過ぎた女性の結婚が困難であることも、プッシュ要因となることを指摘する（李　二〇一二a）。桑山紀彦や前掲の李の調査によれば、韓国人の結婚移民は比較的年齢層が高いことを特徴としていたが、それはこの要因がはたらいたためである（桑山　一九九五）。

適齢期を重視する価値観が、女性のキャリアの達成を困難とする社会制度と結びついた場合、職業上で地位を上げ、自立して生活することも、結婚して配偶者の所得によって生活を成り立たせることも困難である。離死別を経験した女性の場合にも、この状況はあてはまろう。海外での結婚は、こうした状況を打開する一つの手段となる。

他方で、メディアや結婚仲介業者を通じて伝えられる日本のイメージは、日本に結婚移民を引きつけるプル要因となる。たとえば、農村地域に嫁いだ中国人女性に関する賽漢卓娜《さいはんじゅな》の調査では、すでに来日している移民が「故郷に錦を飾る」ためによい情報のみを選別して伝えていること、それに引きつけられて来日した結果、結婚移民が現実との間にギャップを感じる場合もあることが指摘されている（賽漢　二〇〇七）。

李もまた、韓国からの結婚移民が「日本人の男性は優しくて、勤勉であり、贅沢《ぜいたく》はできないかも知れないが、安定的な老後をおくることはできるという想像」に引きつけられて来日した例を挙げている（李　二〇一二b）。

農村に嫁いだ結婚移民女性は、後継者となる子どもを産み育てるというニーズを従来担っていた。しかし、今日では親の介護や老後の寂しさを分かち合う役割など、多様なニーズを満たす存在となっている（李　二〇一二a）。

ＥＰＡで来日した介護福祉士候補生が職業としてケア労働に携わるのとは対照的に、農村地域に嫁いだ外国人女性は、家庭内でケア労働に従事しているといえる。この意味で、日本人の配偶者となる外国人女性は家庭内外でケア労働を担う人材として、日本社会から期待されているといえる。

5　難民

消極的な難民受け入れ

ここまで見てきた移民たちは、本人と日本社会それぞれのニーズを満たす形で移動が行われた、いわば自発的な移民である。これに対し、本人にとっても非自発的な形で、また受け入れ社会にとっても必ずしも主体的にではなく、移民の受け入れが行われる場合もある。難民がその例といえる。

移民と同様、難民を定義するのは難しい。ＵＮＨＣＲ（国連難民高等弁務官事務所）によれば、難民とは「人種、宗教、国籍、政治的意見やまたは特定の社会集団に属するなどの理由で、自国にいると迫害を受けるかあるいは迫害を受けるおそれがあるために他国に逃れた」人々を指す。難民の地位に関する条約に定められたこのような人々は、狭義の難民、条約難

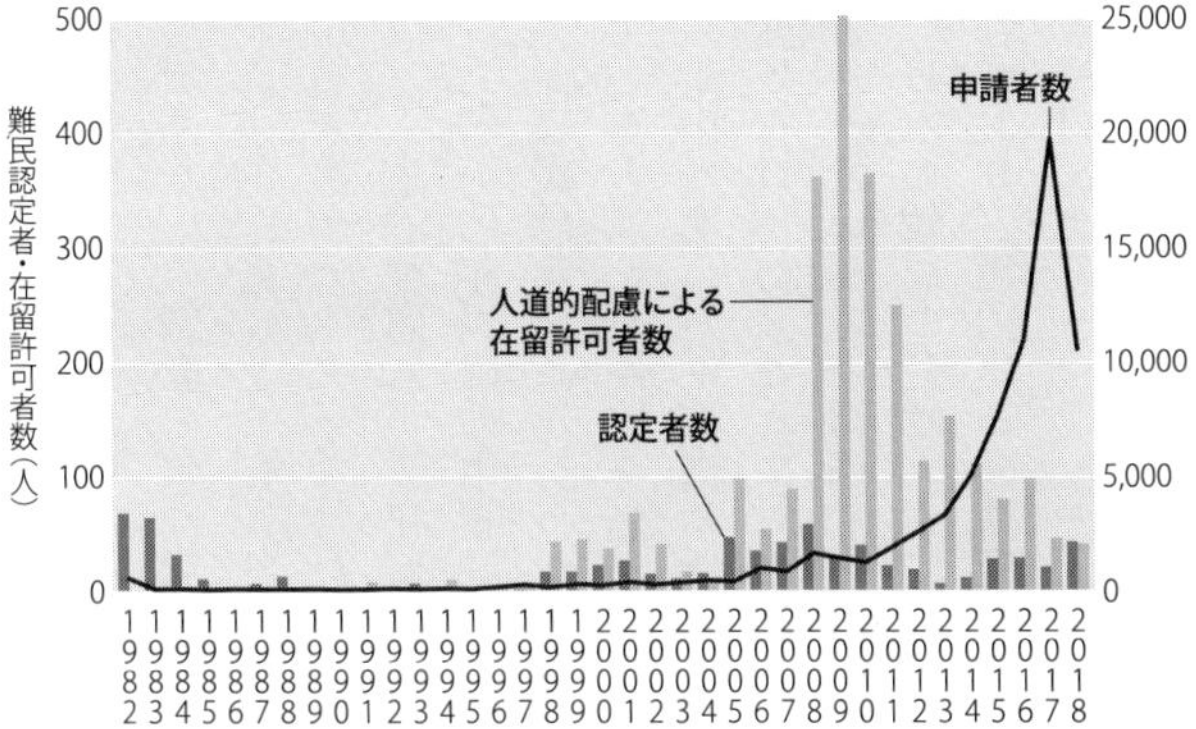

図1－12　難民申請者・認定者・人道的配慮による在留許可者数

出典：浅川聖, 2013,「日本の「内」への難民政策の特徴―難民認定申請者に対する「管理」と「保護」を中心に」『横浜国際経済法学』21 (3), 379. の表1および法務省資料より作成

民と呼ばれる。

これに対し、「紛争・災害・組織的な人権侵害などにより、本国への送還が生命の危険をもたらすおそれのある人」も含む事実上の難民は、広義の難民として定義できる（近藤二〇〇九）。受け入れ国に難民としての地位を認められた人に対し、庇護《ひご》を希望している人を庇護希望者（asylum seekers）と呼ぶ。ここでは、庇護希望者も含めた広義の定義で、難民という言葉を用いる。

図1－12ではインドシナ難民も含め、これまでに日本に難民申請をした人数と認定者数、また難民としては認定されなかったが、人道的配慮により在留が認められた人数を示している。

まず気がつくのは、図の左軸の範囲（〇から五〇〇人）と右軸の単位（〇から二万五〇〇〇人）の違いだ。左軸は難民認定者数と人道的配慮による在留許可者数を、右軸は申請者数を示している。つまり、申請者は数万人規模でいるのに対し、認定者は多くとも五〇〇人程度であり、申請者の数に対してきわめて少ない。

人道的配慮による在留許可者を含めた庇護認定者数は二〇〇九年をピークに減少している。申請者数がピークとなった二〇一七年には申請者が二万人近いのに対し、難民認定者が二〇人、人道的配慮による在留許可者は四五人にとどまっている。

二〇一〇年以降の申請者の急増に対し、法務省は同年に制度変更があり、在留資格を持つ人が難民認定申請を行った場合、六ヵ月後から就労が認められるようになったことが影響しているとみなした。そして、二〇一八年には限定的な対象にだけ就労を認め、「難民上の迫害事由に明らかに該当しない事情を主張している」場合には在留制限が課せられるとの制度変更を行った。これに対しては、難民認定申請の増加に出身国の政情変化があることが見落とされているとの指摘もある（呉　二〇一八）。

日本の難民の受け入れに対するきわめて消極的な姿勢に対しては、諸外国から批判が行われており、元国連難民高等弁務官のアントニオ・グテーレスからは「少なすぎる」との要請を受け、ガーディアンなどの海外メディアからも批判を受けている（朝日新聞二〇一六年二月二一日）。二〇一八年末までにドイツでは一〇六万人程度、アメリカでは三〇万人程度、フランスでは三七万人程度の難民を庇護していることを考えれば、日本の難民受け入れが限定的だとわかる（UNHCR 2009）。

では、日本で難民申請を行った人はどのような人なのだろうか。二〇一八年の申請者の出身国でもっとも多いのはネパールの一七一三人、次いでスリランカが一五五一人と多く、カンボジア、フィリピン、パキスタン、ミャンマー、インドネシアなど、アジア諸国からの申請者が多い。しかし、同年に難民の認定を受けた人の内訳をみると、コンゴが最多の一三人、次いでイエメン、エチオピア、アフガニスタン、中国、イラン、シリアなど、構成が申請者の多い国と大きく異なる。人道上の配慮から在留を認められた人についても、パキスタン、イラク、イエメン、シリア、中国などとなっており、申請の多いネパールやスリランカからは認められていない。

日本の難民認定者数の少なさは、日本が難民の地位に関する条約を厳密に運用していることに起因する（高松　二〇一二）。

難民の地位に関する条約では「（a）人種、宗教、国籍若しくは特定の社会的集団の構成員であること又は政治的意見を理由に迫害を受けるおそれがあるという十分に理由のある恐怖を有すること」、「（b）国籍国の外にいる者であること」、「（c）その国籍国の保護を受けることができない、又はそのような恐怖を有するためにその国籍国の保護を受けることを望まない者であること」という三つの条件をもとに、難民を定義している。これは前述した狭義の難民に当たり、災害や戦争、紛争を逃れてきた人は含まれない。

難民認定が行われた例をみても、本人が政治的・宗教的・民族的理由で実際に脅迫を受けたり、暴行を受けたりしたなどの経験がある場合や、抵抗運動に中心的な立場でかかわっていた場合などが認定の対象となっており、「迫害のおそれ」が個別的なものとして、その人個人についてあることが重視されていることがうかがえる。また、申請者自身に証明の責任が課されていることも、認定を困難にしている。

諸外国を見ると、アフリカやラテンアメリカでは、「無差別的な脅威から逃れた者」に難民の定義を拡大している（神坂《こうさか》 二〇一四）。また、ヨーロッパでは「補完的保護（subsidiary protection）」というカテゴリによって、「国際的あるいは国内武力紛争における無差別的暴力」から逃れた人を含む、広義の難民に対しても、狭義の難民同様の保護を提供するように義務付けている（前掲論文）。

日本でも難民認定されない人の一部に対し、人道上の配慮から在留を認めている。しかし、どのような人が人道上の配慮が必要と認められたかは公表されておらず、明確なカテゴリのもとで保護が実施されているわけではない。

第三国定住とは何か

難民認定の少なさに対する国際社会からのプレッシャーへの対応として、日本政府は二〇一〇年から第三国定住制度の試験的運用を始めた。

第三国定住とは、一言でいえば、近隣国で一時的に庇護を受けている難民を、第三国で受け入れる制度である。

世界で難民を多く受け入れているのは、先進国ではなく、難民の出身地域の周辺の国々である。二〇一八年の統計で見ると、もっとも多く難民を受け入れているのは三七〇万人近くを受け入れるトルコ、次いでパキスタン（一四〇万人）、ウガンダ（一一七万人）、スーダン（一〇八万人）となっている。

言い換えれば、難民を受け入れている国のほとんどは、その国自体も貧しいのである。難民受け入れの負担を世界の国々で公平に分担し、難民に安定的な生活を保障するため、第三国定住の制度が実施されている。

日本では二〇〇八年の閣議了解により、二〇一〇年から三年間試験的に導入され、タイの難民キャンプに滞在するカレン族のビルマ系難民を、毎年約三〇人ずつ家族単位で受け入れることが決定された。

受け入れのプロセスは以下のようになる（難民対策連絡調整会議　二〇一四）。

まずUNHCRが作成した候補者リストから、書類選考、面接調査、健康診断の結果を踏まえ、受け入れ予定者を決定する。その後、IOM（国際移住機関）による生活習慣や日本語についての出国前研修を約四週間にわたって実施。そして来日後、定住支援施設での一週間程度のオリエンテーションを含む、日本語教育や社会生活適応指導、就職支援などを約一八〇日間実施する。定住支援施設退所後、難民はそれぞれの居住地で自立した生活を送ることになるが、六ヵ月間の職場適応訓練、生活支援、日本語学習支援などが適宜実施される。

実際には第三国定住制度による受け入れ人数は年三〇人を下回っており、二〇一〇年には五家族二七名、二〇一一年には四家族一八名、二〇一二年には受け入れ予定者の辞退により受け入れは行われなかった。これは、二〇一〇年に受け入れた家族から、日本の住宅や労働状況についての不満が伝えられたからだという（朝日新聞二〇一一年九月一六日）。

二〇一一年に来日した第一陣の生活について、聞き取り調査を実施した三浦純子によれば、定住支援施設の退所後、難民たちは困難に直面した。難民は職場適応訓練期間中、給与は支給されず、訓練受講援助費として難民事業本部から月額およそ一二万円〜一五万円が支給される。しかし、千葉県に移り住んだ二家族は、就労研修を受けた農家で、当初の条件とは異なる長時間労働を求められた。この背景には、コミュニケーションの問題もあった。

結果的に、この二家族は全国難民弁護団連絡会議（JLNR）を通じて、「実態としては労働」であるにもかかわらず、「支給される金額が最低賃金にも満たず、作業に見合った対価が支払われていない」と申し入れを行っている。一方、三浦の聞き取り調査からは、三重県に移り住んだ三家族は住環境の条件について不満はあるものの、近隣とも交流を持ち、比較的安定的に居住している様子がうかがえる（三浦 二〇一三）。

このような問題点がありつつも、第三国定住による難民の受け入れは拡大されている。二〇一二年には試験導入期間がさらに二年延長された。その後、二〇一四年の閣議了解にもとづき、試験導入終了後も第三国定住による難民の受け入れは継続された。受け入れ元も拡大され、マレーシアに一時滞在するビルマ系難民を受け入れるとともに、すでにタイから受け入れたビルマ系難民の家族の呼び寄せを認めている。

これにより、二〇一八年までに四四家族一七四人が来日している。さらに、内閣官房の難民対策連絡調整会議では、二〇二〇年から受け入れ枠を拡大し、二〇二五年をめどに年一〇〇人以上に増やす方針が示されている（「第三国定住による難民の受入れ事業の対象の拡大等に係る検討会による検討結果の取りまとめ」）。

在留資格による生活状況の差

難民がどのような生活状況に置かれるかは、彼らがどのような形で在留を認められたかに大きく依存する。

第三国定住の場合も含め、難民としての認定を受けると、定住者の在留資格が与えられる。一方、人道的配慮による在留が認められた場合には、定住者または特定活動の在留資格が与えられる。しかし、これら二つの在留資格は伴う権利が大きく異なる。定住者の資格が与えられた場合、生活保護の受給や家族の呼び寄せが可能になるのに対し、特定活動の在留資格では、そのどちらも認められない（高松　二〇一二）。

また、難民認定を受けた場合、第三国定住の難民が受けるのと同様に難民定住支援プログラムを受けられるのに対し、人道的配慮による在留が認められた場合には、こうした支援を受けられないという差もある（人見　二〇〇八）。

申請段階にいる人の生活状況はより過酷である。難民認定申請者の処遇は、大きく三つのパターンに分けられる。第一のパターンは、在留資格のある間に難民認定申請をした場合に該当する。この場合、難民認定申請者には六ヵ月間の特定活動の在留資格が付与され、認定申請の結果が出るまで更新可能となる。

第二、第三のパターンは、難民認定申請時に在留資格がない場合に該当する。この場合、仮放免許可を受けるか、仮滞在許可を受けるかのいずれかのパターンがある。仮滞在許可を受けると、一時的に退去強制手続きが停止され、適法に滞在できる。この点が、一時的に収容を解かれた状態と位置付けられる仮放免許可と異なる。

仮滞在許可制度は二〇〇四年の出入国管理法の改正により、難民認定申請者の法的地位の安定化を目指し創設された。仮滞在許可が認められるのは、日本に入国した日、または難民となる事由が生じた事実を知った日から六ヵ月以内に難民認定申請を行った場合や、難民条約上の迫害を受ける恐れのあった領域から直接日本に入国した場合などと定められているが、基準の詳細は明らかにされていない（浅川　二〇一三）。

第一のパターンを除いて、難民認定申請者は定められた居住地域内に移動が制限され、呼び出しに応じて出頭する義務もある。さらに、就労を認められておらず、生計を立てるのは困難である。

審査期間は通常でも一年を超え、異議申し立てなどが行われた場合にはさらに長期化する場合もある。難民認定申請者にとっては、この期間の生活は困窮状態に置かれやすくなる。また、社会学者の高松香奈は難民に対し聞き取り調査を実施しているが、その多くが申請期間中に収容所での収容を経験していた（高松　二〇一二）。こうした状況に対し、UNCHRは難民認定申請者に対しても、国の領域内で迫害からの保護を求める意思を明確にした（つまり難民認定申請をした）時点から、必要とする支援を提供する必要があるという責任を確認すべきとの意見書を提出している（UNCHR　二〇一五）。

確かに日本でも難民認定者に対する生活保障は実施されている。外務省から業務委託を受けた難民事業本部が、生活困窮者と認められた難民認定申請者に対し、原則四ヵ月間、生活費、住居費、医療費からなる保護費を支給している（浅川　二〇一三）。さらに、二〇〇三年には住居が確保できない人に対する緊急宿泊施設を提供している。

ただし、二〇〇九年に難民認定申請者数が急増したことで、保護費の不足が問題となり、二〇一〇年以降、保護費の支給対象者が難民認定申請一回目の者、一回目の不認定に対し異議申し立てを行っている者、あるいは一回目の申請の不起訴処分が地方裁判所係争中で、難民認定申請を行っている者に限定された（前掲論文）。

このように、保護費の支給は、対象・期間ともに限定的であり、難民認定申請者の生活を十分に支えるものとはなっていない。他方で、生活のために就労を行うと、仮放免許可や仮滞在許可が取り消され、収容や強制退去処分となる。この点で、難民認定申請者はジレンマ状態に置かれている。

人の移動を引き起こすもの

ここまで現在の日本の移民受け入れの状況を概観してきた。そこからは、序章で見たように、移民の受け入れが多様なアクターのかかわる、動的なプロセスであることが浮かび上がる。

定住者としての日系人の受け入れや技能実習制度に顕著に表れているように、ある場合には、他の目的のもとで作られた制度が、柔軟な、あるいは安価かつ安定的な労働者を必要とする企業によって、労働者の受け入れのために用いられる。または結婚移民で見られたように、地方自治体などの行政が積極的に受け入れのルートを形成することもある。移住のルートができれば、その仲介を行う業者が発達し、移住を促進する。

そうした構造の中で、潜在的な移住者は移住先を決め、行動する。受け入れ国政府は受け入れの窓口を作ったり、規制を行ったりすることを通じて、規模や入ってくる人の性質に関して一定のコントロールを行う。

ここで重要なのは、受け入れ国政府や地方自治体、企業、地域社会などが形成する受け入れのあり方が、その後の移住の意思決定に影響を与えるということだ。技能実習生や日系ブラジル人に共通して、キャリアの蓄積に役立たず、安定した雇用が見込めない状況が、長期的な展望をもたない層を引きつける役割を果たしたことが指摘されている。

また、EPAによって来日した看護・介護福祉士候補生についても、キャリア形成が困難な状況が、そうした期待を持たない層への候補生の入れ替えを生んでいる可能性が指摘されていた。第三国定住については、悪い評判が広まった結果、移住の辞退を生んでいた。

つまり、ある制度がどのような帰結を生むのかは、意図せざる結果を含む、複雑なものになる。そうであるならば、移民受け入れが社会にどのような影響をもたらすかも、複雑なプロセスの分析が必要となるだろう。そしてその際には、移民制度や移民自身の行動だけでなく、他のアクターがどのように彼らとかかわったのかも考慮に入れる必要がある。

こうした点をふまえつつ、次章以降では、移民の受け入れが社会にどのような影響を与えるのか、国内外の研究結果を基に考えていく。

第2章　移民の受け入れの経済的影響

1　移民は労働条件を悪化させるのか

雇用への影響

前章で見たように、移民の受け入れ窓口の多くは、労働力としての移民を受け入れる目的で作られている。あるいは、窓口自体は別の目的で作られたものであっても、労働力受け入れのために流用されてきた。つまり、移民は国内で不足する労働力を補う役割を果たしてきたといえる。

他方で移民労働者の受け入れが、国内労働者の労働条件にネガティブな影響をもたらすとの懸念もある。特に単純労働者の受け入れに対しては、こうした懸念が表明されてきた。

厚生労働省「外国人労働者問題に関するプロジェクトチーム」が二〇〇六年に出した「外国人労働者の受入れを巡る考え方のとりまとめ」では、単純労働者の受け入れの検討の第一番目の条件として、国内労働者の雇用機会を妨げないことを挙げている。

労働者の利益を代表する日本労働組合総連合会（連合）も、外国人労働者を受け入れる際の検討事項の一つとして「国内雇用や労働条件に及ぼす影響」を挙げ、受け入れは「我が国の産業にイノベーションをもたらすとともに国内雇用や労働条件に好影響を及ぼすような「専門的・技術的分野」の外国人を対象とすべき」との見解を示している（日本労働組合総連合二〇一七）。

こうした二つのベクトルの力が働く中で、受け入れ国政府は出入国管理政策を通じて、受け入れる移民の質と量、どのような職業や産業で働くのかをコントロールしようとする。

では、移民の受け入れはすでに国内にいる労働者の雇用にどのような影響を与えるのだろうか。それは受け入れのあり方によって異なるのだろうか。

古典的な労働力の需給関係の理論から考えれば、移民労働者の増加は労働力供給の増加を意味する。したがって、供給が需要を上回れば、国内の労働者の失業や賃金低下などを招く。

特に、移民労働者が母国への帰国や送金のために、深夜・早朝労働、休日労働や、長時間労働、身体的に負荷の高い労働を受け入れる場合、国内の労働者よりも雇用者にとって用いるメリットが大きく、競争における優位性がある。

つまり、国内の労働者よりも移民労働者が好まれ、国内の労働者が雇用を失う可能性がある。さらに、移民労働者が相対的に低い賃金でも就労することから、賃金水準の低下が生じうる。

ただし、受け入れのプロセスで見られたように、移民がもたらす影響は、社会制度に形作られた条件のもと、雇用者や日本人労働者がどのような選択を行うかによって変化する。

たとえば、移民の増加が賃金を低下させるかどうかは、雇用者が賃金をどの程度下げられるかによって異なる。労働組合などの交渉の結果として、賃金の水準が固定的である社会を考えてみると、こうした社会では移民が増加しても賃金の低下は生じえない。しかし、もし移民が国内労働者に比べ、より劣悪な労働条件でも働くならば、雇用者は国内労働者を移民労働者に置き換えようとするだろう。

したがって、こうした社会では、移民の増加は国内労働者の賃金の低下を起こさない一方で、失業の増加を引き起こすことになる。逆に、雇用者が自由に賃金の水準を低下させることができる社会であれば、移民の増加は賃金水準の低下を招く。

また、就労しなくても生活を維持できるような社会保障制度が整っている社会では、移民が増加して労働条件が悪化すると、国内労働者はそうした条件で働くことを嫌い、労働市場から退出しやすくなる。この場合には、社会保障の支出が大きくなることが予測される。

このように、想定される影響は労働市場を取り巻く諸制度によって異なる。しかし、いずれの場合でも想定される国内労働者にとって影響は否定的なものである。

先ほど社会保障制度の充実度によって、国内労働者の労働条件悪化への対応が異なり、結果として移民増加の影響が異なる可能性が示された。しかし、社会保障制度に移民も包摂されているならば、移民増加の帰結はさらに異なりうる。

もし国籍にかかわらず社会保障を受給できる社会であって、移民が母国への送金や短期的に貯金を増やすことを重視しないのであれば、劣悪な労働条件で働くよりも、社会保障を受給することを選択し、労働市場から退出する可能性がある。

この場合、国内労働者の賃金低下や失業率の上昇は抑制される一方、社会保障の支出は増加しうる。社会保障の受給に国籍による制限があったとしても、移民の国籍取得が容易であれば、同様の効果をもたらしうる（Edo 2013）。

また、移民が参入する職種のコントロールも、移民増加の影響の仕方を変える。移民労働者が国内労働者と競合する職種で受け入れられるかによって、移民増加の影響は異なる（Borjas 1989）。

両者の間に競合関係がある場合には、前述したような国内労働者への否定的な影響が生じる。しかし、両者の関係が補完的である場合には、否定的な影響は生じない。むしろ、その影響は国内労働者にとって利益をもたらすようなものでありうる。

たとえば、低技能職を移民労働者に置き換えた結果、賃金の低下が生じたとしよう。この場合、企業は低技能職に必要となる人件費を抑制できる。この余剰をもとにして、企業が高技能職の賃金水準を引き上げたり、雇用を増やすことで、生産性を高めようとするのであれば、高技能職者にとっては低技能移民の増加は賃金の上昇や雇用の増加につながりうる。

このような古典的な労働力の需給関係の理論からは、誰が影響を受けるのかということや、その影響の大きさは多様であるものの、移民の増加によって労働市場の構造が変化し、国内労働者の労働条件に影響を与えると想定してきた。これに対し、もう一つの理論、二重労働市場理論からは、移民の増加をむしろ労働市場の構造が生み出す帰結としてとらえられる。

二重労働市場理論によれば、労働市場は安定的な雇用契約にもとづく、高賃金の第一次労働市場と、短期的な雇用契約にもとづく、低賃金の第二次労働市場に分けられる（Reich et al. 1973）。

二つの労働市場を分ける要因は複数存在するものの、もっとも重要なものとして、二つの労働市場で求められる技能の質的な差が挙げられる。第一次労働市場では、労働者は企業特殊的な技能を形成することが期待される。こうした技能の形成には長期間の安定的な雇用が必要となる。また、企業は労働者の技能形成に投資しているので、そうした労働者が離職することによるコストは大きく、他の労働者で置き換えるのは容易ではない。したがって、労働者が離職する可能性を下げるために、労働条件も高くなる。

一方、第二次労働市場では、労働者に求められる作業は企業ごとに異ならない、一般的で、水準の低い技能のみを必要とするものである。したがって、企業にとっては労働者の代替可能性が高く、長期的な雇用契約を結ぶメリットは小さい。結果として、第二次労働市場では雇用は短期的な契約にもとづくものとなり、労働条件も低くなる。

第一次労働市場と第二次労働市場の分断は、人種や民族による労働市場の分断と重なっている（Piore 1978; Reich et al. 1973）。女性や人種的マイノリティは第二次労働市場に組み込まれ、男性や人種的マジョリティが第一次労働市場に組み込まれる傾向にある。不安定で賃金の低い第二次労働市場を受け入れるのは、雇用の安定性に比較的無関心である層（たとえば家計補助的に働く労働者）や、政治的な力を欠くために労働条件の向上を実現できない層である。

移民は母国に戻ることを想定している場合、長期的な雇用契約を結ぶことを重視せず、不安定な雇用を受け入れやすい。また、労働組合に加入する割合も低く、さまざまな法制度についての知識も不足している。したがって、労働条件の改善に向けて行動することも困難である。こうした要因から、移民の多くは第二次労働市場へと組み込まれてきた。

以上のような二重労働市場理論に立った場合でも、移民と国内労働者が第二次労働市場で競合関係にあり、前者が後者の雇用を奪うと考えることもできる。

しかし、二重労働市場理論の知見を見れば、労働市場の二重性は歴史的に形成されてきたものであり、移民労働者の流入によって作り上げられるものとはいえない。むしろ、移民労働者は、すでに存在している、国内労働者の忌避する第二次労働市場の職を「埋める」機能を果たす（式部　一九九二、梶田ほか　二〇〇五）。

第二次労働市場の雇用は賃金や労働条件が悪く、雇用も短期的であるため、労働力の需要が大きい時には、国内労働者は第二次労働市場で働くことを避ける。一方で、企業にとって、第二次労働市場の労働力は人件費の抑制や生産量の調整の際のバッファ（緩衝）の確保に必要であるため、欠くことができない。移民労働者はこうした需給のギャップを埋める形で企業から求められ、流入したと考えられる。

したがって、不況などを原因として国内労働者がこれまで避けてきた第二次労働市場での就労を厭《いと》わなくなれば、反対に移民労働者から国内労働者への置き換えを生むという状況が起こりうる。

ここまで見てきたように、移民労働者が国内労働者の労働条件や雇用に影響を与えるとは言い切れない。その影響は、両者が競合関係にあるかないかによって影響を受けるとともに、国内の諸制度や労働市場のあり方によっても異なりうる。

諸外国での研究結果

より具体的な研究成果から、移民労働者の流入が国内労働者に与える影響を見ていこう。

移民労働者の影響の検証は、主に二つの仕方で行われてきた。第一の方法は、都市や州の間での賃金や失業率の比較から検証するものである。移民労働者の増加が著しい地域とそうでない地域の間で、賃金や失業率の変化を調べ、移民労働者の増加が著しい地域で賃金の低下や失業率の上昇が生じていれば、それは移民増加の影響と考えられる。

しかし、この方法には次の二つの問題が指摘されている（Okkerse 2008）。

第一に、人は居住地の失業率が高くなったり、賃金が低下したりすれば、より労働条件のよい地域に移動する。そうであれば、ある地域で移民の増加によって労働力の過剰な供給が生じたとしても、労働者の他の地域への移動によって、その影響は緩和され、反対に労働者が移動してきた地域では労働力の供給が増えるため、労働条件が悪化する。結果として、地域間での賃金や失業率の差は見られなくなる。

第二に、もともと移民がどの地域に移住するかは、地域の労働市場の状態によっても影響を受ける。労働を目的とした移民ならば、できるだけ賃金水準が高く、失業率が低い地域を移住先に選ぶであろう。加えて、低技能移民労働者が増加した場合には、地域の産業はこうした労働力を、よりうまく活用できるものへと変容させる可能性もある。低技能労働者を集約的に用いる産業が地域で発達すれば、その地域内の低技能労働者の需要は低下しない。他方で、この産業構造の転換は、他の地域における同種の産業を衰退させる可能性もある。

これらの問題から、ある地域の移民の増加と地域の労働市場の状況の間の因果関係は複雑であり、移民増加の影響の分析は困難になる。したがって、移民の増加が労働市場に与える影響を検証するのに、地域間の比較は適切な方法とはいえない。

このため第二の方法として、産業や職業ごと、あるいは学歴や職歴をもとに分けたグループごとに、移民の人数と失業率、賃金水準の時系列的な変化を求め、相互の関連を分析することによって、移民増加の影響が検証されている。これらの研究は、国内労働者に対して移民労働力の増加がもたらす一定の否定的影響を見出《みいだ》している。

たとえば、移民の国内労働市場に対する影響について長年研究を行っている経済学者のボージャスはアメリカのデータを用い、教育水準と就労年数をもとに労働者をグループ化したうえで、それぞれのグループ内で移民の増加が国内労働者の賃金水準や失業率に与えた影響を分析した。

その結果、移民労働者の増加は国内労働者に影響を与えていた。ボージャスの推定によれば、一九八〇年から二〇〇〇年までの移民受け入れによる一一％の労働力増加によって、平均的な賃金は三・二％低下し、特に高校中退者については八・九％の賃金の低下が生じたと予測される（Borjas 2003）。

ただし、このボージャスの推定に対し、オッタビアノとピエリは、同じ技能水準の移民労働者と国内労働者を完全に代替可能なものとしてとらえている点や、低賃金の移民労働者の雇用によって資本の蓄積が可能となる点を無視している点など、いくつかの問題があると指摘する（Ottaviano and Peri 2012）。

そして、これらの点を修正したうえで改めて推定を実施し、一九九〇年から二〇〇六年までの移民の受け入れが、高校卒業資格をもたない国内労働者の賃金には弱い影響しかもたないことを示した（プラス〇・六%〜一・七%）。また、移民労働者の増加が影響を与えたのは、より以前に移住した移民の賃金に対してであった（マイナス七%論文、前掲程度）。

ヨーロッパのデータを分析した研究でも、同様の結果が得られている。一九八〇年代の西ドイツのデータの分析では、移民労働者の労働者におけるシェアが一%増加すると、ブルーカラー労働者の賃金が五・九%低下するのに対し、就労経験が二〇年を下回るホワイトカラー労働者については三・五%の増加が生じることが示された（De New and Zimmermann 1994）。また、フランスのデータの分析からは、移民労働者の増加による賃金の低下が有期雇用労働者においてのみ生じていた（Edo 2013）。

理論的に想定された通り、その影響は技能水準の低い労働者や、より早く移住していた移民、季節労働者など、移民と競合関係に置かれやすい労働者に強く見られ、移民労働者と補完関係にある人には影響がないか、あるいはむしろプラスの影響がある（Okkerse 2008）。

移民労働者の増加が自国民の賃金と雇用に与える影響についてレビューを行ったオッカースによると、賃金に対する影響同様、雇用に対する影響も、すべての国内労働者について同様ではない、としている。フランスについてのデータ分析からは、移民労働者のシェアの増加が、高技能労働者以外の労働者の雇用率を低下させることが示されている（Edo 2013）。

こうした効果は、フランス国籍を取得した移民労働者のシェア増加によっては生じない

（前掲論文）。この結果からは、社会保障など労働市場の外で生活を維持できる制度が非国籍保持者に対しては適用されないことによって、移民労働者が条件の悪い仕事に就くことを受け入れた結果、国内労働者の失業が生じていることが示唆される。

ただし、同じフランスのデータの分析からは、移民労働者の増加が短期的には失業率の上昇を招くが、長期的にはむしろ低下をうながすとの知見もある（Gross 2002）。当然のことながら、移民は商品やサービスの生産者というだけではなく、消費者でもある。移民を受け入れることによって、新たな需要が生まれ、雇用が発生する。その結果として、長期的には失業率を低下させるのである。

まとめてみれば、移民労働者の受け入れが国内労働者の労働条件に与える影響は、その対象も、影響の程度や期間についても限定的である。しかし、その影響を強く受けるのは、低技能労働者やより前の時点で移住した移民など、現在すでに労働市場で不利な立場にいる人々である。こうした人たちにとって、失業や賃金低下は生活の維持を困難にしうる。その意味では、移民労働者の受け入れが与える影響を過小評価すべきではない。

日本への移民労働者は労働市場のどこに参入しているのか

移民労働者が国内労働者の労働条件を悪化させるかどうかは、両者が代替関係にあるのか、補完関係にあるのかによって異なり、その関係性のあり方は職業や雇用形態によって異なっていた。では、日本に暮らす移民労働者は、日本の労働市場の中のどのような位置に組み込まれているのだろうか。

二〇一五年の国勢調査をもとに、雇用形態別、職業別に移民労働者（ここでは外国籍の労働者）が占めるシェア（図2-1、2-2）を見ると、どの雇用形態、職業についても、日本ではシェアが非常に小さいことがわかる。しかし雇用形態や職業ごとに、ややシェアのばらつきがあり、男性では非正規雇用者におけるシェアが二・七％と正規雇用者や自営におけるシェアを上回っている。女性でも一・八％と他の雇用形態よりわずかに高いが、男性ほどの差はない。

一方、職業別だと、女性の生産工程職のシェアが五・六％と非常に高くなっている。これは日本人の女性がこうした職に就かない一方、移民女性がこの分野の職で雇用されやすい結果だと考えられる。また、その他分類不能の職や管理的職業のシェアも比較的高い。一方男性では、その他分類不能の職におけるシェアや生産工程職におけるシェアが比較的高くなっている。

日本では受け入れている移民労働者の割合がいまだ低いため、総労働者に占めるシェアも小さい。しかし、雇用形態別、職業別に見れば、（男性）非正規雇用や生産工程職においてのシェアがわずかに高く、こうした職では日本人労働者との代替関係が生じている可能性もある。

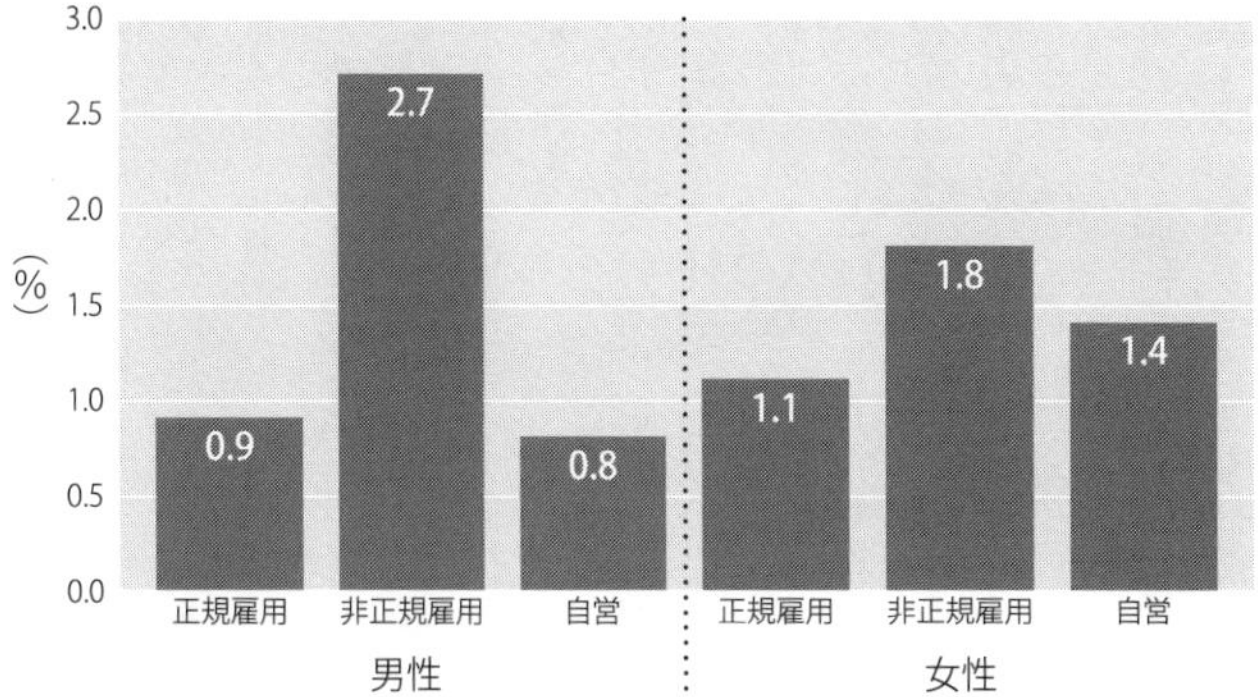

図２－１　各雇用形態に占める移民労働者の割合

出典：総務省『平成27年国勢調査』をもとに筆者作成．非正規雇用は「派遣社員」と「パート・アルバイト・その他」を含む．自営には家族従業者は含んでいない

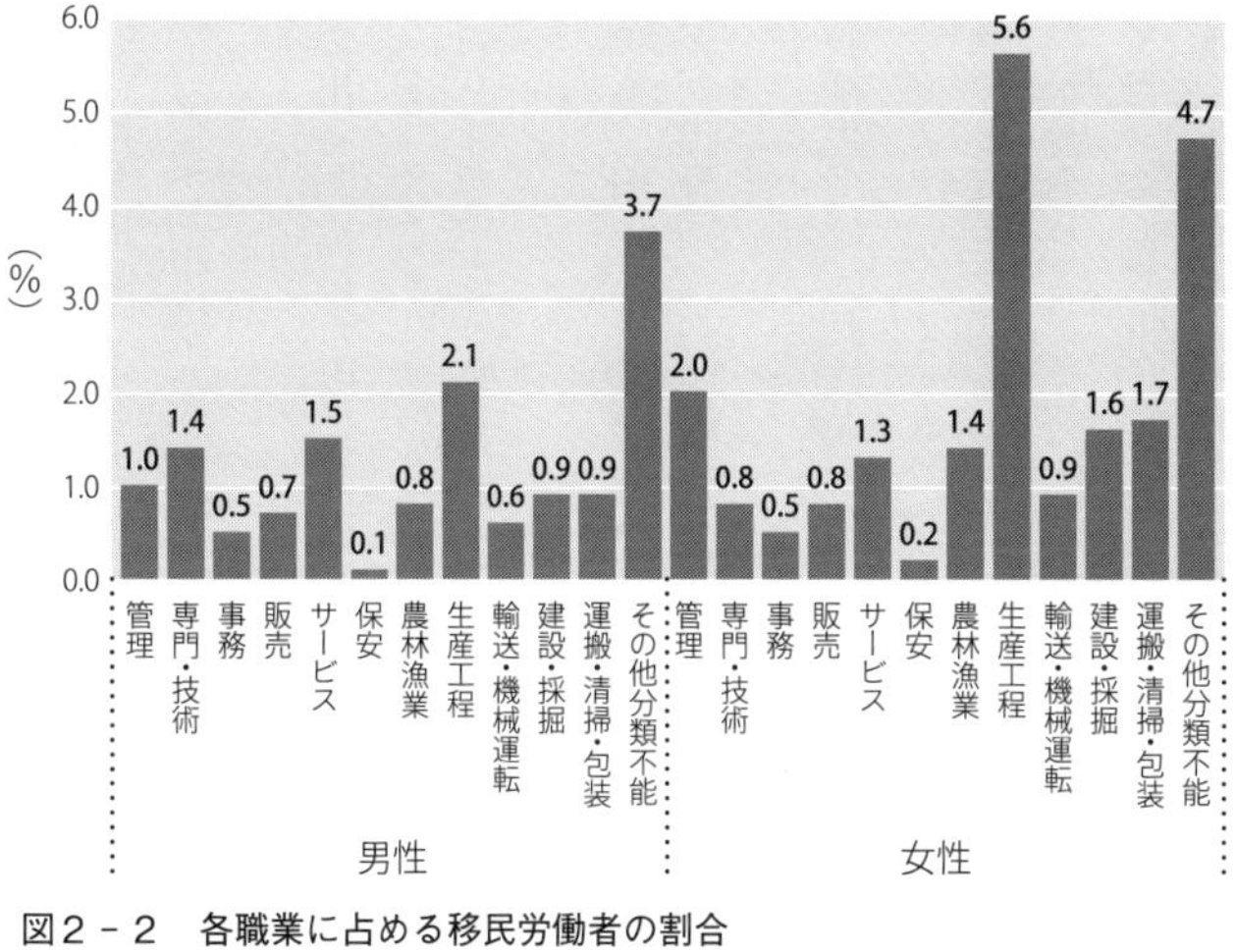

図２－２　各職業に占める移民労働者の割合

出典：総務省『平成27年国勢調査』をもとに筆者作成

ところで、移民労働者の生産工程職でのシェアの高さは、もともとこうした職に就いていた移民を多く受け入れていることを意味しない。神奈川県で実施された調査によれば、出身国で従事していた職と日本で従事している職の職業分布は大きく異なる（Takenoshita 2006, 表2－1参照）。

表2－1を見ると、ラテンアメリカ出身者で出身国にいた際にブルーカラー職に就いていた人の割合はわずか四・九％であるのに対し、日本でブルーカラー職に就いている人の割合は八三・二％に上る。同様の傾向は東南アジア出身者やその他アジア・アフリカ出身者でも見られる。

出身国では専門職や管理職に就いていた人でも、日本でその技能を生かせる職に就くことは難しい。日本語能力が十分でないことに加え、出身国での学歴や職歴は日本では必ずしも評価されないからだ。

このことは、EPAの看護師・介護福祉士候補生受け入れにおいて、出身国での看護師資格が日本では認められなかったことからもわかるだろう。このような理由から、多くの専門職者や管理職者、事務職者が、ブルーカラー職へと職業を変えて就労している。

一方、欧米出身者については反対の職業転換が見られる。英語圏出身者であれば当たり前に持つ英語能力は、日本では専門的職業に就くための「専門的能力」として通用する。出身国で培ったさまざまな技能が日本へと移転可能かどうかは、移民の出身国によっても大きく

		管理的職業	専門的職業	事務的職業	販売職	ブルーカラー職	人数
東アジア	出身国	10.4	57.1	14.9	5.8	11.7	154
	日本	10.3	36.2	7.6	23.8	22.2	185
東南アジア	出身国	13.7	27.5	31.4	15.7	11.8	51
	日本	4.5	10.6	3	12.1	69.7	66
その他アジア・アフリカ	出身国	21.7	30.4	21.7	13	13	23
	日本	10.8	16.2	2.7	21.6	48.6	37
ラテンアメリカ	出身国	18.5	30.9	29.6	16	4.9	81
	日本	3	5	3	5.9	83.2	101
欧米	出身国	8.7	58.7	15.2	13	4.3	46
	日本	6.6	80.3	3.3	6.6	3.3	61

表2－1　神奈川県在住移民における出身国での職と日本での職の分布の違い
出典：Takenoshita, H., 2006, The Differential Incorporation into Japanese Labor Market: A Comparative Study of Japanese Brazilians and Professional Chinese Migrants. *The Japanese Journal of Population* 4(1): 56-77. Table 1をもとに作成

異なる。

学歴に関する質問は一〇年おきにしか行われていないため、二〇一〇年の国勢調査をもとに、在学者を除いた最終学歴別の移民のシェアを見ると、男女ともに「不詳」でのシェアが高いことと、女性の大学・大学院卒におけるシェアが高い以外は、シェアは一％前後と低い。日本に暮らす移民にとって日本の学校分類はなじみがなく、回答が困難であることが不詳のシェアの高さに影響しているのだろう。女性については、わずかに高学歴者に占める割合が高い（図2-3）。

したがって、非正規雇用や生産工程職でのシェアが高くなっている一方で、学歴や母国での職業を考えれば、日本で暮らす移民労働者は必ずしも低技能者に偏

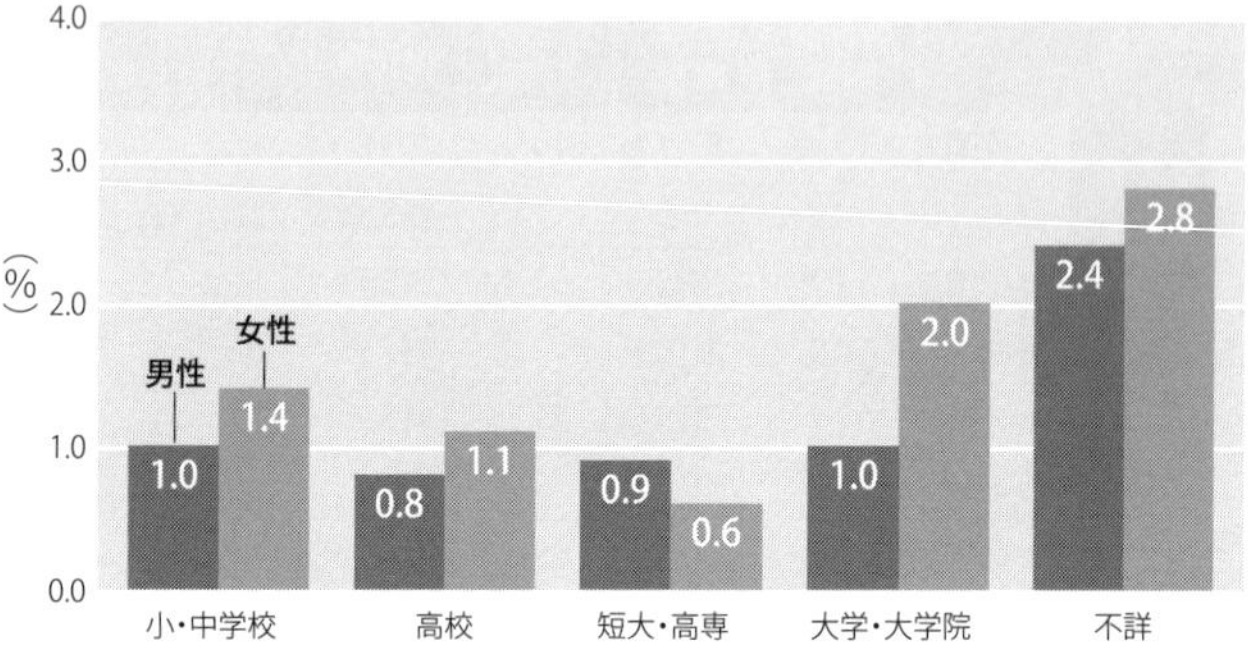

図2－3　各最終学歴に占める移民の割合（15歳以上，在学者除く）
出典：総務省『平成22年国勢調査』をもとに筆者作成

っているわけではない（そもそも日本政府は低技能労働者の受け入れを公式には認めていない）。もともと持っている技能とは関係なく、彼らの労働市場における位置づけが決まっていることがうかがえる。

日本の労働市場における位置を考える上では、雇用形態や職業だけでなく、企業規模が重要となる。二重労働市場論が示す労働市場の分断は、大企業と中小企業の分断と重なると考えられるからだ。

国勢調査では勤め先の企業規模は調べていないため、外国人を雇用している企業に提出義務のある「外国人雇用状況」と、「労働力調査」のデータをもとに、企業規模別の移民労働者のシェアを調べた（官公庁、不明の場合は除く）。ただし、「外国人雇用状況」では特別永住者については除かれているため、先ほどまで見てきた国勢調査を用いた移民の定義とはややずれがあることには注意が必要である。

図2－4に示した結果を見ると、企業規模が五〇〇

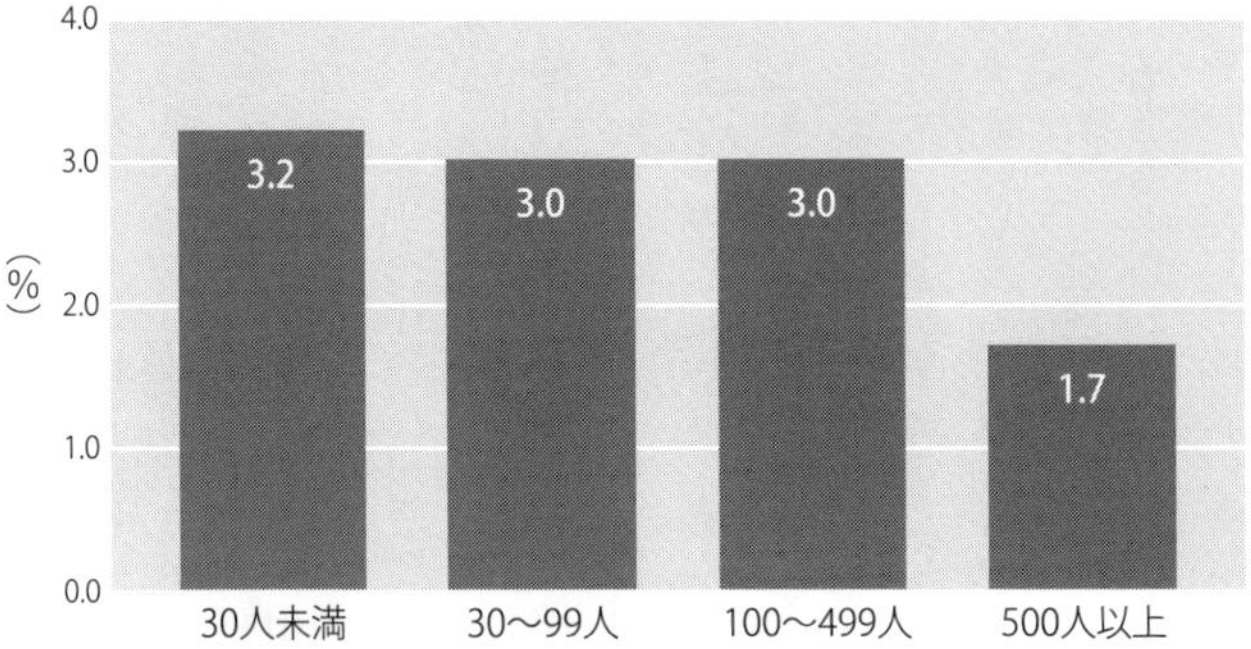

図2－4　各企業規模における移民労働者の割合
出典：厚生労働省「外国人雇用状況の届出状況（平成30年10月末時点）」および，総務省「労働力調査」（2018年）をもとに算出

人未満の企業でのシェアは三％前後なのに対し、五〇〇人以上の大企業でのシェアは一・七％とやや低い。移民労働者は中小企業でのシェアが比較的大きいことがわかる。

日本の移民労働者は全体として規模が小さく、労働者の中に占めるシェアは数パーセントにとどまる。しかし、より細かく見れば、非正規雇用や生産工程職、中小企業でのシェアがやや高い傾向にある。この意味で、移民労働者は第二次労働市場に組み込まれる傾向にあるといえよう。

日本の労働市場への影響

非正規雇用や生産工程職では移民労働者と国内労働者との間に代替関係が生じ、国内労働者の労働条件が悪化しているのだろうか。日本ではこうした観点からの研究は少ないものの、数少ない例外的研究では、国内労働者の労働条件が移民によって悪化することはないとの知見が得られている。

経済学者の中村二朗らの研究は、こうした例外的なものの一つである。中村らは移民労働者の導入が国内労働者に与える影響を、網羅的に検証している（中村ほか　二〇〇九）。その結果を概観すると、まず、賃金に対しては、おおむね移民の増加が国内労働者の賃金に影響しない、あるいは影響する場合は賃金を高めるとの結果が得られている。これは、年齢、性別、学歴別の中途採用者の初任賃金を見た場合でも、新卒者の初任給を見た場合でも同様である。

他方で、移民労働者を積極的に導入している地域では、教育年数が賃金を引き上げる効果は弱い。このことから、移民労働力の割合が高い地域では、低技能労働者を集約的に用いる産業が発達しており、そのことが相対的に技能の低い労働者の需要を拡大するとともに、他地域に比べて相対的に高い賃金を彼らに提示している可能性が示唆される。

さらに、中村らは移民労働者の割合が高い都道府県では、高校卒業後に就職よりも進学を選択する若者が多いことも確認している。つまり、こうした地域では、低技能労働力の需要が大きいものの、若年層の日本人労働者はさらなる技能を身に付けるための進学を選択しやすいため、労働力の供給が少なく、ミスマッチが生じており、移民労働者がその穴を埋めていると考えられる。

また、移民労働者の導入は、大卒女性の短期的な退出を促し、高卒・中卒女性については長期的にも退出を促すことが確認された。女性労働者の求職率が高まるわけではないことから、移民労働力の導入が女性を失業に追い込んでいるとはいえず、むしろ家事労働への撤退を生じさせていた。ただし、これらの効果は十分に大きいものではない。

これらの結果から、中村らは「「外国人労働者（特に単純労働者）の導入は受け入れ国の労働者の労働条件にマイナスの影響を与える」という議論に対しては、「必ずしもそうではない」という回答を与えることができる」と結論づけている（前掲書）。

経済学者の小﨑敏男もまた、賃金構造基本調査のデータを用い、都道府県における外国人労働者の増加がその地域の賃金と雇用に与える効果を検証した。移民労働者比率が一〇％増加すると、実質賃金は〇・三五％増加し、雇用は約一％削減されることを示した。男女別にみると、移民労働者が一〇％増加すると、男性の賃金は〇・八二％増加するが、女性には影響しない。これに対し、女性の就業率は約一・二％低下するが、男性には影響しなかった（小﨑　二〇一九）。

労働力調査を用いた研究では、都道府県における移民人口の増加は失業率に影響を与えていないとの結果が得られている（増田　二〇一九）。これらの結果は中村らの結果と一致している。

経済学的な観点から、労働力の需要と供給、資本との関連に着目して分析を行う中村らの研究に対し、社会学的研究では二重労働市場を前提として、第二次労働市場に移民労働者が組み込まれていったことが指摘されている。

社会学者の丹野清人《たんのきよと》によれば、日本経営者団体連盟（日経連）は二〇〇一年の『労働問題研究委員会報告』で外国人労働者の導入を労働市場に多様性を獲得するために必要、と表現している。日経連が市場の多様性を重視するのは、基幹的従業員（日本人男性労働者）の雇用を安定させるとともに、人件費を抑制しながらも生産性の向上を実現するために必要だからだと丹野は指摘する。

したがって、「多様性を担うそれぞれの労働力は、基幹的従業員とは異なる役割に固定され、外国人、高齢者、そして女性が基幹的従業員になっていくことは検討されていない」（丹野　二〇〇七）。移民労働者は実際に請負業で働くことで（特に日系人の場合）、また、技能実習生という一定期間最低賃金程度で雇用することが可能な労働力として、市場の「多様性」を確保する機能を果たしている。

すでに見たように、移民労働者はもともともっている技能によらず、第二次労働市場に参入することが期待され、実際にそこに組み込まれているといえるだろう。

しかし、ひとたび日本が不況に見舞われると、第二次労働市場に日本人も参入するようになる。若年男性や高齢男性が非正規雇用で就労するようになり、家庭に入っていた女性が家計を助けるため就労をはじめる。第二次労働市場に日本人労働者が参入するようになると、企業の雇用の仕方も変化していく。

もともと日系人は自由な職業の移動が可能であるため、転職が盛んであり、その予防のために高い時給が提示される傾向にあった。それでも企業にとって日系人を請負労働者として雇うメリットがあったのは、福利厚生に必要となる費用が不要である分、トータルの人件費が日本人正社員を雇う場合よりも安くなることによる（橋本　二〇〇九）。

このため、日本人労働者、主に女性労働者や高齢者を非正規雇用労働者として確保できる状況になれば、そちらを優先的に用い、日本人が働きたがらない早出や残業を必要とする勤務に日系人を用いるという雇用のポートフォリオが組まれる（丹野　二〇〇七）。つまり、日系人は不況などで第二次労働市場での労働力の供給が高まった場合に、より労働条件を悪化させたり、職を失いやすい立場にあった。

リーマンショックの際に、日本の失業率は二〇〇八年九月からもっとも状況が悪かった二〇〇九年七月までに二ポイント程度増加し、五・六%となった。一方で、樋口直人のまとめによれば、二〇〇九年に各地で実施された推計にもとづく南米人（またはブラジル人）の失業率はすべて四〇%以上になっている（表2－2）。

これらの調査は調査員が把握している家庭への調査であったり、個人のネットワークを介して行われたものであるため、正確な数値であるとはいえないものの、日本人と比較して南米人（またはブラジル人）が失業しやすい状態にあったことがうかがえる。

つまり、日本人労働者の労働条件が移民労働者の参入によって悪化したというより、移民

	調査期間	調査方法	対象者	回答者数	失業率	人数
滋賀県国際協会（2009a）	2009.1	滋賀県内の調査員が把握している家庭を訪問	南米人	238	42%	154
滋賀県国際協会（2009b）	2009.6	同上	南米人	283	46%	185
がんばれ！ブラジル人会議（2009）	2009.1-2	浜松市内の人が多く集まるところで調査票を配布	ブラジル人	2773	47%	51
岐阜県（2009）	2009.7-9	岐阜県内の団体や調査員が把握している家庭を訪問	ブラジル人	2343	40%	66

表2－2　リーマンショック後における南米人・ブラジル人の失業率
出典：樋口直人, 2009,「経済危機と在日ブラジル人」『大原社会問題研究所雑誌』622, 50-66.

労働者の労働条件が、日本人労働者の参入によって悪化したと考えられる。

技能実習生の受け入れについても、日本人に雇用や賃金における負の影響は確認されていない。技能実習生を雇用する企業の特徴について分析を行った橋本由紀は、技能実習生の受け入れ企業のうち、提示賃金に応じる日本人労働者では必要労働力を確保できず、操業継続のために研修生・技能実習生の受け入れを行っている企業と、定型的作業を外国人に割り振りつつ、熟練作業については日本人労働者を活用し、高い生産性を達成する企業の二つに分けられることを明らかにした（橋本 二〇一〇）。

第一のケースでは日本人労働者が避けている雇用への参入であり、後者では日本人労働者と技能実習生が補完的関係にある。いずれの場合にも、技能実習生の受け入れによって日本人の労働環境が悪化しているとはいえないだろう。

ただし、技能実習生が非正規雇用者と代替関係にあることを示唆する分析結果もある。技能実習生の従業員における比率が高い企業では、派遣労働者や請負労働者の割合が低い傾向にある（西岡　二〇〇四）。

さらに、研修生を通常の倍の人数受け入れられる「外国人研修生受入れ特区」に認定された愛媛県東予《とうよ》地域で特区認定を受けた企業について、認定の影響を検証した研究では、非正規雇用者の数が減っていることが示されている（橋本　二〇一二）。非正規雇用者と研修生・技能実習生は第二次労働市場で競合関係におかれており、研修生・技能実習生の導入が日本人非正規雇用者の雇用減につながっている可能性がある。

ただし、このメカニズムについて橋本は企業へのヒアリングを通じ、日本人を解雇し、技能実習生で置き換えるようなものではなく、日本人が離職した場合に技能実習生で埋め合わせた結果であると指摘している。

ここまでの研究結果をもとに考えれば、日本では移民労働者の受け入れはこれまでのところ日本人労働者の賃金の低下を招いてはおらず、むしろわずかに高めている。他方では、労働集約的な産業を発展させ、それを嫌った若年労働者の就学の継続や、女性の労働市場からの退出を促す効果をもっている可能性がある。その意味で、移民の受け入れは日本人と移民の間の分業を生んでいるといえるかもしれない。

2　移民は日本経済の成長につながるか

経済的好影響への期待

移民の受け入れが労働市場に与える否定的影響への懸念が存在する反面、序章で述べたように、移民の受け入れがもたらす肯定的な影響として、経済効果を期待する向きは多い。「国際化と市民の政治参加に関する世論調査」の結果が示すように（序章図P－6）、移民の受け入れによって「経済が活性化する」という意見について四五％の人が賛成している。

移民がもたらす経済効果に期待する声は、政府でも多い。特に、高技能移民が国の技術水準を引き上げ、生産性を高めることへの期待は大きい。

たとえば、二〇一七年に閣議決定された「未来投資戦略二〇一七」では、以下のようにその効果を説明しつつ、行うべき取り組みの一つとして高度人材などの受け入れ拡大を挙げている。

第四次産業革命の下での熾烈《しれつ》なグローバル競争に打ち勝つためには、高度な知識・技能を有する研究者・技術者をはじめ、情報技術の進化・深化に伴い幅広い産業で需要が高まる優秀な外国人材について、より積極的な受入れを図り、イノベーションを加速し、我が国経済全体の生産性を向上させることが重要である。

ここでは、高技能移民自身が高い生産性によって日本経済に貢献するだけでなく、彼らの存在によって国内労働者の生産性が引き上げられることが期待されている。経済界からも高度人材の受け入れがイノベーションにつながるとの期待が示されている。経団連（日本経済団体連合会）は二〇一六年の「外国人材受入促進に向けた基本的考え方」の中で、受け入れを促進すべき「外国人材」として高度人材を挙げ、「多様な価値観や経験・ノウハウ、斬新な発想を取り入れることにより企業にイノベーションが生まれ、専門的・技術的分野の才能が企業の競争力を強化すると期待される」と述べている。

この際、経団連が同時に「日本の社会基盤（産業やインフラ）の維持に必要な技術を持ち技能を継承する人材、日本の生活基盤（介護等）維持に必要な人材」を「中長期的には機械化・IT化・自動化等による生産性向上も図りつつ、（中略）各産業の緊急的ニーズを勘案し、労働力不足緩和や技能継承を図るべく、制度拡充や運用拡大を検討する必要がある」と述べているのは、移民の受け入れが経済に与える影響の二面性を考えるうえで示唆的だ。

後で述べるように、移民の受け入れは生産性向上を阻害することによって、経済に負の影響を与えることも懸念されている。本節では、既存の研究から、このような移民労働者の受け入れが経済に与える影響を、肯定的影響、否定的影響の両面から検討する。

移民の受け入れは技術革新を阻害・促進するか

移民労働者の受け入れがもたらす経済効果として挙げられる第一の点として、技術革新がある。実際、既存の研究では、高度な技術を持った移民の受け入れは、他の労働者への波及効果を持っており、社会全体での技術革新を可能とするとの知見が示されてきた。

アメリカを対象とした研究によれば、大学卒業の学歴を持つ移民の特許取得率は大学卒業の学歴を持つ国内労働者よりも高い（Hunt and Gauthier-Loiselle 2009）。こうした特許取得率の高さは、移民が国内労働者よりも優秀であるからというより、高学歴移民の多くが科学や工学分野での学位を持っていることによって説明される。さらに、大卒移民の人口におけるシェアが増えることで、人口一人あたりの特許取得率が上がることから、高技能移民の受け入れは、国内労働者にもよい影響を与え、社会全体の技術革新を招くことも示された。

高技能移民の受け入れが技術革新に肯定的な影響を与えていることは、ヨーロッパのデータからもうかがえる。一九九五年から二〇〇八年までのヨーロッパ諸国のデータを分析した結果、高技能職（専門・管理・技術職）における外国人の割合が高いほど、その国の特許取得率は高くなり、研究論文の引用数は増えていた（Bosetti et al. 2012）。

ただし、これらの知見は高技能移民の受け入れに関するものである。高技能移民に限定しない場合には、移民の受け入れが技術革新を生むとは言い切れない。

特に、人手不足の補充としての移民労働者の受け入れが、国内労働者には避けられるような労働条件しか提示できない生産性の低い産業で行われた場合、問題が生じうる。それは、移民労働者の受け入れが生産性の低い産業を生きながらえさせ、技術革新を遅らせうるという点である。

移民労働者は国内労働者が忌避するような劣悪な労働条件での就労も辞さない傾向にある。このことは、最低賃金程度しか支払われない技能実習制度での受け入れが増加していることからもうかがえるだろう。これは裏返せば、彼らがいなければ労働力不足で経営を維持できないはずの企業の存続が可能となることを意味する。さらに、労働力が安価に使用できるようになれば、資本投資を行って技術革新を行うインセンティブ（動機）は低下する。

したがって、資本投資の余力がある企業であっても、投資を行わず、これまでの技術を使い続ける。こうした個々の企業の選択は、長期的には社会全体の産業構造の転換や、技術水準の発達を遅らせるため、受け入れ国経済に悪影響を与えうる。

諸外国の研究を見ると、こうした懸念は一定の妥当性がある。アメリカの経済学者であるイーサン・ルイスは移民の受け入れによる労働者の技能構成の変化が、企業の生産性や技術革新に与える影響を検証している。

彼は、一九八〇年代のキューバ（マリエル）からマイアミへの難民の受け入れの影響として、製造業における新技術（コンピューター）の導入が遅れることを明らかにした（Lewis

2004)。さらに、一九八八年と一九九三年のアメリカのデータを用いた分析でも、移民労働者の受け入れに伴う低技能労働者の割合の増加が生じた地域で、製造業でのコンピューター導入（検査や製造工程の自動化、ロボットの導入など）が遅れる傾向にあることが示された(Lewis 2005)。低技能労働者の増加に応じて、低技能労働者を集約的に用いることを前提とした技術が発達するため、技術革新に向けた資本投資は起こりにくくなるのである。

日本を対象とした研究でも、低技能移民受け入れによる技術革新への影響が検証されている。この検証を行った中村らによれば、外国人比率の増加した地域では、非熟練・熟練労働者の比率や労働資本比率が高い（つまり技術に対して投資を行っていない）企業の操業継続率が高くなる（中村ほか 二〇〇九）。

さらに中村らは、労働集約的かつ非熟練労働的な産業では、外国人比率の増加によって、新規参入企業数が増え、その産業への投資額が増えることを示した。他方で、外国人比率の上昇は、非熟練・熟練労働者の比率や労働資本率が低い企業の操業継続率を低下させ、そうした産業の新規参入企業数や投資額を減らす。

つまり、移民の受け入れが地域の産業構造を労働集約的、技能水準の相対的に低い産業へとシフトさせ、そうした産業の企業を存続させる一方で、より資本投資を必要とするような産業の維持を困難にしている。これは移民の受け入れが技術革新を阻害するとの見方と一致するものであろう。

高技能移民の受け入れが日本でも技術革新をもたらしうるかについては、実証的な研究が進んでいないため、今後の検証が必要である。しかし、日本の高技能移民受け入れの状況を考えれば、そうした効果があると一概には考えにくい。第1章で見たように、日本の高度人材の受け入れ政策がイノベーションを目的とした移民の受け入れを達成できているかについては懐疑的な意見が多く、さらには、高度人材の日本への定着率は低いからである（Oishi 2012）。そうだとすれば、波及効果は小さなものとなるだろう。

3　移民受け入れの社会保障への影響

移民の受け入れは少子化に歯止めをかけるか

移民労働者の経済的影響は、雇用や賃金、生産性などを通じてのみ現れるわけではない。社会保障制度の維持可能性についても、影響があると考えられる。これには、経済的影響と同様、ポジティブな効果とネガティブな効果の両面がありうる。

ポジティブな効果としては、生産年齢人口の増加が挙げられる。これは、少子高齢化を迎えた日本のような社会にとって特に大きな意味をもつ。

是川夕は、社会保障・人口問題研究所による人口推計をもとに、出生率・死亡率共に中位水準の場合、二〇一五年時点の人口を維持するためには、年五〇万人の受け入れでは十分でなく、七五万人の移民受け入れによって、ようやく緩やかな増加に転じると示している（是川二〇一九）。このような規模での受け入れは現実的でないにせよ、人口規模を維持することは、内需の維持とともに、労働力の減少を食い止め、経済成長を維持することにもつながる。

また、年金や健康保険の担い手となる層の割合を高めることにより、社会保障制度の維持も期待できる。したがって、移民の受け入れを通じた（生産年齢）人口の獲得は、日本の経済に肯定的な影響をもたらすと考えられている。

経済学者の増田幹人《みきと》は年金制度に対する移民受け入れの影響を推定している。毎年一〇万人を受け入れるシナリオと、二〇万人を受け入れるシナリオの二つについて推計し、どちらの場合にも、高齢化を抑制し、現役世代の社会保障負担は軽減されることを示した（増田二〇一九）。

これらの推計で考慮されているのは、移民が国内に流入すること自体によって人口が増えるという、移民受け入れの直接効果である。しかし、移民の受け入れと人口との関連については、こうした直接的な効果以外にも、移民の出生率が自国のそれよりも高いことによって人口増につながるという間接的な効果も考えられる。

一般に、先進国と比べ発展途上国のほうが出生率が高い。したがって、発展途上国出身の移民を受け入れることで、国内の出生率を上げることが期待されうる。二〇一三年六月、当時フロリダ州知事で共和党の大統領候補でもあったジェブ・ブッシュは「移民はより「多産」

(fertile)」なので、人口減を抑制し、アメリカ経済に貢献すると述べ、議論を呼んだ（The Washington Post 2013.6.14）。表現に問題はあるが、この発言では、移民の受け入れによる人口に対する間接的な効果が期待されていることがわかる。

ただし、実際の移民の出生率について検証を行った研究では、こうした見通しが誤りであることがわかる。確かに、移民第一世代の出生率は自国民の出生率を上回る。オーストリアの人口学者ソボツカの集計（表2-3）では、北欧や西欧諸国の移民（または外国籍）女性の合計出生率の多くが二人を超えているのに対し、自国出身（または自国籍）女性の出生率は高いところでも一・八〇人（フランス）と二人を下回っている。結果として、両者の間には〇・二九人～一・五〇人の差が開いている（Sobotka 2008）。

しかし、ソボツカのレビューによれば、こうした出生率の差は移民の定住化の過程で消失していく。これは移民女性が国内の価値観に同化していくことによる、あるいは受け入れ国の労働や福祉の制度の影響を受けた変化だと考えられる。

移民、特に若くして移住した移民たちは、何人ぐらいの子どもを産むのかという規範や、生活のスタイルを、受け入れ先のものに同化させていく。たとえば、スウェーデンのデータの分析からは、イスラム諸国出身の場合を除き、両親の移住に伴って移住してきた一・五世代の子どもは、受け入れ国の女性と近い出生行動をとる傾向にあった（Andersson 2004）。

この点を考慮すれば、移民の受け入れはそれ自体として人口を増やす効果はあるものの、

	期間	自国民女性	移民女性	差異	出典
デンマーク	1999-2003	1.69	2.43*	0.74	Statistics Denmark 2004
イングランドウェールズ	2001	1.6	2.2	0.6	ONS 2006
フランス	1991-98	1.65	2.5	0.85	Toulemon 2004
	1991-98	1.7	2.16	0.46	Toulemon 2004 (流入年と滞在年数で調整)
オランダ	2005	1.65	1.97	0.31	CBS2006
ノルウェー	1997-98	1.76	2.42	0.66	Østby 2002
スウェーデン	2005	1.72	2.01	0.29	Statistics Sweden 2006
		自国籍女性	外国籍女性	差異	
オーストリア	May-01	1.29	2.03	0.74	Kytir 2006
ベルギー	1995	1.49	2.13	0.64	Poulain and Perrin 2002
フランドル地方	May-01	1.5	3	1.5	van Bavel and Bastiaenssen 2006
フランス	1999	1.72	2.8	1.08	Héran and Pison 2007
	2004	1.8	3.29	1.49	Héran and Pison 2007
イタリア	2004	1.26	2.61	1.35	ISTAT 2006
スペイン	2002	1.19	2.12	0.93	Roig Vila and Castro Martin 2007
スイス	1997	1.34	1.86	0.52	Wanner 2002

表2－3　移民女性と自国民女性の出生率の差

デンマーク国籍を出生時からもつ女性を除く

出典：Sobotka, T., 2008, The Rising Importance of Migrants for Childbearing in Europe. *Demographic Research* 19(9)

長期的に見た場合には、出生率の向上につながるとはいいがたい。

日本に暮らす移民の出生率については、是川夕による検証が行われている。是川によれば、日本に暮らす移民の出生率はヨーロッパにおけるそれと比べて低く、フィリピンなどの一部の国籍を除くと、日本国籍者よりも低い。

具体的に見ると、一九九〇年代では、タイ、フィリピン、ペルー国籍は日本国籍者よりも出生率が高く、タイ国籍は三・〇、フィリピン国籍では二・五程度で推移していた。これに対し、アメリカ国籍、ブラジル国籍では日本国籍者と同程度で、中国籍、韓国・朝鮮籍については日本国籍者の出生率を下回ってそれぞれ推移していた。ただし、出生率が高いグループでも、近年では低下傾向にある（是川　二〇一三a）。

その結果、二〇〇〇年以降ではフィリピン国籍とベトナム国籍を除くと、日本国籍者を下回っている（是川　二〇一三b）。

また、五年以上居住している、または日本国籍者と結婚している中国籍者や、日系ブラジル人では、滞在が長期化するにつれて、出生率がやや上昇し、日本国籍者と近づく。この結果をもとに、是川は定住化の進展によって出生率が上がる可能性を指摘している。

しかし、第二世代以降の出生率は検証されておらず、定住化が進んだとしても一部を除けば日本国籍者を下回っていることや、そもそも日本国籍者の出生率が低いことを考慮すると、移民の増加が日本全体の出生率の上昇につながるとは考えにくい。

「福祉の磁石」効果は存在するか

出生率の上昇は期待できないにせよ、移民の受け入れが生産年齢人口の維持につながるとすれば、それは社会保障の担い手となる人口の維持にもつながる。自国民よりも相対的に若い移民を受け入れ、彼らが生産を行うことによって、税収や社会保障の納付が増加する。この点で、高齢化を迎える社会において、移民は救世主となる。

しかし他方で、移民の受け入れがむしろ社会保障の支出を増やすとの意見もある。移民は自国民同様に医療サービスや教育サービスを利用する。それに加えて、移民は自国民と比べ失業率が高くなりやすい。この場合、移民は失業手当などの受益者となる。差し引きの結果、移民が社会保障の貢献者と受益者のどちらになるのかという点は、移民の受け入れがもたらす経済的影響についての主要な問いの一つとなってきた。

移民が社会保障制度の受益者となるのではないかという懸念は、手厚い社会保障制度で知られる北欧諸国で特に広がってきた。これらの国では、「移民が我々の社会保障を奪う」という福祉愛国主義にもとづく主張を行う右派政党が出現し、支持を集めている（永吉 二〇一八）。

序章で見たように、日本でも在日外国人の増加によって仕事が奪われるという危惧よりも社会保障への負担が大きくなるとの危惧の方が大きい。

手厚い社会保障制度は、社会保障の受給者となりやすい移民を集める「福祉の磁石（welfare magnet）」効果をもつ可能性がある。

これには二つのメカニズムがある（Borjas 1999; Razin and Wahba 2012）。第一に、失業への不安があるような低技能移民ほど、福祉の充実した国を選ぶ。第二に、経済的な平等が実現されているということは、所得の下限が高いだけでなく、上限が低いということをも意味する。

したがって、自分の能力に対して高い見返りがあるべきだと考える高技能移民は、アメリカなど、所得の上限が高い国を選びやすい。逆に、自分の技能ではそれほど稼げないと思う低技能移民は社会保障の充実した、所得格差の小さい国を選びやすい。結果として、社会保障制度の手厚い福祉国家ほど、低技能移民を引きつけてしまうと考えられる。

ただし、実際にこうした「福祉の磁石」効果があるのかは、必ずしも明確ではない。たとえばボージャスは、アメリカの生活保護の給付水準が州ごとに異なることを利用し、給付水準の高い州に生活保護を受給する移民が引きつけられる「福祉の磁石」効果があるかどうかを検証している。一九八〇年と一九九〇年のデータを分析した結果、実際にこうした効果が見られ、給付水準の高い州には生活保護を受給する移民が受給しない移民よりも集まりやすく、また自国民の生活保護受給者よりもそうした集住の傾向がみられることが示された（Borjas 1999）。

しかし後の研究では、こうした福祉の磁石効果は必ずしも支持されていない。アメリカで福祉給付の水準が高い州はカリフォルニアやニューヨークなど、移民割合の高い地域である(Zabodny 1997)。すでにその国にいる同国人のネットワークを頼って移住したり、そこで得られる情報や雇用機会を求めて移住先を決める結果、新規移民は多くの移民が暮らす集住地を居住地として選択しやすい。すでに移住している移民が生活保護の給付水準が高い地域に集住しているため、給付水準が高い地域を選んで移住したように見えた可能性がある。

また、一九九〇年代のアメリカでは、移民に移住後五年間生活保護を禁じる法律が制定されたことを用い、福祉の磁石効果があるかどうかを検証した研究もある。この際、一部の州では、移民にセーフティネットを提供する法律を制定した。この状況を社会実験として、新たな移民がどの州に移住するかを検証したところ、低技能移民がセーフティネットを提供する州に集中する傾向は確認されなかった(前掲論文)。

アメリカ以外のデータを用いた場合にも、磁石効果は強いものとしては確認されていない。たとえば、ヨーロッパのデータを用いて失業手当の磁石効果を検証した研究では、確かに非EU移民が給付水準の高い国に集まる傾向がみられるものの、その効果は失業率や平均賃金の効果に比べれば非常に小さいことが示されている(De Giorgi and Pellizzari 2009)。

あるいは、OECD二七国、一九九〇年から二〇〇〇年にかけてのデータをもとに分析した研究においても、ネットワーク効果や失業率の影響の方が強く、磁石効果は見られないとの結果が得られている（Pedersen et al. 2004）。また、税率の高い福祉国家ほど貧しい国からの移民を引きつけているわけでもなかった。

つまり失業可能性の高い移民が社会保障の充実した国や地域へと引きつけられる傾向は、たとえある場合でも、それほど大きいわけではない。他の要素――その地域の経済状態や雇用の状態、そこに知り合いがいるのかどうか――ということが、移民の移住先選択ではより重要なのであり、社会保障は周辺的な要素であるといえるだろう。

日本についても、磁石効果が生じているとは考えにくい。日本の年金制度は、将来給付を得るために長期間の就労が必要となる。すでに述べたように、日本で暮らす移民の多くは、少なくとも当初は日本での定住を考えておらず、将来は母国に帰ることや、第三国に移住することを思い描いている。

この場合、社会保障協定を結んでいる国を除くと、日本で支払った分の社会保険料は掛け捨てになってしまう。この点に対する移民労働者の不満は大きく、帰国の動機の一つとなっている（Oishi 2012）。ただし、協定の相手国は増加しており、二〇一九年時点で二〇の国（二三ヵ国と協定を署名済み）との間に協定が発効している。

また、日系ブラジル人をはじめ、請負労働者などの非正規雇用者は社会保険料を負担しない代わりに手取り額を上げて雇用されることも少なくない。志甫啓《しほけい》が複数の市区町村調査の結果をまとめたところによれば、二〇〇五年ごろの統計では一五〜六二％の日系人が健康保険に未加入であり、「わからない」も含めると七〇%から九二%が年金に未加入であった（志甫　二〇〇七）。

二〇一八年に筆者が全国に居住する外国籍者を対象に実施した調査では、健康保険にはほとんど加入していたものの、何らかの年金に加入していると回答した人の割合は七割程度にとどまっていた（「くらしと仕事に関する外国籍市民調査報告書」）。

日本の生活保護制度は、「すべて国民は、健康で文化的な最低限度の生活を営む権利を有する」（傍点は筆者）との憲法第二五条の規定を根拠として、外国籍者に対しては「準用」とされている。それも永住者や定住者、日本人の配偶者、特別永住者など、身分または地位にもとづく在留資格をもつ人に限定されたものとなっている。準用であるため、外国籍者は受給が認められなかった場合にも請求を行えず、地方公共団体の判断によって対応が変わることもある。

二〇一一年の統計を見ると、世帯主が外国籍の被保護者世帯数は四万三〇〇〇世帯程度である。

外国人保護率には二つの計算法があり、一つは全国籍者に占める割合を計算したもの（外務省方式）であり、もう一つは「準用」が認められている永住者や定住者、日本人の配偶者等などの在留資格を持つ人の中に占める割合を示したもの（総務省方式）である。

総務省方式で計算した場合は五・三%、外務省方式で計算した場合は三・五%となり、日本国籍者に比べると高い水準となっている（総務省　二〇一四）。

外国籍者の受給率は高い水準にあるものの、詳細を見れば、磁石効果が生じているわけではないことがうかがえる。四万三〇〇〇世帯の三分の一ほどを占めるのは、韓国・朝鮮籍の高齢者世帯である。日本の年金制度に外国籍者が含まれるようになったのは、一九八二年の難民条約への批准を受けてのことであった。

しかし、こうした情報が十分に周知されなかったことや、零細の自営業で働いてきたことによって、年金を受けるのに必要な加入年数が足りず、あるいは年金額が十分でなく、高齢期の経済状況が逼迫《ひっぱく》することがみられた（川本　二〇一一、呉・斉藤　二〇一七）。結果として高齢になって生活保護を受給する例が多い。さらに、他の国籍者を含め、被保護者世帯数が大幅に増加したのはリーマンショック後であり、前述のように不況による失業に外国籍者が見舞われた結果として、生活保護受給率が高まったと考えられる。

まとめれば、日本では外国籍者が生活保護受給の資格を得るためには永住資格や難民認定、日本人との婚姻などが必要となり、実際に受給しているのは歴史的な理由により年金が十分でない層や、急激な不況の影響を受けた層である。これらの点を考慮すれば、少なくとも現行の制度においては生活保護制度が磁石効果を起こしている可能性は低い。外国籍者をより広範に社会保障制度に包摂した場合に生じうる影響については、第4章で検討する。

福祉国家の貢献者か受益者か

移民の福祉国家への貢献と福祉国家からの受益はどちらが大きいのだろうか。この答えを導くためには、公共サービスにどの程度の予算がかかるのか、また企業への課税がどの程度移民にかかわるのかなど、さまざまな点に関する推定が必要となり、その推定によって得られる予測は異なってくる（ナウラステ　二〇一六）。

しかし、少なくとも二つのことは共通した予測として示すことができる。

第一に、影響の仕方は移民の技能水準とそれとかかわる就労率によって異なる（Rowthorn 2008）。当然ながら、移民が就労をしていれば納税によって貢献する度合いが大きくなる。特に、税制にもよるものの、所得が高ければ納税額が上がり、貢献の度合いはより大きくなる。逆に、失業状態におかれたり、低い賃金しか稼げない状態では、移民の貢献の度合いは小さくなる。したがって、移民が福祉国家の貢献者となるのかどうかは、移民がどの程度労働市場に統合されているのかということによって影響を受ける。移民がうまく統合され、自国民同様に賃金を得ることができるなら、彼らの福祉国家への貢献は大きくなる。

このような違いは受け入れる移民のカテゴリー（労働を目的とした移民なのか、すでに滞在する移民が呼び寄せた家族結合による移民なのか、難民なのか）ともかかわる。たとえば、多くの難民を受け入れているスウェーデンでは、難民の失業率が高くなった結果として、社会保障へのネガティブな影響が予測されている（Ekberg 2006）。

これに対し、労働移民、特に高技能移民を多く受け入れている国ではポジティブな影響が予測されている（Dustmann and Frattini 2014）。

第二に、移民が貢献者となるか受益者となるかを決める重要な要因の一つが、移民の年齢構成である（Liebig and Mo 2013）。多くの場合、移民は労働者として、就労ができる年齢になってから移住先を訪れ、後に母国へ帰ったり、第三国に移住したりする。ライフコースを通じて見れば、福祉国家からより恩恵を受けるのは、教育を受ける必要のある子どもの頃や、就労できなくなり、病気にもなりやすくなる老年期であり、就労期は貢献の方が多い時期である。

したがって、母国で教育を終えてから移住し、老年期までに移住先から出ていくことの多い移民は、福祉国家に貢献する可能性の方が高い。移民が移住先に定住し、その地で余生を迎えたとすれば、彼ら／彼女らは福祉国家の受益者にまわる。この場合、人生を通してみれば、大きなプラスの影響もマイナスの影響もなくなるだろう。

ＯＥＣＤのいくつかの国について、移民の年齢構成と自国民の年齢構成を比較したのが、図２－５である。移民は相対的に生産年齢人口の割合が高いものの、アメリカ、イギリスなど、長年移民を受け入れてきた国では、七〇歳以上の層の割合も比較的高く、自国民と似た人口構成となっている。

これに対し、スペイン、日本など近年移民を受け入れ始めた国では、二〇代、三〇代が目

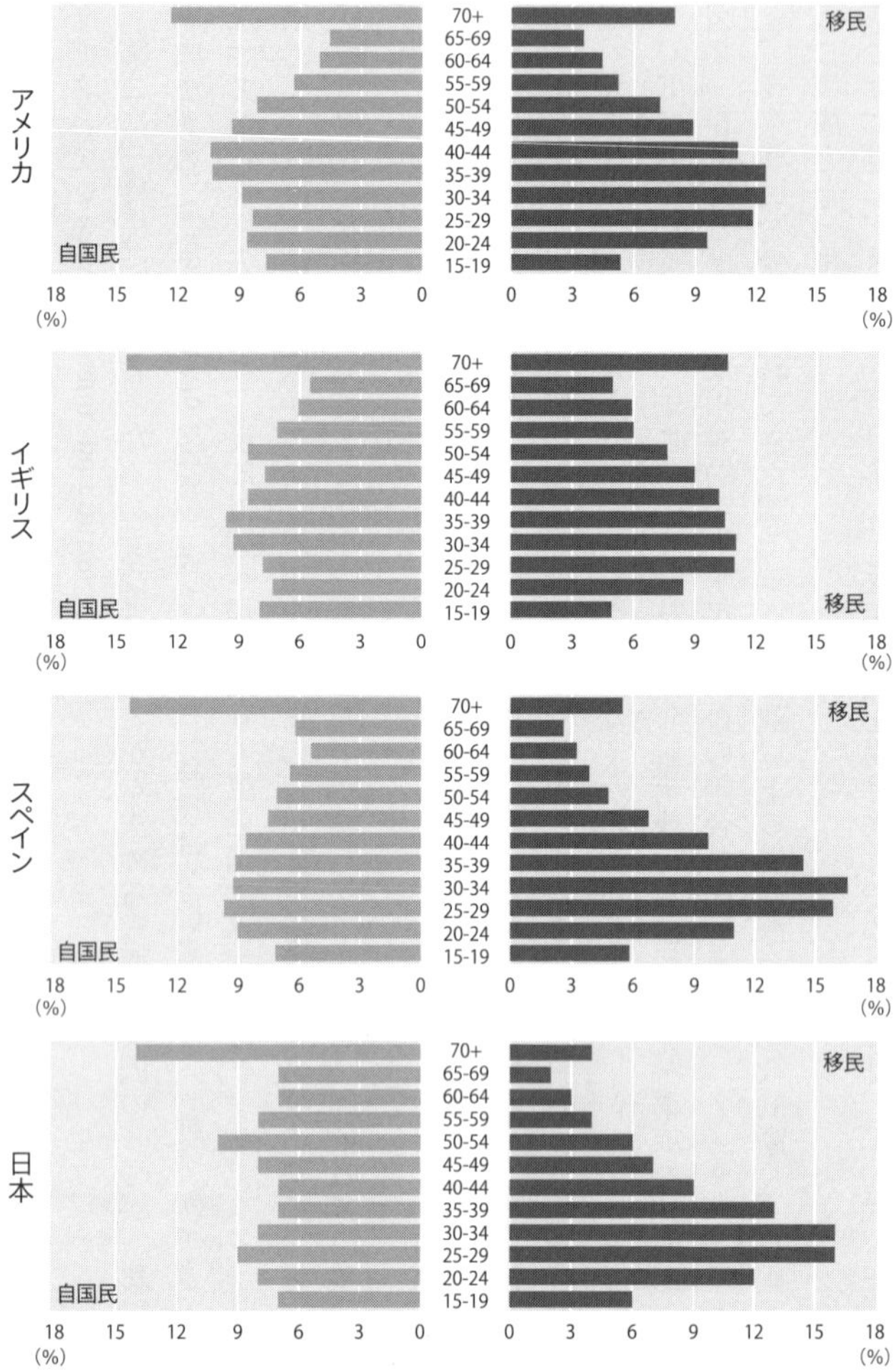

図2－5　自国民と移民の人口ピラミッド

出典：OECD. STAT, Immigrants by citizenship and age. から作成

立って人口割合の高い分布となっており、退職年齢となる六〇代以上の割合は低い。したがって、後者の国では、現在移民からの貢献の方が多くなっていると予測される。

さらに、より長期的に見れば、移民受け入れの財政への影響は、移民の第二世代の社会統合の程度にも影響を受ける（ナウラステ　二〇一六）。移民に子どもが生まれれば、その教育にかかわるコストが受け入れ社会にかかる。しかし、そこで用いたコストは、その後に移民の第二世代が成長し、就労するようになれば、税金となって戻ってくる。

この場合も移民第一世代と同様、自国民同様に賃金を得られるような状況にあれば、移民第二世代の福祉国家への貢献は大きくなる。移民第二世代の社会経済的地位が何によって決まるのかは、第5章で検討する。

ただし、想定の違いによって予測結果は多様であるが、それらをレビューした研究によれば、プラスの影響であれマイナスの影響であれ、移民が与える影響は小さく、おおむねGDPの一%にとどまる（Liebig and Mo 2013）。

移民の経済的影響を決めるのは誰か

移民がどのような経済的影響をもたらすのかは、彼らが労働市場でどのような地位に置かれるのかによって影響を受けていた。どのような雇用形態で、どのような職で、どのような労働条件で働くのかによって、技術革新や福祉国家への影響の程度は異なっている。

そして、彼らの労働市場における地位は、彼ら自身の持つ技能水準によって影響を受ける。しかし、ほかにも影響を与える要因は存在する。社会学者のイレーナ・コーガンは、移民の労働市場での地位が制度と移民、経営者の相互作用によって決められるというモデルを提唱する（Kogan 2007）。図2‐6はコーガンのモデルに仲介業者を加えたものである。

コーガンのモデルによれば、移民がどの程度の資源（技能や社会関係など）をもって入国するかは、その国の移民制度によって異なる。ポイント制度のもとでは高い技能をもつ移民が入国しやすくなる。家族結合の移民が多ければ、移民の技能水準は低くなる。しかし、家族結合の移民はすでに定住している家族が国内にいるため、仕事の情報を得やすく、就労が容易かもしれない。

また、移民が就労についてどのような選好をもつかも、移民制度によって影響を受ける。短期的な就労を前提とした受け入れは、移民にとっては低技能職でも就労するインセンティブを高める。短い期間で高い収益を上げるためには、よりよい仕事に就くために技能水準を上げることや、そうした仕事を探すために、時間を費やすことは得策ではないからだ。また、技能実習制度など、雇用主を変えられない制度では、よりよい仕事を探すこと自体ができず、受け入れ先の労働条件を受け入れざるを得ない。

さらに、移民がどの程度低技能職を受け入れるかは、社会保障制度によっても異なる。失業期間中も生活保護などでのサポートがある場合（これには移民に対しても社会保障制度が開

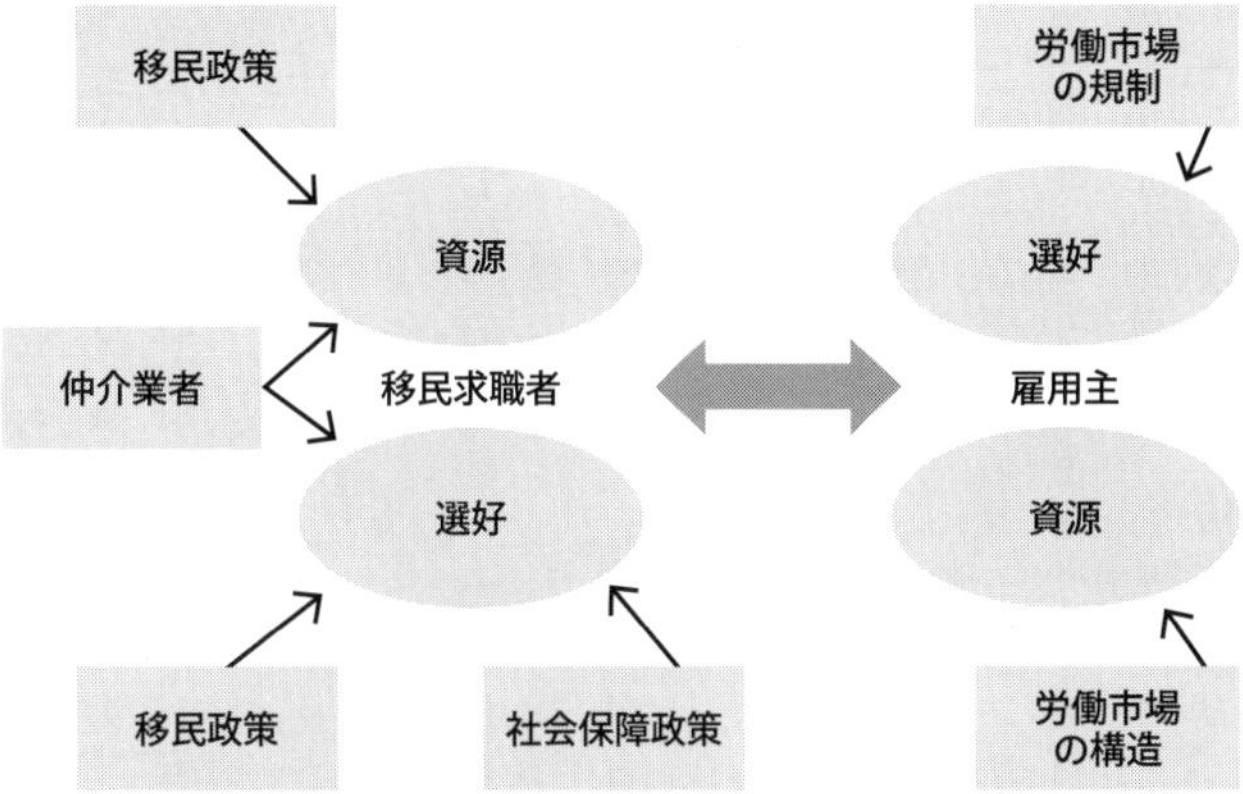

図２－６　制度と移民の地位の関連
出典：Kogan, I., 2007, *Working Through Barriers: Host Country Institutions and Immigrant Labour Market Performance in Europe.* Dordrecht: Springer. の図２－２をもとに筆者作成

かれている、さらにその水準が十分であるという二つの前提がある)、条件の悪い仕事は避けて、よりよい条件の仕事を探すメリットは大きい。

反対に、失業中に経済的支援がないのであれば、低い条件の仕事であっても受け入れざるを得ない。このように、移民がどのような仕事を探し、どのような仕事に就けるのかは、国の制度で枠づけられている。

移民が労働市場でどのような地位に位置づけられるかは、移民を雇う側の要因によっても決まる。当然のことながら、雇う人がいなければ、移民は就労できない。そして、どのような雇用主が移民を雇うかによって、移民の労働市場における位置づけは変わる。

コーガンは、雇用主が移民を雇うことを

希望するかどうかは、その国の雇用規制に影響を受けていると指摘する。正規雇用で雇った人を容易に解雇できなければ、雇用主はどの人を雇うかの選択に、より慎重になる。もし誤って十分な技能をもたない人や、やる気に欠ける人を雇ってしまった場合にも解雇が難しいため、間違った選抜をした場合のコストが大きくなるからだ。反対に、解雇規制が厳しくない国では、誤った選択をした場合に解雇することが可能であるため、「とりあえず雇ってみる」ことによるリスクは小さい。

一般に、女性や移民など、労働市場で周辺的な地位にいる人は、解雇規制の厳しい国でより不利な立場に立たされる。こうした国では、結婚や出産で辞めるかもしれない女性や、技能の判断が難しい移民を雇った場合のリスクが大きくなるからだ。したがって、移民の失業率は解雇規制の厳しい国で高くなったり、より保護の少ないセクター（非正規雇用や低技能職など）に集中すると考えられる。

さらに、その国の労働市場の構造によって、労働力の需要は影響を受け、雇用主がどのような労働力を求めているのかが決まる。低技能職の需要が大きい国では、移民はそうした需要に応じて就労した結果、労働市場での地位は低くなる。他方、ＩＴ産業などでの高技能職の需要が大きく、そこを埋める人材として移民の受け入れが行われる国であれば、移民の労働市場での地位は高くなる。

コーガンは雇用主と移民労働者、国の制度に着目してモデル化したが、移民の選好や資源は仲介業者の存在によっても変化する。仲介業者に対価を支払って、場合によっては借金をして入国したとすると、就労のインセンティブは上がる。もし可能であれば、より好条件の仕事を目指し転職をする確率も上がるだろう。他方で仲介業者が存在することにより、情報収集やさまざまな手配のコストは下がり、移住そのものはしやすくなる。その点では、資源をもたない移民も移住できる可能性が高くなる。

このように、移民の労働市場での地位がさまざまな制度的要因に影響を受けていることは、日本の状況から見てもわかるだろう。政府の公式見解とは異なり、日本では高技能移民だけでなく、低技能移民を技能実習生などのかたちで受け入れられる制度を備えている。

移民は社会保障制度に十分に包摂されていないため、就労率は高い一方で、一部の人を除いて労働条件は必ずしもよいとはいえない。日本の正規雇用に関する解雇規制は他のOECD諸国と比べて必ずしも厳しいとはいえないが（OECD 2013）、企業の側に彼らを柔軟な労働力として雇用するインセンティブがあることに加え、移民制度と仲介業者が、こうした雇用形態・職業に移民を組み込むかたちでの移住のルートを形成したことも影響していると考えられる。

第1章で見たように、日本では労働市場テストなどの形で移民雇用が自国民の雇用を損なわないことを制度化してはいない。しかし、移民制度、企業の選択、仲介業者の存在、そして移民自身の選択の結果がかかわり合う中で、移民は日本人では埋められない第二次労働市場に組み込まれており、日本人の雇用を阻害したり、賃金の悪化を招いているとはいえない。また、現在存在する実証研究では、賃金への負の効果も確認されていない。

しかし、そのことは他方で、技術革新の可能性を弱め、生産性の低い企業が残存する結果も生んでいる。また、移民が労働市場において弱い立場に置かれ続け、失業のリスクにさらされ続けることは、将来的な社会保障の負担を高めうる可能性もある。現状では社会保障制度に移民が周辺的にしか包摂されていないことによって、このような負の影響は見えなくなっている。ただし、それは経済的な側面以外でよい影響をもたらすとは限らない。この点については、次節以降で検討していく。

移民が日本の雇用や経済、社会保障制度にどのような影響をもたらすのかという問いには、「移民」のみに注目していては答えられない。彼らを取り巻く日本社会もまた、「移民受け入れの影響」を生み出しているのだ。

第3章　移民受け入れの社会的影響

1　移民は犯罪を増加させるか

外国人犯罪への不安とその実態

前章では、移民の増加が必ずしも経済的に否定的な効果をもたらすわけではないことを見た。しかし、移民の増加がもたらす悪影響への不安は、経済的な側面に限ったものではない。移民増加への懸念として、もっとも頻繁に示されるのは、治安悪化への懸念である。

やや古いものの、内閣府が二〇〇六年に実施した「治安に関する特別世論調査」の結果を見ると、「ここ一〇年間で日本の治安は悪くなった」と回答した人のうち、理由として「来日外国人による犯罪が増えたから」を選んだ人の割合は五五・一％にも上っており、挙げられた理由の中でももっとも割合が高かった。外国人の起こす犯罪が治安悪化の主要な要因として考えられていたことがわかる。

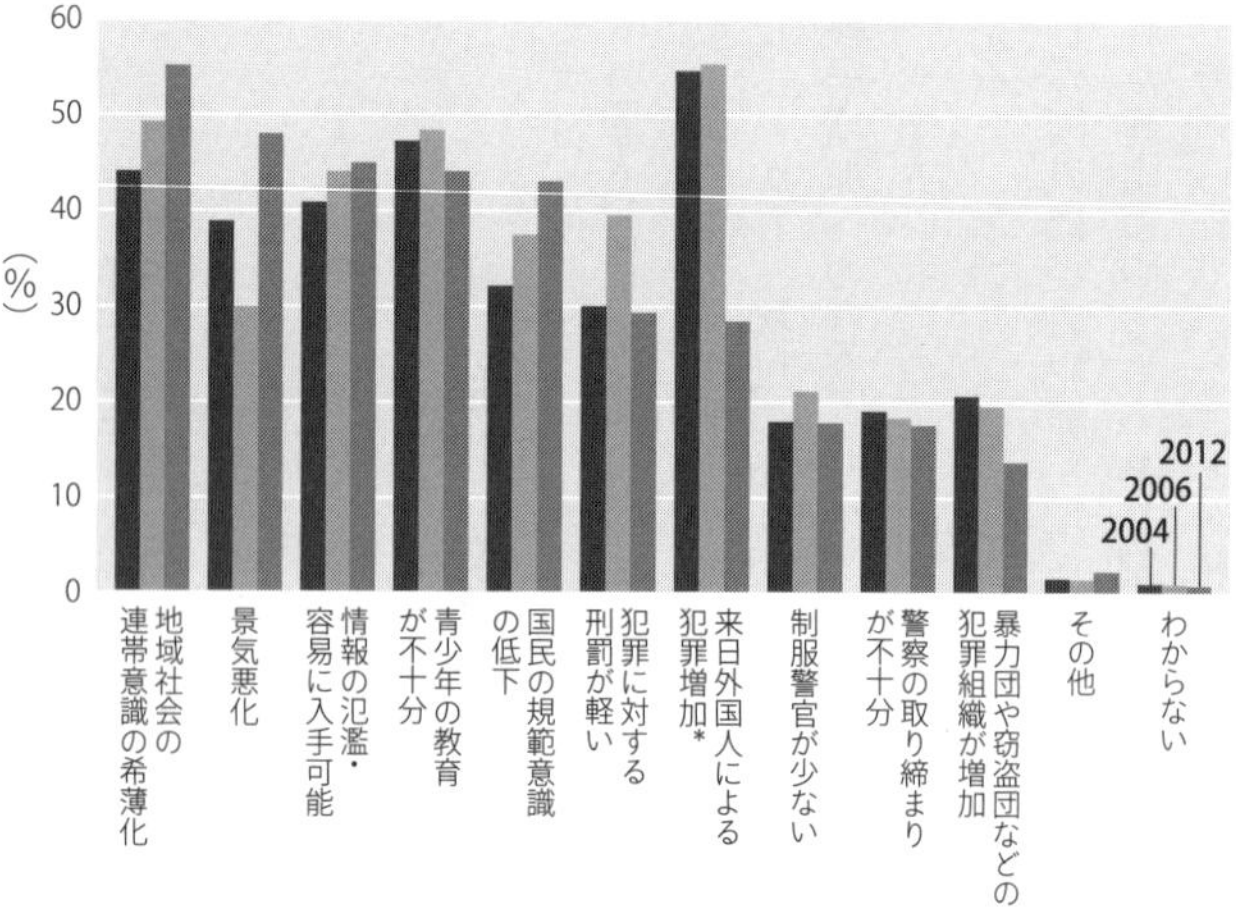

図3－1 治安が悪くなったと思う原因（選択した割合）

出典：内閣府, 2012,『「治安に関する特別世論調査」の概要』. ここ10年間で日本の治安が「どちらかといえば悪くなったと思う」または「悪くなったと思う」と回答した人にのみ尋ねている.「来日外国人による犯罪増加」は2004年調査では「外国人の不法滞在者が増えたから」となっている

その六年後、二〇一二年に同様の調査を行った際には、「来日外国人による犯罪が増えた」ことを「ここ一〇年間で日本の治安が悪くなった」原因として選ぶ人の割合は二八・二%にまで低下した。代わって増加したのは「地域社会の連帯意識の希薄化」、「景気悪化」、「国民の規範意識の低下」であり、国内的な要因に目を向ける率が増え、「外国人犯罪」を治安悪化の主要な要因とみる見方は和らぎつつある（図3－1）。

ただし、序章で見たように、日本に定住しようとして来日する外国人の増加がもたらす影響の中で、犯罪発生率が高くなることや、治安・秩序が乱れることへの懸念を示す割合は六〇%を超え、雇用が奪われることや、社会保障費の負担増加への懸念よりも高い。外国人を主たる犯罪増加の原因としては見なくなっているものの、外国人の増加が犯罪増加を招くのではないかという不安は、根強く残っているといえよう。

「移民が増えることで治安が悪化する」という懸念は、二つの含意を持ちうる。第一の含意は、移民が犯罪行為を行うことによって、治安が悪化するという懸念である。これに対し第二の含意は、移民の増加による地域の状況の変化が、受け入れ社会住民も含め、犯罪率を上昇させるというものだ。まず、第一の含意について検討する。

図3－2は、日本の一般刑法犯の検挙人員について、(日本人も含めた)総数、来日外国人数、その他の外国人数を示したものである。数値を見る前に、いくつか用語を確認しておこう。

「来日外国人」とは、警察庁の統計で用いられている用語で、日本に居住する外国人のうち、永住者や永住者の配偶者等、特別永住者、在日米軍関係者、在留資格不明者を除いた人を指す。したがって、短期滞在の人や、すでに在留資格を失った非正規滞在者なども含まれる。一方、「その他の外国人」とは、日本に居住する外国人のうち、「来日外国人」に含まれない人を指す。また、一般刑法犯とは、刑法に定める犯罪(刑法犯)から、交通事故による過失致死などの犯罪を除いたものをいう。

図3－2を見ると、検挙人員の総数に比べ、外国人による犯罪がごく少数だとわかる。二

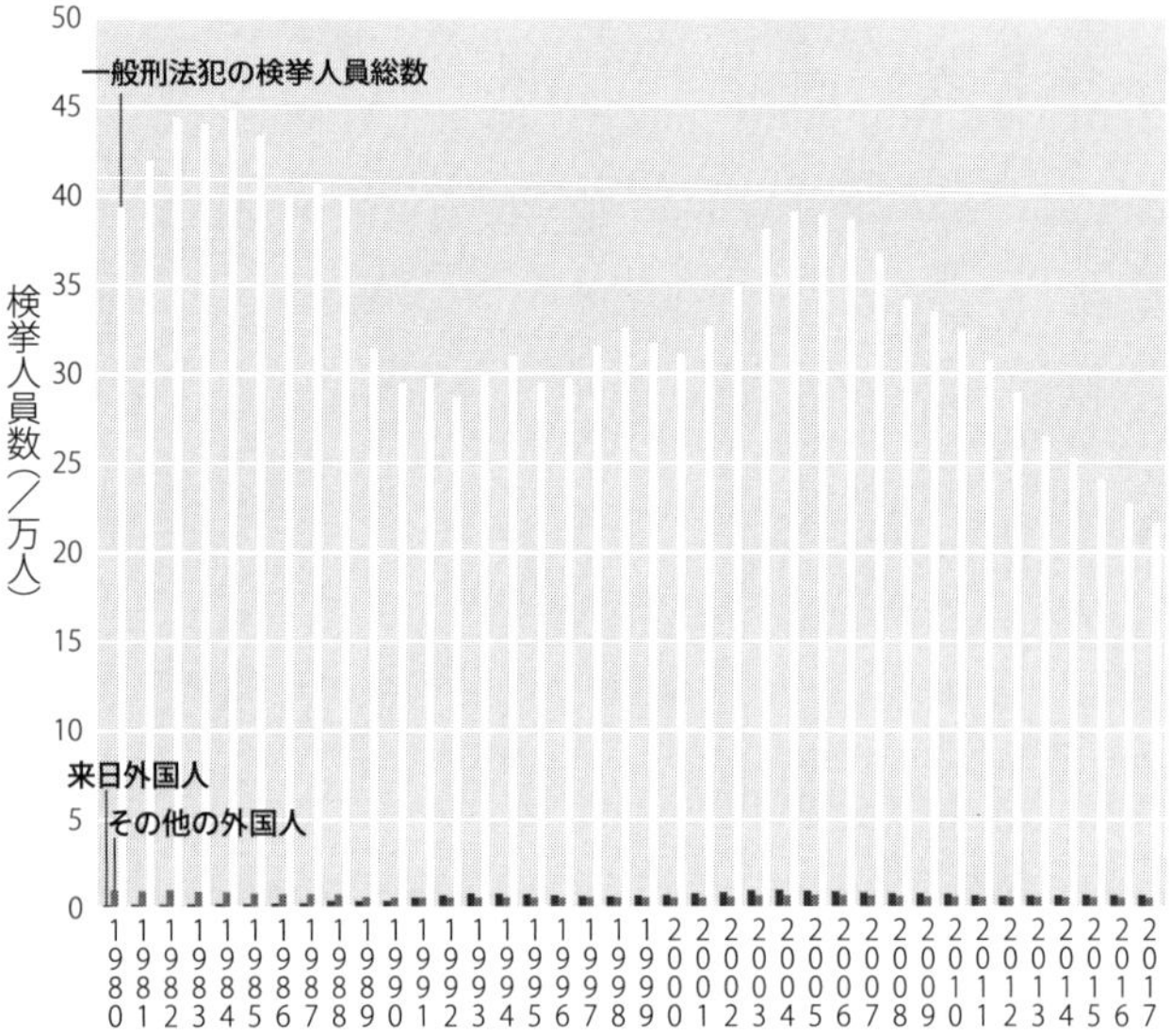

図３－２ 日本における一般刑法犯の検挙人員総数，来日外国人数，その他の外国人数

出典：法務省『犯罪白書』各年

〇一七年の統計で見ると、一般刑法犯の検挙人員総数が二一万人を超えるのに対し、来日外国人の検挙人員数は六一〇〇人程度、その他の外国人の検挙人員数は四五〇〇人程度にとどまる。

推移（図３－３）を見ても、その他の外国人の検挙人員数は一九八二年の九一二三人をピークに、多少の上下を伴いながらも低下傾向にあり、二〇一六年には約半数に低下している。一方、来日外国人の検挙人員数は一九八〇年代後半に急増し、一九九〇年代の低下をはさみつつ、二〇〇四年まで上昇を続けていた。しかし、二〇〇四年の八八

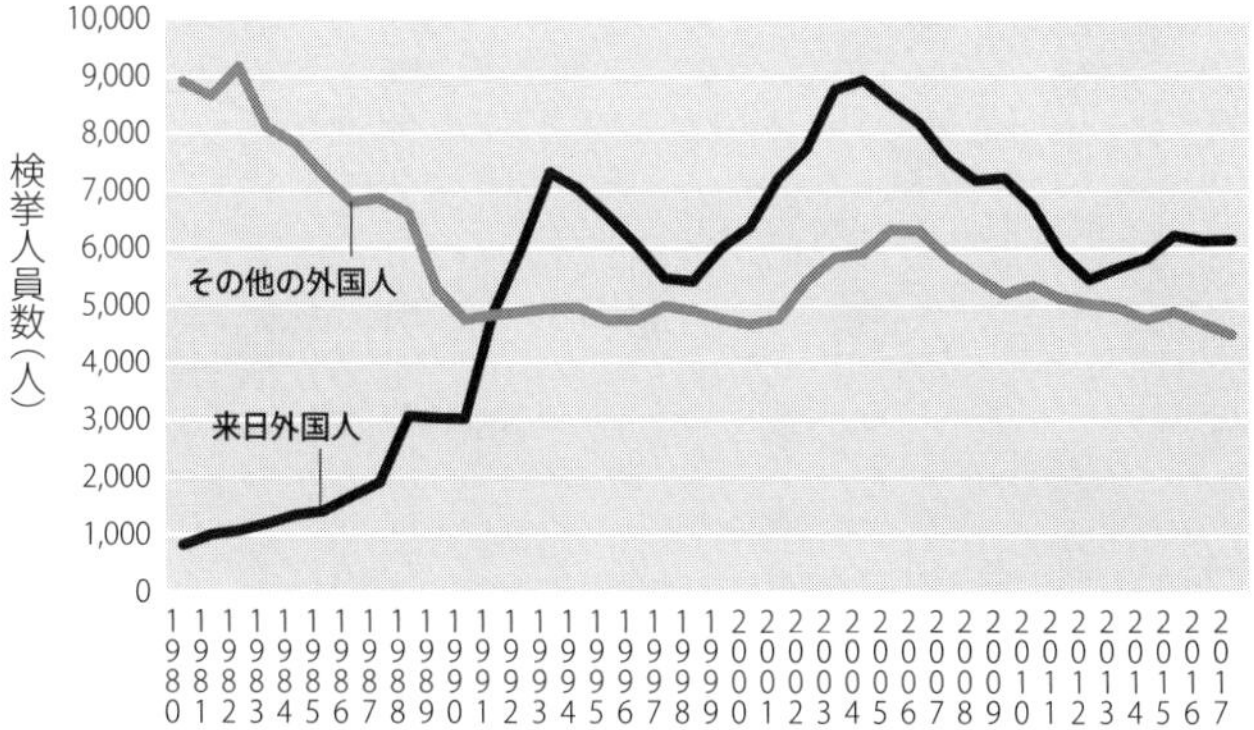

図３－３ 一般刑法犯における来日外国人数およびその他の外国人数
出典：法務省『犯罪白書』各年

九八人をピークにその後はおおむね減少を続けている。二〇一二年以降はやや増加傾向にあるが、それでも二〇〇四年の六九％程度にとどまる。

来日外国人は非正規滞在者なども含むため、その総数は不明である。しかし、日本に暮らす移民数が一九九〇年代以降も増加を続けていることを考えれば（第１章参照）、その中に占める犯罪者の割合はむしろ低下していると考えられる。

仮に国内に滞在する外国籍者に、その年の不法残留者の推計を足した人数を、日本国内の外国籍人口とすると、移民の犯罪率は〇・三％程度であり、日本の総人口における一般刑法検挙人員数割合の〇・二％を上回っている（二〇一七年。なお、初版では短期滞在者が検挙人数に含まれている点を十分考慮できていなかった。この点についてはハフポスト日本版の國崎万智氏から重要な指摘を受けた）。しかし、これをもとに移民の犯罪率が高いとはいえない。この差が何によって生じるかについては、移民と自国民の間で異なる他の要因も考慮した分析が必要である。

たとえば、移民と自国民では人口学的な構成（年齢や性別）が異なる。犯罪行為は女性よりも男性、高齢層よりも若年・壮年層で起こりやすい。移民と自国民の人口構成を比較すると、移民は若年男性の割合が相対的に高い。移民と自国民で若年男性の犯罪率が同程度だった場合、若年男性の割合の高い移民の方が、犯罪率が高くなる。

さらに、犯罪に至る背景には、貧困などの社会経済的な問題がある。経済学的なベネフィットとコストのバランスに着目する視点から見ると、犯罪はそれを実行することで得られるベネフィットがコストに照らして「割に合う」ときに実行される。安定した仕事を持っている人は、犯罪によってその仕事を失う可能性がある。これは犯罪をしなければ得ていたはずのベネフィットの喪失を意味するので、犯罪の「機会費用」といえる。

犯罪の機会費用は、その仕事の賃金がよかったり、安定した仕事であれば大きく、仕事の賃金が低かったり、不安定なものであったとすれば小さい。したがって、社会的に不利な地位に置かれやすい集団にとっては、機会費用は小さくなる。ただし、こうした直接的な貧困の効果については、実証研究の結果からも否定的な見方が多く、貧困の効果は間接的だと考えられている（津島 二〇一〇）。

間接的な効果とは、どのようなものか。社会的に不利な地位にいる集団は、教育や雇用にさまざまな障壁がある。そのため、教育や就労を通じた豊かな生活の獲得が困難になる。経済的な成功を重視する豊かな社会の中で、自分にはそれを獲得する道が閉ざされていることは、大きなフラストレーションになる。そして、こうしたフラストレーションは、犯罪行為を誘発する（Merton 1938）。

社会経済的に不利であることと犯罪行為に関連があるならば、移民であることが社会経済的地位の低さと相関する場合に、移民の犯罪率は相対的に高くなる。つまり人口学的な特徴について見た場合と同様、問題となるのは「移民であること」それ自体ではない。

アメリカを対象とした研究では、こうした条件を考慮にいれた場合、移民が犯罪を起こしやすいとの結果は出ていない。むしろ、一九八〇年、一九九〇年のアメリカにおける刑務所などの矯正施設への収容率について分析した結果からは、移民、なかでもより新しく移住した移民は、自国民よりも矯正施設への収容率が低いことが示されている（Butcher and Piehl 1998）。

犯罪学者のサンプソンらが実施した、シカゴの若年者に対するパネル調査の結果でも、暴力行為を犯す確率は移民やその子ども（第二世代）の方が低く、特に他の国で生まれ移住してきた移民第一世代ではそうした傾向が強い（Sampson et al. 2005）。

移民は仕事や教育を求めて移住を決めた人たちであり、もともと就労意欲や学習意欲が高い。また、移住を実現できるのは、出身国で相対的に多くの資源を持っている、社会経済的地位の高い人たちである。つまり、もともと相対的に意欲が高く、多くの資源を持った人（犯罪にかかわりにくい人）が移住するという「選抜」が生じているために、移民の犯罪率は低くなる。

さらに、移民の集住地域では、相互に強いネットワークが形成されており、それをもとに職を見つけられたり、日々の悩みごとを聞いてもらったりと、さまざまなサポートが得られる。その結果、移民は犯罪にかかわりにくくなると考えられている。もちろん、この結果について犯罪率がきわめて高いアメリカ社会が対象であることが影響しているという疑念はありえよう。もともとの犯罪率がきわめて低い日本では、異なる影響が生じうる。

現在のところ、日本では雇用の状態などを統制したうえで、移民であることの効果を検証した研究や、それを可能とするようなデータは存在しない。例外として、法務総合研究所によって二〇一一年に刑事施設に新たに入所した外国人受刑者六七一人に対して実施された調査がある。対象者となる六七一人は、調査時点での特別永住者を除くすべての外国籍者（無国籍者を含む）である。同調査の結果を見ると、調査対象者のうち、中長期間滞在する在留資格の人では、財産犯の六五・二％が無職であり（日本国籍者で七四・三％）、有職者であっても安定した就業状態にないものが比較的多かった（法務総合研究所　二〇一四）。

また、二〇〇四年に受刑者に実施した調査の分析を行った岩男壽美子《いわおすみこ》によれば、外国人受刑者は犯行時にお金に「非常に困っていた」とする割合（男性で五割強、女性で四割弱）が日本人受刑者（二八％）と比べて高くなっていた（岩男　二〇〇七）。これらの結果は不安定な就労状況や経済状況が外国人の犯罪の背景にあることを示唆しているが、その結果の読み取りには注意が必要である。というのも、この調査は、すでに犯罪を起こした外国籍者の特徴を調べるものであるため、どのような要因が犯罪を引き起こすのかは示していないからだ。

受刑者の中に不安定就労者が多く現れたとしても、それが移民全体にあてはまる特徴であるとすれば、受刑者にも同様の傾向がみられるのは当然だ。したがって、この結果から不安定就労が外国籍者の犯罪を引き起こす要因であるとか、その確率が日本国籍者と比べて高い／低いということはいえない。ただし、二〇〇五年の国勢調査データを見ると、二〇歳から六四歳の外国籍者の中で失業者の割合は五％程度、主婦や学生なども含めた無職者の割合でも三〇％にとどまるため、経済的な不安定性と犯罪に関連があることがうかがえる。

岩男はまた、外国人受刑者が日本人受刑者と比べ、日本における検挙のリスクを低く見積もっていることを特徴として挙げている（前掲書）。検挙率の高さは犯罪に対して抑止効果を持つため、それを低く見積もることも、犯罪を引き起こす要因となりうる。犯罪のコストが処罰より「割に合い」やすくなるからだ。ただし岩男は同時に、外国人受刑者が出身国で同じ犯罪を行った場合に捕まるリスクについて、日本で行った場合よりも低く想定していることも指摘している。つまり、日本の警察に対する認識が甘いというより、一般的な検挙のリスクへの認識が低いといえる。アメリカでは、移民は受け入れ国住民と比べ司法制度への信頼が厚く、犯罪行為によって友人からの尊敬を失う、仕事を見つけにくくなるなどの社会的リスクを大きく見積もっているという知見もある（Piquero et al. 2016）。移民と受け入れ国住民の間で実際に検挙のリスクの認識に差があるのか、あるいは調査の対象となった受刑者のみに見られる特徴なのか、それが犯罪を引き起こす要因になっているのかについては明らかでなく、慎重になる必要がある。

メディアなどでの報じられ方の影響もあり、外国人犯罪には注目が集められやすい。たとえば船山和泉《ふなやまいずみ》は、「窃盗団」を新聞の見出しで扱う場合に、外国籍者がかかわる場合には「○○人窃盗団」という表現がなされるのに対し、日本国籍者が行う場合には「重機窃盗団」など窃盗の対象となるものが見出しに現れ、国籍の情報は記述されないことを指摘している（船山　二〇〇八）。

日本国籍をもつ人が大多数の社会で、「日本国籍」という情報は自明のものとされる。マイノリティである外国籍者についてはそうではない。この結果として「外国籍」と「窃盗団」が合わせて記載されることで、犯罪行為者としての外国人イメージが強められるのである。

これは、窃盗団に限った話ではない。犯罪報道で、犯人が日本国籍であった場合に、国籍をことさらに強調して書くことはない。一方、外国籍をもつ人が犯人であった場合には、その国籍が明記される。事件の背景を詳しく報じるような場合でも、記者の意図にかかわらず、出入国管理政策や外国籍者のおかれた生活状況を犯罪にいたる原因として記述することで、

「外国人は犯罪を起こしやすい」というステレオタイプが形成される（Yamamoto 2012）。

しかしすでに見てきたように、そうしたイメージに反して、日本で起こっている犯罪行為の中で、移民が起こしたものはごく一部である。日本人の中で犯罪を行う人がごく一部でしかないのと同様、外国籍者の中で犯罪を行う人もごくわずかな人たちにすぎない。

移民の増加と犯罪率の関連

次に第二の含意、移民の増加による地域の状況の変化が、犯罪率の上昇につながる、について見る。

社会学の理論の一つである社会解体理論では、移民自身が犯罪にかかわるのかどうかとは別に、移民の増加を犯罪率の上昇の要因としてとらえてきた。社会解体理論とは、地域の結びつきが弱まり、共通の価値を形成したり、そこに暮らす人々の行動を統制したりする機能が失われることで、非行や犯罪が増加すると考える理論である（Sampson and Groves 1989）。

地域の結びつきがあれば、人々は互いの行動を監視し、問題が生じれば解決のために協力して行動を起こせる。「監視し」というとネガティブに聞こえるかもしれないが、近所の人が夜に出歩いている子どもを叱るような関係性が形成されている状態ととらえればよいだろう。本格的に犯罪行為に走る前に、地域のつながりの中で非行を止めていければ、犯罪率は低下する。

地域住民が互いに知り合いであれば、不審な人が家に忍び込もうとしていても、すぐに気づくことができる。反対に、地域の結びつきが失われれば、犯罪行為の兆候に気づけず、また気づいたとしてもそれを止めることができず、犯罪率が上昇してしまう。

移民の増加が社会解体論で言及されるのは、それが地域における住民の流動性や民族的多様性の高まりを招き、住民間の結びつきを弱めると考えられたからである。移り住んできた人がすぐにまた転居してしまうような状況では、地域内のつながりを作り上げるのは困難になる。

また、異なる文化や言語を持つ人が混在する地域では、住民同士のコミュニケーションが難しく、結果としてつながりが弱まると想定される。同様に、地域の社会経済状況の悪さや、家族の解体、都市化などが、住民間のつながりの弱まりの原因として挙げられている。

しかし、実証研究の結果は、移民の増加が犯罪率の上昇を招くとの予測を退けるものであった。アメリカで行われた研究を見ると、近年になって移民が増加した地域では一部に犯罪率の増加傾向を示す場合があるものの、移民の多い地域と少ない地域を比較した場合、移民の多い地域で犯罪が多いとはいえず、むしろそうした地域では犯罪が少ない傾向にある（Painter-Davis 2016; Sampson et al. 2005; Ramey 2013）。

ただし、こうした地域間の比較では、もともと各地域の犯罪率に差があった場合、それを統制するのが難しく、移民の増加によって犯罪が増えたのかどうか明確でない。たとえば犯罪率が高く、家賃が安い地域に移民が集まることがあれば、移民割合の高い地域で犯罪率が高いなどの結論を誤って導いてしまう。そこで近年では、同じ地域で繰り返し行われた調査をもとに、より厳密に移民の増加が犯罪の増加をもたらすのかどうかを検証した研究や、移民が増加する地域とそうでない地域の特性の違いを考慮した分析が可能な「操作変数法」を用いた推計が行われている。

その結果、ほとんどの研究では移民の増加は犯罪に影響を与えないか、むしろ減少させるとの結果が確認されている（Ferraro 2016; Lee et al. 2001; Martinez et al. 2016; Ousey and Kubin 2009; Wadsworth 2010）。

移民の増加が犯罪率の上昇を促さないという結果は、もともと移民の多かった地域を対象にした場合でも、従来移民を受け入れてこなかった地域で急に移民が増えた場合でも、同様である。さらに、犯罪の被害者を人種別に見た場合でも同じであった。

こうした結果にもとづけば、社会解体論そのものが間違っているようにも見える。しかし他方で、地域の社会経済的な状況の悪さや人口移動率など、地域のつながりを弱体化させると考えられている他の要因は、予測どおりの結果となっている。つまり、地域のつながりが弱まることは、確かにその地域での犯罪を増加させる傾向にある。

では、なぜ移民の増加は犯罪率を高めないのか。この結果からは、移民の増加が人々の間のつながりを弱める機能を持たないことが示唆される。

移民の増加が犯罪に影響を与えないだけでなく、犯罪に対する抑止効果をもつ理由については、いくつかの仮説がある。その一つが、「移民の活性化効果」説である（Ramey 2013）。移民の流入は、それがなければ人口が減少し、衰退に向かっていた地域を活性化する。また、移民の増加によって、低技能労働者を活用したすきま産業が発達し、多くの雇用機会が生み出される。さらに、増加した労働者を消費者とするサービスなど、他の産業も恩恵を受ける。その結果として、犯罪が低下するのである。

移民の受け入れが地域に活性化をもたらすという例は日本でも報告されている。たとえば技能実習生を受け入れる岡山県の町で調査を行った二階堂裕子は、技能実習生が貴重な労働力となるだけでなく、地域の年間行事においても貴重な参加者となっていることを指摘している（二階堂 二〇一六）。若年人口の流出が進み、極度の高齢化に陥った地域にとって、若年層を中心とした外国人の受け入れは、単に労働力の確保にとどまらない意味を持っている。

もう一つの仮説は、移民コミュニティの発達により、地域の中で犯罪を抑制するような文化が形成されるとするものである。移民コミュニティにおける強い家族・親族のネットワークや、宗教的な価値観は、犯罪の抑止につながる。

アメリカのデータを用いた分析では、移民の増加は地域の経済状況を向上させることによってではなく、家族の安定性を高めることによって、犯罪率を低下させる傾向が見られた（Ousey and Kubin 2009）。

この結果は後者の説のメカニズムを支持するものだが、どちらのメカニズムが機能しているのか、あるいは他のメカニズムがあるのかを結論づけるには、さらなる研究が必要となる。移民の増加が犯罪率にもたらす影響について、アメリカ以外の国を対象にした研究は少なく、その結果は混在している。イタリアを対象とした研究では、北部・中部地域に限定した場合に、移民の増加が犯罪の増加をもたらすとの結果を示すものがある一方、移民の増加が影響するのは強盗のみであり、犯罪全体で見た場合にはその影響はきわめて限定的であるとの結果もある（Bianchi et al. 2012; Solivetti 2016）。

ヨーロッパ諸国の犯罪被害経験に対する影響を分析した研究によれば、地域の移民割合は地域住民が被害を受ける確率に影響を与えない（Nunziata 2015）。同じ研究では、犯罪被害への不安は移民割合が多いことによって高まることが示されており、現実と認識にずれがあることがわかる。

イギリスを対象にした研究でも、移民の増加が犯罪率に影響しないか、あるいは、住民に占める移民割合が二〇～三〇％となる移民の集住地ではむしろ犯罪率が低下するとの結果が確認されている（Jaitman and Machin 2013; Bell and Machin 2013）。

日本では、移民の増加と犯罪率の関連についての研究はほとんど行われていない。唯一の例外といえる功刀祐之《くぬぎゆうし》・岩田和之・宮澤秀悟の研究では、日本よりも所得水準が低い国からの移民の増加が犯罪を増加させる可能性を示唆している（功刀ほか　二〇一五）。

功刀らはこの効果を、犯罪から得られるベネフィットがより大きく認識されるからと説明している。しかし、犯罪率に大きな影響を与える失業率などが考慮されておらず、また（日本国籍者も加害者に含む）地域の犯罪率の分析であるにもかかわらず、移民の犯罪として解釈されているなどの問題もあり、日本で移民の増加が犯罪率を高めるかどうかにはさらなる検証が必要であろう。

ここまで見てきたように、日本では十分に検証が進められていないものの、他の国を対象とした研究によれば、移民の増加は必ずしも地域の犯罪率を高めず、場合によってはむしろ犯罪を抑制する機能をもっている。したがって、問題となるのは移民の増加そのものではなく、その地域の社会経済的状況の悪さや住民の間のつながりの希薄化などと、どのように関連するかであろう。

2 移民の受け入れと地域社会

生活環境悪化への懸念

移民の受け入れが治安悪化を招くという懸念が示されるとき、念頭におかれるのは犯罪だけではないだろう。ゴミ出しのルールを守らない、夜中まで騒音があるなど、生活環境を悪化させるような状況の発生は、移民増加がもたらす影響として認識されている。

一九九〇年代、入国管理法の改正によって大規模な移民の受け入れを経験した地域では、住民間のトラブルが問題となった。その最たる例が、一九九九年六月に愛知県豊田《とよた》市の団地で起きた大規模な衝突であろう。

ブラジル人と日本人の若者の間でのトラブルを発端に、住民の約三割がブラジル人住民であったこの団地に、右翼の街宣車や暴走族が押し寄せ、ブラジル人の排斥を訴え、挑発行為を行った（梶田ほか　二〇〇五）。翌日には街宣車が燃やされる事態になり、三ヵ月の間、県警が深夜まで警戒を続けた（読売新聞一九九九年一二月二三日中部版）。

大規模な衝突に発展してはいないにせよ、住民間のトラブルは他の地域でも見られる。たとえば、群馬県大泉町は、ブラジルからの移民の受け入れを積極的に行っており、小内透《おないとおる》らの調査時点（一九九七年）では移民世帯比率が二〇％を超す行政区が六つ存在するまでになっていた。

濱田国佑《はまだくにすけ》が二〇〇五年に同町で実施した住民に対する調査では、図3－4に示したように、「生活環境が悪くなった」と答える人の割合は半数を超え、「ゴミ捨てなどの生活のルールが乱れた」と回答した人は七割を超えていた（濱田　二〇〇六）。

他の研究でも、主にゴミ出しのルール、騒音、違法駐車、区費の支払いをめぐるトラブルが、日本人住民と移民の間で生じていたことが指摘されている（稲葉ほか　二〇一〇、松宮二〇〇五）。

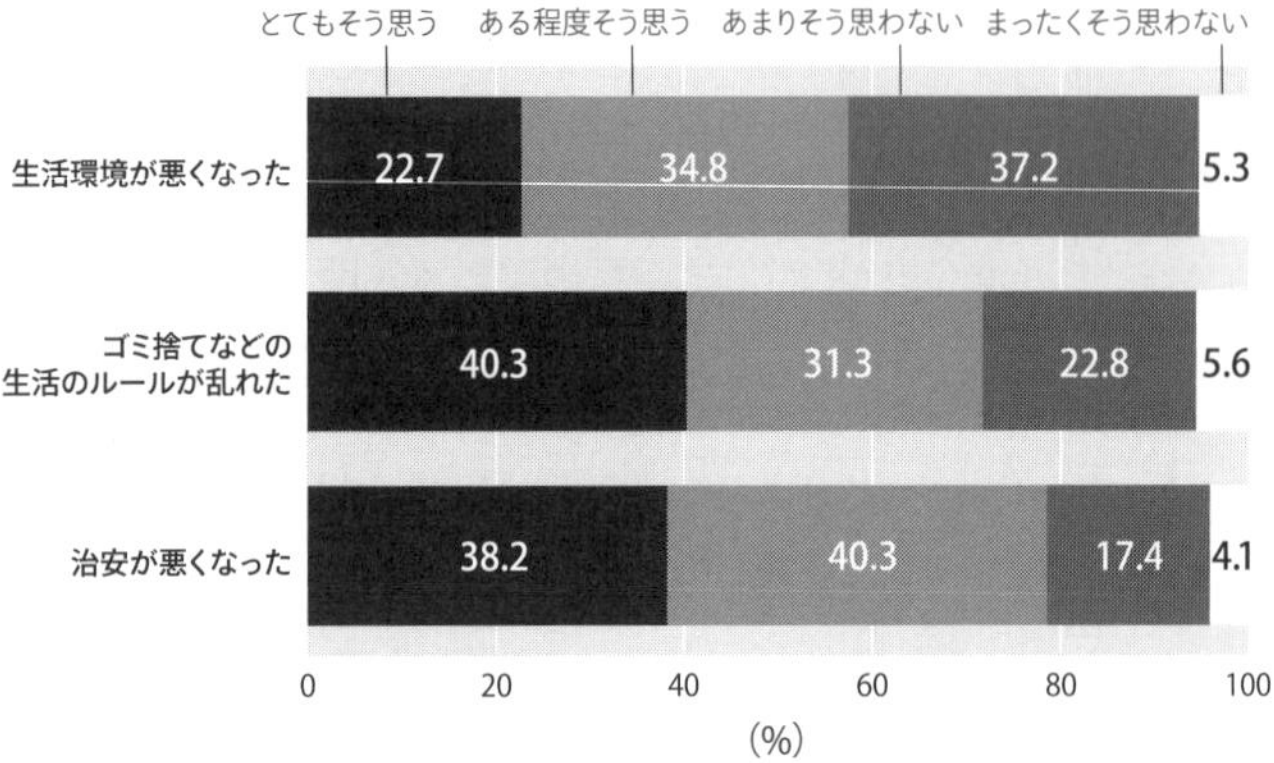

図３－４　外国人増加の影響
出典：濱田国佑, 2006,「地域住民の外国人との交流・意識とその変化―群馬県大泉町を事例として―第 4 章 共生に関する展望と町に対する意識」『「調査と社会理論」研究報告書』22. をもとに筆者作成

ただし、こうした生活環境の悪化を「移民の増加」を原因として生じるものとするのは早計であろう。移民の増加と犯罪との関連についてみたのと同様に、「移民の増加が起こっている地域で生活環境が悪化する」ということと、「移民が生活環境を悪化させている」ということは、別のことだ。

もちろん、言語の問題からゴミ出しのルールを理解できない結果として、移民が間違った出し方をしやすいということはあるだろう。しかし、ゴミ出しのルールを守らないのは移民だけではない。松宮朝《あした》が行った聞き取り調査によれば、移民が多く住むある地域で、車上荒らしが頻発しており、日系ブラジル人の犯行とのうわさが広がっていた。しかし、実際に犯人を捕まえてみると、日本人の若者であったという（松宮　二〇〇四）。

稲葉佳子らも、公営住宅やUR賃貸での聞き取り調査から、外国人住民と日本人住民の間での日常的な問題の一部は、子育て世帯が多く、長時間労働によって深夜に帰宅することも少なくない前者と、高齢者世帯を中心とした後者の、生活時間や家族構成の違いに起因するものであると指摘している（稲葉ほか　二〇一〇）。

移民は環境悪化の原因として名指しされやすい。しかし、地域の生活環境の悪化は、移民の増加そのものではなく、地域全体の構造にかかわって生じたものである。

この点については、次に見る「集合的効力感」という概念を用いて説明ができる。

集合的効力感と民族的多様性の関連

前述した社会解体論は、移民の増加が生活環境にもたらす影響の説明にも用いられる。社会解体論では、頻繁な人の移動や文化的多様性の増加によって、人々の間のつながりが失われ、ルールからの逸脱を抑止できなくなると考えた。

このような、ルールからの逸脱を抑制するような地域の力を「集合的効力感」（collective efficacy）と呼ぶ。集合的効力感のある地域では、人々はお互いの絆《きずな》を感じており、自分たちの地域には問題を解決する能力があると感じている。このような地域ではゴミ捨てや騒音をめぐる問題を未然に防ぎ、たとえそれが起こったとしても、早期に解決できるだろう。

ドイツの研究者クープマンズとシェーファーは、集合的効力感が民族的多様性によって影響を受けると考えられる理由を三つに整理している（Koopmans and Schaeffer 2016）。

第一には、人間の身内びいきの性質が挙げられる。この説明では、そもそも人は自分と同じ集団に属する人を好み、信頼する傾向にあるため、異質な人が増加すると、その地域に貢献しようという意欲が低下すると考える。

第二の見方では、価値観の異なる人が増加することの影響が指摘されている。価値観の異なる人が増加すると、地域にある資源をどのように使うのかなどの場面で意見の一致が難しくなる。この結果として、地域での問題解決が難しいと感じるようになり、集合的効力感が低下する。

第三の見方からは、言語の違いが原因として指摘される。移民とホスト社会の住民が異なる言語を用いている場合、情報の共有や話し合いが困難になる。その結果、地域住民間の絆や問題解決への自信が低下するという説明がなされる。

まとめれば、異質な人への偏見や、異なる価値観・言語を持つ人との協力のむずかしさが、集合的効力感を低下させると考えられている。

では、集合的効力感は実際に移民の増加によって失われるのか。この点について、オランダの社会心理学者であるベアテ・フォルカーらは、興味深い社会実験を行って検証している（Volker et al. 2016）。その実験とは、切手を貼った手紙をわざと落とし、それが投函される確率を地域で比較するというものである。わざわざ人の手紙を届ける人が、どのぐらいいるのかを調べることにより、地域の人たちの互いへの信頼や協力の度合いをとらえようとしたのである。

フォルカーらが、オランダの一一〇の地域に、一二四〇の手紙を落とした結果、確かに民族的多様性の高い地域では、手紙が投函される率が低かった。同様の結果は、ドイツのベルリンで行われた実験でも確認されている（Koopmans and Veit 2013）。

また、このベルリンで行われた実験では、民族的な多様性の高い地域で、はがきの切手が切り取られて届いた確率が高いことも示されている。一方、手紙の送り主や宛名から想像される相手の民族・宗教によって違いはみられなかった。

これらの結果から、実験を行ったクープマンズとベイツは、従来考えられてきた身内びいきや、価値観・言語の違いが問題なのではなく、民族的多様性の高い地域では、地域の中で統制が機能しているという認識が弱いのではないか、と指摘している。

同質な人たちから成る社会で、人々の強い結びつきが存在する場合、自分の振る舞いが周囲の人に見られていて、悪いことをすれば罰を受け、いいことをすればよい評価につながるという意識が強まる。その結果、協力行動が促進される。これは心理学者の山岸俊男が「安心社会」と呼んだものと類似している（山岸　一九九九）。

緊密なネットワークのある集団では、お互いが監視しているからこそ、相手が自分を裏切ることはなく、安心できる。社会の多様性が高まった場合には、お互いのコミュニティは重ならず、こうした監視にもとづく協力行動は維持しにくくなる。したがって、協力行動を維持するためには、自分と異なるかもしれない他者への信頼が必要になる。

ただし、クープマンズとベイッの指摘によれば、民族的に多様な社会での協力行動について、長期的には必ずしも悲観的になる必要はない。彼らは西ベルリンと東ベルリンを比較し、前者が後者よりも、民族的多様性による投函率引き下げの効果は弱いことを明らかにしている。西ベルリンは東ベルリンに比べ、移民受け入れの長い歴史をもち、民族的な多様性も高い。だからこそ、人々は多様性の中でも信頼を育て、協力行動をしやすかったと彼らは説明している。

また、アメリカのロサンゼルスとシカゴを対象とした調査によれば、ラテン系移民の増加は集合的効力感の低下を招くが、一定数を超えると逆に促進する効果を持っていることがわかった（Browning et al. 2016）。

この結果について研究を行ったブロウニングらは次のように説明する。移民の割合が一定（四〇%程度）以下である場合には、異質な存在の増加による社会の分断が目立ち、社会解体が起こる。しかし、一定の規模を超えるとエスニック・コミュニティは統合に役立つような制度——学校や教会や企業や文化団体など——に資源を投資するようになる。こうした組織はフォーマル、インフォーマルを問わず、コミュニティのメンバーに資源を提供する。その結果として、地域につながりが生まれ、集合的効力感が増加する。

これらの研究は一時点の調査にもとづいているので、移民の増加がもたらす影響を厳密に検証できているわけではないため、さらなる検証が必要になる。

しかし少なくとも、移民の増加が地域のつながりに与える影響は、ネガティブなものでありうるが、解消できないわけではないことが示唆される。外国人住民の規模が十分になることで、いったん弱まったつながりが復活する場合もある。

日本における住民間トラブルの解決

しかし、多くの移民を受け入れているアメリカやドイツに比べ、日本では移民の割合が二%程度にとどまる。この割合は、移民が地域への投資を行うには十分ではないかもしれない。では、移民と住民のトラブルを、日本ではどのように解決しているのだろうか。

大規模な調査をもとに、民族的多様性と集合的効力感の関係を検証した欧米の研究に対し、日本では外国籍者の集住地域でのフィールドワークから、問題解決のプロセスが示されている。ここではこうしたフィールドワークから得られた知見を見ていく。

都築《つづき》くるみは前述した日本人と日系ブラジル人の大きな衝突が起こった団地を対象に長年フィールドワークを実施している。そして、この衝突以前の時期に日本人と日系ブラジル人の間のトラブルが解決し、落ち着いた関係が形成されていたことを指摘する。その要因として、パーソナルな人間関係の存在と、地域の「問題解決回路」が機能していたことが挙げられる（都築　一九九八）。

都築によれば、子どもの学校や近隣関係、趣味などを通じたパーソナルな人間関係があることによって、トラブルの原因を「日系ブラジル人」一般に拡大することなく、「日系ブラジル人全部が悪いわけではない」とか、「日本人の中にも、悪いことをする人はいる」という思考をすることができ、集団間の対立につながらない。第5章で見るように、対等な立場での接触があることが他集団の構成員に対する偏見の低下をうながす（オールポート　一九六一）。このため、対等かつ顔の見える関係を形成することが、トラブルの解決には重要となる。

第二の要因である問題解決の回路として、都築は「自治区住民→自治区→人材派遣業者→日系人」という「人材派遣業者回路」と、「地域住民→自治区→日本語教室→日系人」または「日系人→日本語教室→日本人」という「日本語教室回路」を挙げる（都築　一九九八）。

これらの回路が機能していれば、何か問題が起こった時に、人材派遣業者や日本語教室を通じて不満を相手に伝え、改善に向けて働きかけてもらえる。しかし、都築によれば、二つの問題解決回路は一九九五年以降には十分機能しなくなっていた。

人材派遣業者を通さずに就労する人や、自ら家を借りるなどして、人材派遣業者の管理を離れる人が現れたことにより、人材派遣業者を通じた回路は全体をカバーするものではなくなった。また、日本語教室を中心的に運営していた人たちの転居により、日本語教室回路も消滅した。問題解決のシステムが個人の力に大きく依存していると、脆弱性《ぜいじゃくせい》をあわせもつことになる。

では、強固な問題解決のシステムとして、何が必要になるのだろうか。先行研究で指摘されているのは、主に二つの要素である。

一つは、移民が自治会活動にかかわる仕組みづくりである。前述したように、ブラジル人を多く受け入れた愛知県西尾《にしお》市では、住民間のトラブルが起こっていた。山本かほりと松宮朝は継続的な調査を行い、これらの地域でその後トラブルが解決していたことを明らかにする。

松宮によれば、トラブル解決のカギとなったのは、移民住民の自治会活動への巻き込みである（松宮　二〇〇八）。これらの地域では、移民住民が自治会活動の役員となり、積極的に自治会活動にかかわる仕組みが形成されていた。

この仕組み自体は、移民住民の主体的な行動の結果として生まれた地域もあれば、日本人の自治会長のリーダーシップによって進められた地域もある。移民住民が地域のルールを守れないのは、なによりもまずルール自体を理解できていないからである。そこで、移民住民を役員にし、その人を通じて駐車場、ゴミ出し、共同清掃などのルールを伝えることができた。

この過程では、さまざまなルールが実際はあいまいなままであったことが明らかになり、より明確なルールが定められた。山本と松宮の調査では、対象となった住宅の外国籍者の九割以上がゴミ出しのルールや、駐車場の利用ルールを把握している（前掲論文）。また、稲葉らは先進的な例として自治会に日本人執行部と外国人執行部を設置し、それぞれの意見を代表させるかたちになることで問題が減り、良好な関係が築けるようになった団地を挙げている（稲葉ほか 二〇一〇）。

もう一つは、行政のかかわりである。このことは、公営住宅での移民の受け入れ例をみると、よくわかる。移民（なかでも日系ブラジル人）が人材派遣業者の借り上げマンションを出て暮らす際に公営住宅を選ぶ例が少なくない。公営住宅は比較的家賃が安価であり、一定の基準を満たせば入居が容易であるためだ。

公営住宅では民間賃貸と比べた場合、生活上のルールの共有が行われやすく、移民と日本人住民との交流が行われやすいことが知られている。公営住宅で調査を実施した小内《おない》純子は、三つの理由を指摘している（小内・酒井編 二〇〇一）。

第一に、公営住宅では入居の条件として、原則としての家族での入居がある。日本人でもそうだが、家族を持っている人は単身者に比べ、地域とのつながりを作る機会が多く、地域への参加の程度が高い。

第二に、入居の際にさまざまな誓約への同意が求められているため、ルールの徹底が行われやすい。入居の条件として、夜中に騒がないことや、地域活動に参加すること、ゴミ出しのルールを守ることなどへの同意を求められる。このため、ルール順守の必要性が理解されやすい。

第三に、これらの地域では明文化されていないものの、入居者に制限が設けられ、外国人住民が一つの団地や棟に集中しないように配慮されている。

小内によれば、このようにルールの順守を行政主導で徹底できる状態にあることが、公営住宅における外国人住民の自治会への高い参加率を可能としている。

裏返せば、行政の果たすべき役割が地域住民に任されている現状が、移民との地域でのトラブルの原因となっている（前掲書、都築　二〇〇三）。自治体からのさまざまな連絡が行政区を通じて伝達され、街灯費や照明費の支出、ゴミ・ステーションの管理など本来ならば行政の仕事となるべきものが、行政区によって担われている。その結果として、自治会への参加の有無によって情報や負担の格差が生じ、トラブルが生まれやすい土壌を作っている。

しかし、これは移民と地域住民とのトラブルに限らない。住民が入れ替わり、地域活動に参加しない人が増えれば、日本人同士でもトラブルは生じる。都築もまた、移民とのトラブルの解決が自治会や地域住民に任されている状況に対し、行政の責任を問う。

稲葉らの調査によれば、大規模な移民の受け入れが行われている地域であっても、その割合が一割に満たないような段階から、行政やNPOなどの支援も含めて何らかの対策を行っている地域では、良好な関係が形成できているという。

日本では移民の割合が高くないこともあり、エスニック・コミュニティの形成による活性化が起こっている例は多くないだろう。むしろ、エスニック・コミュニティの形成により、日本人と接さなくても暮らせる環境ができたり、自分たちの文化を表に出して暮らせたりするようになった結果、日本人とのトラブルが生じるようになったとの指摘もある（都築 一九九八）。この意味では、いまだ移民増加による「解体」から「活性化」への移行には至っていないのかもしれない。

また、住民間のトラブルが生じる背景には、移民の受け入れが国籍やエスニシティにもとづく多様性の高まりだけでなく、年齢や家族構成、働き方などの面での多様性の高まりを地域にもたらすことも反映されていよう。

だとすれば、移民の受け入れが地域の秩序に与える影響もまた、移民の側の日本語能力、定住意識、あるいは自治会の側の受け入れのあり方にとどまらず、誰を受け入れるのか、家族の帯同を認めるのかなどの移民受け入れ政策、企業における雇用のあり方など、多様な要因によって規定されているといえる。

3　移民にとっての治安問題

ここまでの議論は地域住民側からの視点に立ったものである。しかし、地域住民にとってトラブルのない落ち着いた環境が、必ずしも移民の側の視点から見た場合に暮らしやすい環境であるとは限らない。「郷に入っては郷に従え」という考えもあろうが、次章でみるように、マジョリティ側のルールに合わせることを強いることは、必ずしも望ましい共生のあり方とはいえないだろう。

では、移民自身は受け入れ社会でどのような経験をしているのだろうか。移民はときとして差別の対象になる。そして、そのもっとも極端な例として、ヘイトクライムがある。ヘイトクライムとは、被害者がある集団に属していることを動機として、行われる犯罪を指す。

いくつかの研究によれば、ヘイトクライムは、単に犯罪として以上の被害を被害者に与える（Gerstenfeld 2013）。ヘイトクライムの被害者となることによってマイノリティは自分自身を恥じたり、自己嫌悪に陥ったり、孤独を感じたりする。このため、ヘイトクライムは通常の犯罪以上に、被害者に精神的ダメージを与えるのである。

しかし、ヘイトクライムの実態をとらえるのは容易ではない。アメリカでは、一九九〇年に制定されたヘイトクライム統計法により、司法省が地方の法執行機関からヘイトクラムに関する統計を集め、公表することが義務付けられている。

図3－5は二〇一八年のヘイトクラム件数を動機となる集団カテゴリ別に示したものである（FBI 2018）。これをみると、二〇一八年には七一二〇件のヘイトクライムが起きている。

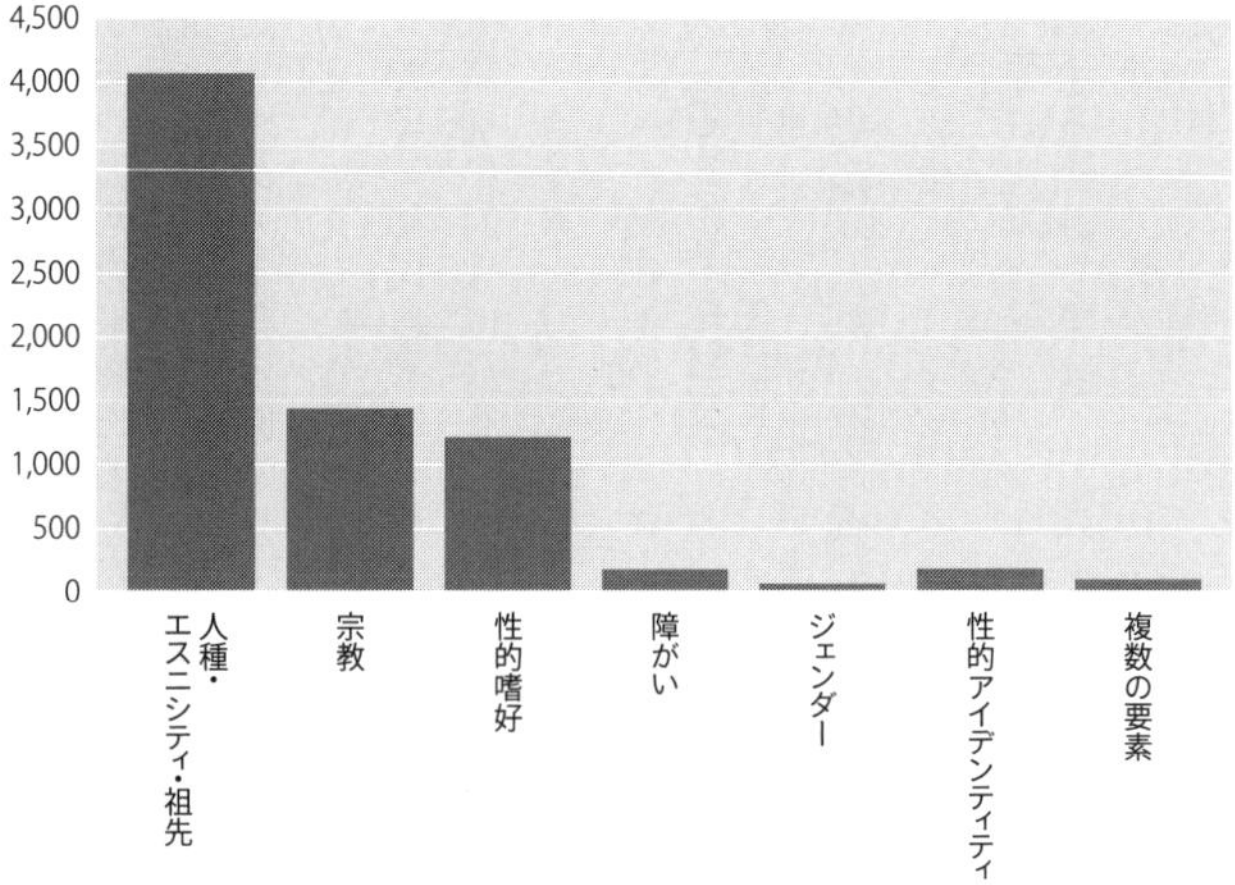

図３－５　アメリカにおける対象別ヘイトクライム件数（2018年）
出典：FBI, 2018, *Hate Crime Statistics.*

人種やエスニシティにかかわるヘイトクライムは四〇〇〇件を超えており、全体の五七%を占める。ただし、ヘイトクライム統計法では、明確にある集団への偏見が動機となっている事象のみをヘイトクライムとみなしている。

他方で犯罪の動機が偏見にもとづくことを明らかにすることは困難であり、ヘイトクライムが疑われた事件のうち、実際にその罪状で起訴できたケースは一割に満たない（Gerstenfeld 2013）。それに加えて、ヘイトクライムの被害者は、必ずしも被害を警察に届け出ないため、統計に現れるヘイトクライムの件数はさらに低くなる。

このため、アメリカでのヘイトクライムの実態は、司法省が実施している被害調査の方によく現れていると考えられる。この

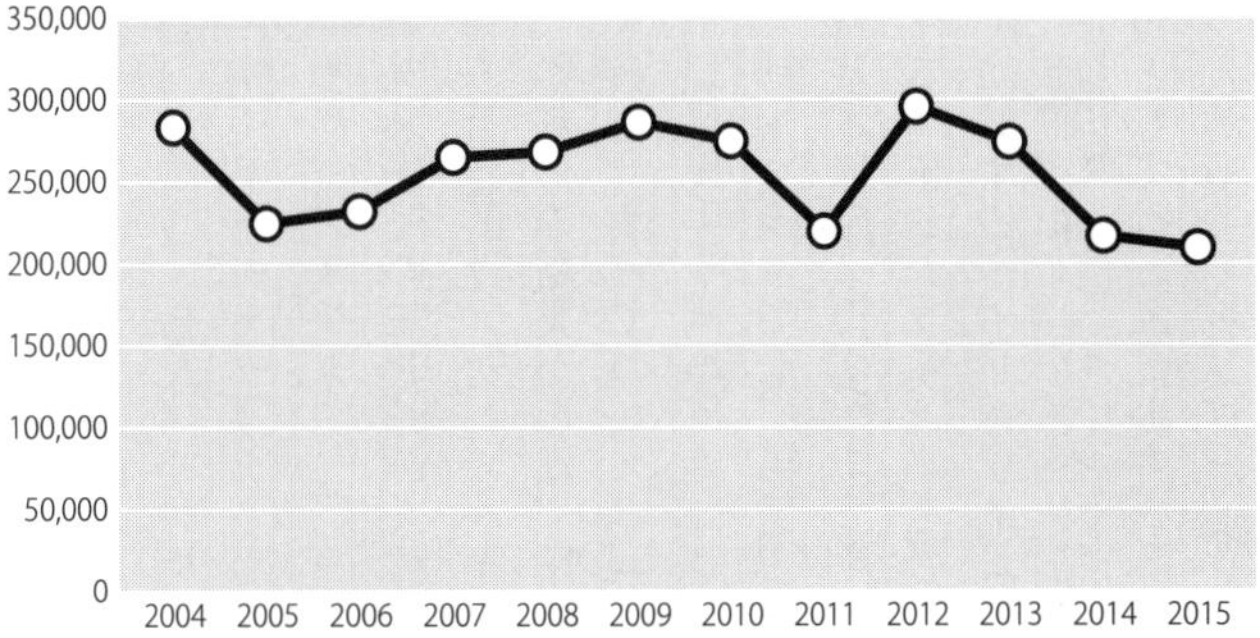

図３－６　被害者調査によるアメリカにおけるヘイトクライム件数の推移
出典：Bureau of Justice Statistics, 2017, *Hate Crime Victimization, 2004-2015.* Table1 をもとに筆者作成

調査では、被害者による認知をもとに、ヘイトクライムの件数を調べている。

二〇〇四年から二〇一五年までの調査結果（図３－６）によれば、アメリカでは年平均二五万件のヘイトクライムが起こっている（Bureau of Justice Statistics 2017）。この数値は、先に見たＦＢＩの統計と比べると三五倍にもなる。二〇一一年から二〇一五年までの調査結果によると、被害者のほとんど（九九％）は、加害者の言葉からそれがヘイトクライムであると認知している。

また半数以上（五四％）の被害者は警察に届け出ていない。法律の対象とできない事件が多く存在する上に、暗数（警察が認知している犯罪件数と実際に起きている件数との差）も非常に多いことがわかる。

同調査の二〇一一年から二〇一五年の調査結果によれば、半数程度（四八％）は人種によって動機づけられたもの、三分の一（三五％）はエスニシティによるものである。とくに、暴力的なヘイトクライムについては、ヒスパニックの被害確率は非ヒスパニックの白人やアフリカ系アメリカ人よりも高く、非ヒスパニックの白人の一〇〇〇人に〇・七人、アフリカ系アメリカ人の一〇〇〇人に一人が被害を受けているのに対し、ヒスパニックは一〇〇〇人に一・三人が被害を受けている（前掲論文）。

また、アメリカで二〇一七年に実施された「アメリカにおける差別」調査では、ヒスパニック系住民の三七％が人種やエスニシティに関する侮辱を、三三％が人種やエスニシティに伴う否定的なステレオタイプにもとづく言葉を経験している（National Public Radio et al. 2017）。

これらの結果からは、反移民感情がヘイトクライムの重要な動機となっていることが示唆される。すべてのヒスパニックが移民ではないが、両者は混同されやすく、移民――特に非正規移民――への反感は、ヒスパニックへの反感に容易に転換される（Flores 2017）。

ヨーロッパでも、移民、特に難民に対するヘイトクライムは問題となっている。EUの欧州基本権庁（EU Agency for Fundamental Rights）によれば、ドイツでは二〇一六年に難民に対するヘイトクライムが二五〇〇件以上起こっている（FRA 2017a）。EUの多くの国では、移民に対するヘイトクライムの統計自体が存在しない（FRA 2017b）。しかし、二〇一六年にEU諸国に暮らす移民や移民のバックグラウンドをもつ人々、エスニック・マイノリティを対象として行われた調査（EUマイノリティ・移民調査、EU-MIDIS II）からは、対象者の四人に一人が過去一二ヵ月に嫌悪にもとづくハラスメント（攻撃的［offensive］な、または脅迫的な

〔threatening〕言動）を経験しており、三％が身体的攻撃を受けていることが指摘されている（FRA 2017b）。

ヘイトクライムの報告率はヨーロッパではさらに低く、ハラスメントについては九割の人が警察などに報告をしておらず、過去五年間に身体的攻撃を受けた人のうち警察などに報告した人は三割弱にとどまる。

日本ではヘイトクライムに関する統計は存在しないため、その実態は明らかでない。ただし、ヘイトクライムに含まれることもあるヘイトスピーチについては、二〇一六年に法務省の委託で実態調査が実施されている。これは同年に成立した「本邦外出身者に対する不当な差別的言動の解消に向けた取組の推進に関する法律」（ヘイトスピーチ解消法）に対応したものである。

この法律は、ヘイトスピーチは「許されない」とする基本理念を示すとともに、教育や啓発活動によるヘイトスピーチの防止を定めたものであり、罰則を科すものではない。

法務省の委託を受けて人権教育啓発推進センターが二〇一七年に実施した外国籍者調査によれば、日本に暮らす外国籍者のうち二割程度が「日本に住む外国人を排除するなどの差別的なデモ、街宣活動」を直接目にしている（「外国人住民調査報告書（訂正版）」）。

同調査では、三割程度の人が過去五年間に差別的なことを言われるなどの経験をしていることや、インターネットを普段利用している人のうち、差別的な記事や書き込みを見たことが「よく」または「たまに」ある人は四一・六％に上ることが指摘されている。

犯罪行為が対象となるヘイトクライムに対し、ヘイトスピーチを罰することは、表現の自由との関連もあり、容易ではない。しかし、ヘイトスピーチには被害者への否定的影響にとどまらず、偏見にもとづく暴力行為を容認する雰囲気をつくるとの指摘もあり、社会的な影響も大きい（Gerstenfeld 2013）。

ヘイトクライムの抑止に対する政策の効果

ヘイトクライムやヘイトスピーチは、被害者に深刻な影響を与えるだけでなく、移民の社会への信頼を低下させ、社会統合を阻害するため、社会全体に対しても深刻な問題となる。しかし、ヘイトクライムを禁止する法律がどの程度効果をもつのかは、いまだ検証の途上である。

これまでの研究で指摘されてきたことの一つは、ヘイトクライムを禁じる法律は、道具的な機能ではなく、象徴的な機能をもつということだ（前掲論文）。道具的機能とは、法の実効を通じて直接に人々の行動に影響を与えることをいう。

たとえば、今日では飲酒運転をすれば重い刑が科せられる。これは、飲酒運転を禁じる法律が法的効力をもっていることを示している。これに対し、象徴的機能とは、実際の法的効力にかかわらず、ある規範を明示することをいう（Gusfield 1967）。日の丸が国旗だと指定されることは、個々人の行動に直接影響するものではないが、私たちが日の丸をどのように意味づけるかに影響を与える。つまり、道具的機能ではなく、象徴的な機能をもっている。

この二つの機能についてもう少し詳しく見ていこう。前述したように、ヘイトクライムを禁じる法律について、そもそも被害者は「法律や自分自身の権利について十分認識していない」「訴え出るべき機関を知らない」または「知っていたとしても信頼していない」「加害者からの報復を恐れる」などのさまざまな理由から、被害を訴え出ることが少ない。

たとえば、二〇一一年から二〇一二年にかけてオーストラリアで行われた調査データの分析からは、ヘイトクライムの被害者は他の犯罪の被害者よりも被害を警察に届ける確率が低く、警察への信頼や協力意向が低い場合に、届け出の確率が下がることが指摘されている（Wiedlitzka et al. 2018）。この場合、法律があったとしても利用されないことになる。

さらに、法律の実効力も十分とはいえない。アメリカでは、ヘイトクライムの認定には、加害者の偏見が犯罪の動機であったことを証明する必要がある。しかし、これは容易ではない。自国民が移民に対し暴行を行ったとして、それは必ずしも偏見にもとづくものとはいえないからである。むしゃくしゃしていた時にたまたま通りかかった人が被害者に選ばれ、それがたまたま移民だったのかもしれない。被害者の様子が加害者の気に障ったのかもしれない。加害者本人さえ、なぜそのような犯罪を行ったのか、説明できない場合もある。

このため、アメリカのヘイトクライムの認定は、加害者が白人至上主義集団に加入していたなどの明確な根拠がある場合を除いて、ほとんど行われていない（Gerstenfeld 2013）。

その一方で、ヘイトクライムを禁じる法律は象徴的な機能を持ちうる。ベイルは、連邦政府レベルでの反ヘイトクライム法の機能について、偏見にもとづく犯罪が許容されない行為であることを明示し、マイノリティのもつ権利やコミュニティにおける平等へのコミットメントを再確認するメッセージを伝えることだと指摘する（Beale 2000）。ヘイトクライムを禁じる法律は、これらの価値が社会の中で共有されていることを伝える。それによって、規範に背く行為（ヘイトクライム）は抑止されうる。

また他方では、ガステンフェルドは、ヘイトクライムを禁止する法律は、むしろマイノリティの状況に対して否定的な影響をもたらす可能性があると指摘する（Gerstenfeld 2013）。実際に法律がどのように運用されているのかは一般市民には分かりづらく、これらの政策はマジョリティの目から見ると、特定のマイノリティに対する「優遇」に映る。

また、ヘイトクライムの運用の過程でマイノリティに対する差別が生じる可能性もある。アフリカ系アメリカ人はヘイトクライムの被害者となる確率が高いと同時に、加害者になる確率も高い。その理由の一つとしてガステンフェルドは、アフリカ系アメリカ人が犯罪を行った場合に、ヘイトクライムとして解釈される確率が高いからであると指摘している（前掲書）。実際にこのような現象が生じているのかは、さらなる検証が必要である。しかし、もしそうであるのならば、ヘイトクライムを禁じる法律は必ずしもマイノリティの助けとはならない可能性がある。

しかし、これまでの実証研究からは、ヘイトクライムを禁じる法律は、ヘイトクライムを減少させる効果を持つとの結果が得られている。たとえば、アメリカにおける同性愛者に対するヘイトクライムを分析した研究でも、ヘイトクライムを禁止する法律や雇用における差別を禁止する法律の導入によって、同性愛者へのヘイトクライムが減少することが示されている（Levy and Levy 2017）。

また、グラットとジェニスはカリフォルニアのデータの分析から、警察と地域とのつながりが強く、地域に反差別法を運用する組織（人権委員会や人間関係委員会）がある場合に、ヘイトクライムを禁じる法律の導入に伴って、ヘイトクライムの報告件数が増えることを指摘している（Grattet and Jenness 2008）。

報告件数の増加は、ヘイトクライムへの認識が高まり、見過ごすことなく報告していることを意味するので、法律が実効力をもつようになることを示している。地域とのつながりが強ければ、市民が容易に地域の警備にかける資源に影響を与えられたり、法執行機関にとっては地域に入り込んで取り締まりを行えたりする。さらに、反差別法を運用する組織の存在は、警察の行動を監視する機能をもつ。これらの条件が整えば、ヘイトクライムを禁じる法律は、実際の効力をもちうる。

ヘイトクライムの報告の増加をヘイトクライムそのものの増加ととらえるのか、あるいは法律が有効に機能した結果としてヘイトクライムとみなされるケースが増加したととらえるのかによって、これらの研究から得られた結果の評価は異なる。これらはともに政府統計をもとにヘイトクライムを測定しているため、今後は被害者による報告を用いた分析も必要になるだろう。

ヘイトクライムを禁止する法律が象徴的機能をもつのは、ヘイトクライムに対する社会的な否認を示すからであった。社会的な承認／否認の効果を考えれば、重要となるのは法律だけではない。他の社会的アクター、特に大きな影響力のある政治家やメディアなどの言動が重要だと指摘する研究もある。

たとえば、クープマンズとオルザックはドイツのデータの分析から、難民に対する暴力が、メディアで大きく取り上げられることに加え、政治家などが移民を非難するようなコメントを行うことによって、増加することを示している（Koopmans and Olzak 2004）。

また、アメリカのトランプ大統領がムスリムに対する否定的なツイートをすると、ムスリムに対する否定的なツイートが増えるだけでなく、ヘイトクライムが増加した（Müller and Schwarz 2018）。特に、ツイッターの利用が多い地域でこうした傾向が見られた。

ヘイトクライムではないが、ヒスパニックに対する差別的ツイートが、アリゾナにおける反移民的法律——非正規移民に対する厳格な取り締まり——の制定によって増加したとの知見もある（Flores 2017）。つまり、差別やヘイトクライムを正当化する言説が、政治的影響力のあるアクターによってなされることで、ヘイトクライムを許容する規範が生じ、ヘイトクライムが増加すると考えられる。

日本ではヘイトクライムを特別に禁止する法律は存在せず、一部の条例を除きヘイトスピーチを禁止する法律は罰則のないものである。しかし、象徴的機能という点では、ヘイトスピーチ禁止法は、ヘイトスピーチを抑制する一定の効果を持つ可能性がある。実際にこうした効果を持ちえたのかどうか、実証的な観点からの研究が必要となろう。

移民受け入れが犯罪率を高める、あるいは、治安を悪化させるとの懸念は広く見られる。しかし、日本を対象とした実証研究は多くないものの、諸外国の研究結果からは、移民の増加そのものを犯罪の増加や治安悪化と結びつける見方は妥当ではないことがわかる。移民の増加は場合によっては治安を改善する効果をもっていた。

ここでも重要なのは、「移民」の受け入れそのものではない。それが地域のつながりを活性化させる形で行われるのか、あるいは弱める形で行われるのかによって、治安への影響は異なるだろう。そして、移民の置かれている雇用環境や経済状況、家族を持てるのかどうか、日本語を身につける機会はあるかどうか、日本人住民とかかわる機会はあるかどうか、などによって移民と地域のかかわりは左右される。

さらに、ヘイトクライムに関する諸研究からは、法律を含む社会制度、政治的な言説が、移民と地域とのかかわりに影響を与える可能性も示された。社会制度は人々の行動を規制する——たとえばある行為を犯罪として罰する——だけではない。どのような行動が望ましいのかというメッセージを人々に発することを通じて、影響を与えてもいる。アリゾナの非正規移民に対する取り締まり強化が反移民的言説の広がりを生んだように（Flores 2017）、ある政策の導入はその主たる目的とは別のところで、移民と地域住民との関係性を変え、治安に影響する可能性もある。

第4章　あるべき統合像の模索

1　文化的権利の影響

統合の理念・政策・帰結を考える

受け入れ国政府は、これまでの章で見てきたように、移民制度を通じた移民の選抜や、労働市場に対する規制、地域社会の自治への（非）介入を通じて、移民の社会に対する影響を変化させる。

しかし、受け入れ国政府の果たす役割は、それだけではない。受け入れ国政府は、より直接的に、移民に対する諸権利の付与あるいは権利からの排除、サービスの提供などを通じて、移民の社会における位置づけを変える。ここでは、こうした国内での移民の扱いにかかわる政策を移民統合政策と呼ぶ。

第1章で見たように、日本はこれまで一貫した移民統合の理念や、それを具現化したものとしての政策を持たずにきた。しかし、移民受け入れの社会にもたらす影響が、移民の生活状況——経済的な状況や地域とのかかわりなど——によって異なるのであれば、移民をどのように社会に統合するのかを考えることは、受け入れ社会にとって欠かせないこととなる。

ただし、あるべき統合像を反映した、理念としての統合モデルと、その具現化としての政策がもたらす帰結は、必ずしも一致しない。したがって、統合政策が移民の状況にどのような影響を与えるのかを検証する必要がある。実際、欧米の移民統合政策の模索は、時代変化に伴う理念自体の妥当性の変化だけでなく、導入されてきた統合政策がもたらす意図せざる結果にも影響を受ける形で行われてきた。

本章では、諸外国で行われてきた移民統合のあり方をめぐる議論を概観しながら、統合政策が実際の移民の社会統合にどのような影響を与えるのかを検討する。

人種のるつぼかモザイクか

移民統合政策はそれぞれの国における移民統合のあり方についての理念を反映している。この理念のうち、もっとも有名なものはそれぞれ異なる二つの伝統的な移民国において採用されてきた。一つはアメリカの「人種のるつぼ」(Melting Pot) モデルであり、もう一つはカナダの「モザイク」モデルである。るつぼモデルは同化主義、モザイクモデルは多文化主義ともいえる。

アメリカのるつぼモデルは、移民がやがてアメリカ社会の中に溶け込んでいき、一つの社会を形成していくことを想定していた。ここで想定されるのは、多様な、しかし一つの文化を共有する人からなる社会の姿である。るつぼモデルはカラーブラインド（肌の色や民族を意識せずに扱う）政策によって体現される。人種や民族で扱いを変えず、すべての人を対等な個人として扱うことが、望ましい社会のルールとされた。

しかし、るつぼモデルは一九六〇年代以降二つの点で批判にさらされる。

第一に、「移民がアメリカ社会に溶け込んでいる」というのは幻想にすぎないとの批判が生じた。こうした批判は一九六〇年代の前半から見られたが、その後アメリカに流入する移民がヨーロッパ出身者からアジアや中南米出身者へと移行することにより、決定的となっていく。

ヨーロッパ出身者はアメリカで主流となっていたアングロ＝サクソン文化と親和性が高い。これに対し、アジア出身者は異なる言語を話し、異なる宗教を信じ（あるいは宗教を信じておらず）、外見上の差異も大きい。あまりにも異質な人たちが増えていくにつれ、同化可能だという想定は維持できなくなった。

第二に、公民権運動が広がる中で、るつぼモデルが前提としていたアメリカ社会への同化の公正性が問われるようになった。「さまざまな移民が溶け合う」といっても、そこで暗黙のうちに前提とされたのは、主流派となるアングロ＝サクソン文化へと「溶け込んでいく」

ことである。したがって、移民にはもともと持っていた自分の文化の放棄が（強制的ではないにせよ）求められる。

これに反旗を翻したのが、多文化主義と呼ばれる思想潮流である。多文化主義の支持者たちは、公共の場で差異のない取り扱いをすることが、文化的マイノリティにとっては抑圧となりうることを指摘した（たとえばテイラー　一九九六、キムリッカ　一九九八）。

次のような例を考えてみよう。現在の日本では二月一一日建国記念の日は国民の祝日になっている。二月一一日は紀元節（神式天皇が即位したとされる日に起源をもつ祝日）であるため、多くの人が意識しているかは別として、宗教的な意味をもつといえるだろう。これに対し、キリスト教徒にとって重要な日といえるクリスマスは祝日ではない。二月一一日が祝日であることは日本全体で共通なので、「不平等」ではない。しかし、すべての宗教を同様に取り扱うのであれば、それぞれの宗教にとって重要な日を祝日にする必要がある。

このように、それぞれの集団の文化や価値を同等のものとして扱うことの要求が、集団ごとに異なる取り扱いの要求を意味する場合がある。多文化主義はこのような、集団として異なる扱いを受ける権利を求めるものだといえる。

この多文化主義をあるべき社会像として取り入れたのが、モザイクモデルである。カナダはイギリスとフランスにより分割統治が行われていた。イギリス領、フランス領それぞれで異なる言語を話し、異なる宗教が主流となる状況は、異なる集団がそれぞれの文化を維持しながら一つの国を構成する、という多文化主義の理念と親和的であった。

多文化主義は一九七〇年代以降大きな広がりを見せ、カナダだけでなく、オーストラリア、イギリス、オランダ、スウェーデンなどの国々で採用されていった。複数文化の承認は、エスニック組織への助成や、移民の子どもへの母語教育、多文化理解教育などの形で具現化され、多くの国に部分的にであれ導入されている。

多文化主義理論の提唱者の一人であるウィル・キムリッカは多文化主義政策の導入度を測定するための指標を作成している。キムリッカが多文化主義の要素として挙げるのは、次のような政策である（Banting et al. 2006）。

（一）憲法や法律、議会における多文化主義の承認（国、地方自治体レベル）
（二）学校カリキュラムにおける多文化主義の採用
（三）公共メディアやメディアライセンスの発行における民族の代表者の包摂や、民族への配慮
（四）ドレスコードや日曜休業などの免除
（五）二重国籍の承認
（六）民族組織の文化活動への助成
（七）バイリンガル教育や母語教育への助成

（八）不利な移民集団へのアファーマティブアクション（積極的是正措置）

これらの政策はマイノリティの文化を価値あるものと意味づけ（一、二）、その文化の維持を助けるとともに（三、四、五、六、七）、その文化ゆえに不利な立場に立たされることがないように差別を是正する（八）ものであるといえよう。

一方、ドイツの社会学者であるクープマンズは、このキムリッカからの多文化主義指標では、宗教的マイノリティの権利が議論の中心となるヨーロッパの現状をすくい取れないとして、以下の要素を多文化主義の要素として挙げる。

（1）権利取得へのアクセスに対して文化的同化を必要としない。たとえば、二重国籍を認めることや、市民権、永住権の取得、家族呼び寄せの条件に言語や文化的同化を求めないこと。

（2）公的制度の外での宗教実践の融通。たとえば、祈禱《きとう》の時間を公的に通知することの許可、モスクの増設、イスラム教に従った埋葬設備・墓地の増大、イスラム教の慣例に従った屠場《とじょう》の許可。

（3）公的制度における文化的権利の保障や設備の設置。たとえば公立学校での母語教育や公立のイスラム学校の増設、公立学校でのイスラム教教室の実施、教師や生徒がヘッドスカーフを付ける権利の承認、移民の言語による公共放送、公共放送の一部におけるイスラム教放送、刑務所や軍隊へのムスリム牧師の配置。

（4）政治的代表権。たとえば国政・地方レベルでの移民の諮問機関の設置、ムスリムの諮問機関の設置。

（5）アファーマティブアクション政策。たとえば、移民ルーツのエスニック／宗教集団の利益になる割り当てや優先的雇用。

クープマンズが挙げている項目は二重国籍や学校での母文化教育などキムリッカからの多文化主義指標と重なるところも多い。しかし、個々の項目の内容がイスラム教の宗教的権利を踏まえた形で具体化されていることがわかる。イスラム教の信仰は公的な生活でのふるまいにかかわるため、それを主流宗教としない社会で信仰を守ろうとすると、多くの例外的措置を求める必要が生じる（Koopmans 2013）。クープマンズの指標は、このような要求に受け入れ社会が、どの程度応じるかを測るものだといえよう。

表４‐１はキムリッカとクープマンズの二つの指標による多文化主義の程度を示したものである。キムリッカの指標は〇から八までの値をとり、クープマンズの指標はマイナス一からプラス一までの値をとる。オーストラリアやスウェーデン、カナダは両方の指標で値が大きく、スイス、デンマークは両方の指標で値が小さい。したがって、オーストラリア、スウ

ェーデン、カナダは多文化主義の程度が高く、スイスやデンマークは同化主義的だといえる。これに対し、オランダはキムリッカの指標では値が小さいが、クープマンズの指標では値が大きい。

次節で詳しく見るように、オランダは公式には多文化主義の立場から撤退している。しかし、宗教的権利は広範に認められている。クープマンズによれば、宗教的権利がどの程度認められるかは、その国の宗教と政治の関係性――キリスト教会をどのように処遇してきたか――に影響を受けており、多くの権利を認めてきた国ではイスラム教に対しても権利を認める傾向にある（前掲論文）。

このように、多文化主義政策のあり方は、マイノリティ文化の取り扱いに対する個々の政府のスタンスにとどまらず、それぞれの国がどのような文化的マイノリティを包摂しているのか――言語的マイノリティなのか、宗教的マイノリティなのか――によっても大きく異なる。

表４－１では、日本はデンマークと並び○となっている。日本では多文化主義に代わり、「多文化共生」という言葉が用いられてきた。総務省が二〇〇六年に出した報告書では「地域における多文化共生」を「国籍や民族などの異なる人々が、互いの文化的ちがいを認め合い、対等な関係を築こうとしながら、地域社会の構成員として共に生きていくこと」と定義している（総務省　二〇〇六）。

	キムリッカ		クープマンズ	
	2010		2008	
	順位	スコア	順位	スコア
オーストラリア	1	8	3	0.4
カナダ	2	7.5	5	0.32
スウェーデン	3	7	1	0.44
ニュージーランド	4	6	6	0.21
イギリス	5	5.5	3	0.4
ベルギー	5	5.5	7	0.15
ノルウェー	7	3.5	9	−0.04
アメリカ	8	3	8	0.14
ドイツ	9	2.5	11	−0.14
オランダ	10	2	2	0.42
フランス	10	2	13	−0.28
オーストリア	12	1.5	10	−0.08
スイス	13	1	14	−0.4
デンマーク	14	0	12	−0.2
日本	14	0	—	
平均（日本除く）		3.7		0.1

表4－1　多文化主義指標

出典：Multiculturalism Policy Index, http://www.queensu.ca/mcp/（latest access: 2019.8.4）Indicators of Citizenship Rights for Immigrants.（Koopmans, R., 2013, Multicalturaism and Immigration: A Contested Field in Cross-National, Perspective. *Journal of Ethnic and migration Studies* 36（1）table2）

「互いの文化的ちがいを認め合い」は、異文化の承認としてとらえることもできる。しかし、国レベルでの統一的な多文化主義的政策は導入されていない。

このため、日本における多文化共生に対しては、料理や祭り、衣服など「外形的な装飾にとどまる範囲」でのみ異文化を称揚する「コスメティック多文化主義」にとどまり、実際に移民が権利として自らの文化を保持することを認めるものにはいたっていないことが指摘されてきた（Morris-Suzuki 2002）。

二〇一八年の出入国管理法改正を受けて出された「外国人材の受入れ・共生のための総合的対応策」でも、具体的な取り組みとして挙げられているもののほとんどは、生活に必要な情報の多言語での提供などの生活支援や、日本語教室を通じたコミュニケーション支援にとどまっている。移民の文化的権利についての国としての考えは——それを肯定するというものであれ、否定するというものであれ——明示されてはいない。

「多文化主義の危機」

多文化主義の隆盛は一九九〇年代以降、弱まりを見せつつある。これは特にヨーロッパ諸国で顕著だ。背景には移民の社会統合の「失敗」が社会問題となったことがある。

一九八〇年代から九〇年代にかけて、ヨーロッパでは多くの移民を受け入れた。その中心をなしたのは、すでにそれぞれの国に定住していた移民の家族や難民である。

このような家族結合による移民や難民は文化的に異なるヨーロッパ圏外の出身であり、労働移民のように受け入れに際して教育資格や職業資格による選別を経ていない。文化的差異や受け入れ国で通用するスキルの不足、労働市場における差別などが重なった結果として、移民は失業や貧困にさらされるようになった。

図4－1はヨーロッパの六ヵ国について、非EU出身の移民が受け入れ社会住民の何倍、

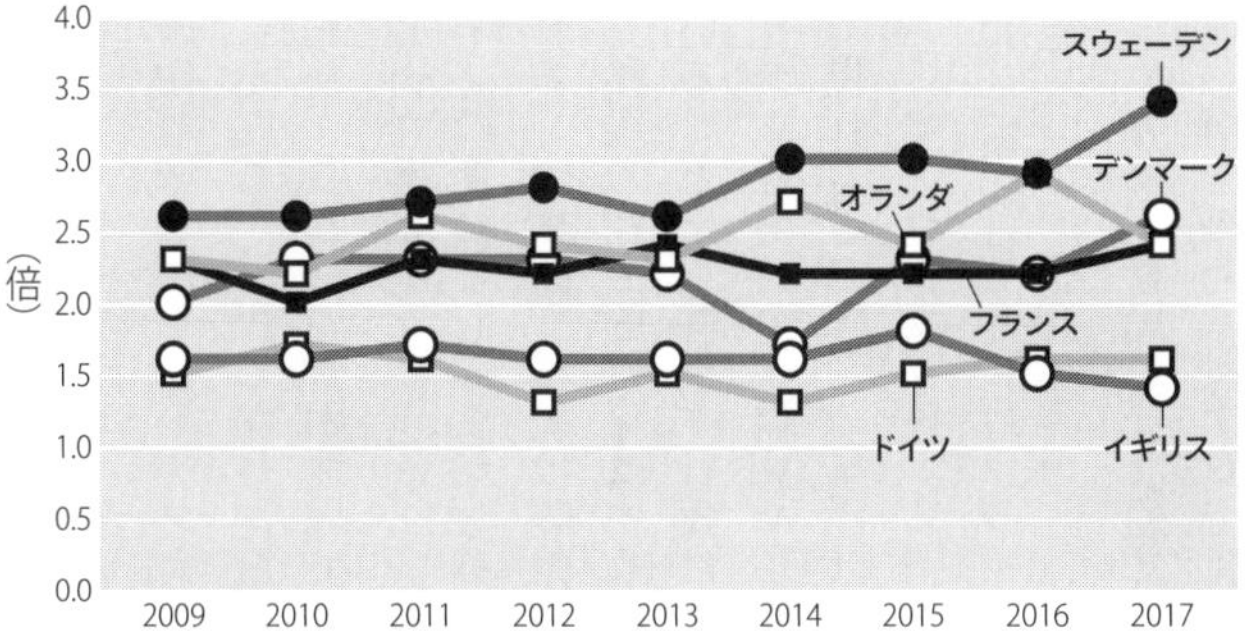

図４－１　非EU移民が社会的排除のリスクをもつ確率（対受け入れ社会住民）
出典：Eurostat, 2019, People at risk of poverty or social exclusion by broad group of country of birth（population aged 18 and over）をもとに筆者作成

社会的排除にさらされやすいかを示したものである。社会的排除にさらされるとは、貧困や物質的剝奪（家賃や光熱費が支払えない、冷暖房がないなどの）状況にいる、または、世帯の中に十分な働き手がいない状態を指す。

図４－１を見ると、国によって程度の差はあるものの、すべての国で非ＥＵ移民は受け入れ社会住民よりも社会的排除にさらされるリスクが高い。特にフランスやオランダ、スウェーデンでは二〇〇九年からのすべての年で非ＥＵ移民が受け入れ社会住民の二倍以上のリスクにさらされている。

また、イギリスやベルギー、スウェーデンやオランダなどの国では、受け入れ社会住民と移民が異なる生活空間で暮らす、居住分離が生じていることも指摘されている（Koopmans 2010）。

居住空間の分離が社会統合の問題となるのは、移民と受け入れ社会住民の間のつながりが失われるだけでなく、社会的排除の集中と関連していることにある。スウェーデンで行われた研究では、ストックホルムやイエテボリ、マルメなどの大都市に移民が集住しており、その中で移民の居住地域とスウェーデン人の居住地域が分離している。

そして、移民の集住地域は、貧困地域と重なる。この重なりは一九九〇年代以降強まっており、これらの貧困地域では平均して、一六歳から六四歳までの生産年齢人口の七割が就労以外で生活していることが指摘されている（Biterman and Franzén 2007）。この中には学生ローンの受給者も含まれるが、多くは失業保険や障がい年金、生活保護を受けていると考えられる。つまり、移民は隔離された地域の中で、失業や貧困にさらされて生活する傾向にある。

移民の社会的排除は二つの帰結を招いた。一方で、失業や貧困が蔓延《まんえん》する状態に置かれていること――警察や行政による差別的な取り扱いも加わる――は、移民やその子弟のマジョリティ社会への不信感や不満を掻きたてる。そのような不満は時に暴動として顕著なかたちで現れる。二〇〇一年にはイギリスの都市、オールダム、ブラッドフォード、バーンリー、バーミンガムで移民コミュニティとネイティブ住民の間で対立が生じ、大きな暴動に発展した。二〇〇五年にはフランスのパリ郊外で、二〇〇八年にはスウェーデンのマルメで暴動が発生している。

他方で、移民が社会的に排除され、分離して暮らしている状況は、ネイティブ住民の反移民感情を高める。次章で言及するように、集団間の交流が偏見の抑制に役立つのであれば、交流がない状態は偏見の維持につながる。ネイティブ住民は移民が「福祉に依存している」と認識したり、主流社会に同化せずに異なる文化を持ったまま生活していると考えやすくなる。その結果、移民に対する福祉の削減や移民の排斥を支持するようになる。

さらに、「異なる文化が自国を変えていく」という不安は、反移民感情を刺激する（Sniderman and Hagendoorn 2007）。特にヨーロッパ諸国では、異なる宗教――イスラム教――を信仰する移民の増加を、自由主義的価値観にもとづく自国の文化への脅威とする言説が広がりをみせる。

その中で、多文化主義の意味を転倒し、マイノリティ排斥のための言葉とする言説が出現した。多文化主義が保障したのは、マイノリティがマジョリティとは異なる文化を保持する、「差異への権利」である。

しかし、極右政党はこの「差異への権利」という概念を自分たちの主張の正当性を示すために利用する。フランスの極右政党である国民戦線は、自分たちの文化を守る権利があるのはマジョリティであるフランス人だと述べ、移民の排斥を主張した（Brubaker 2001）。現代の人種／民族差別主義者は、集団間の優劣関係――彼らは我々よりも劣っている――を主張しない。

彼らはそれぞれの集団のもつ文化の差異を強調し、だからこそ分離したほうがよいと主張する。この主張は文化を集団にとって本質主義的かつ重要なものとみなす点で、多文化主義と共通性をもってしまう(Koopmans et al. 2005)。

このような中で、移民が主流社会に統合されず、「並行した社会」で生活していること(parallel lives)が問題の焦点となり、多文化主義はその元凶として批判にさらされるようになった。二〇一〇年以降ドイツのメルケル首相、フランスのサルコジ首相、イギリスのキャメロン首相など各国の首相が相次いで多文化主義の「失敗」を宣言した(Koopmans 2013)。

市民的統合という統合モデル

多文化主義に変わる次の統合のあり方として打ち出されたのが、「市民的統合」(civic integration)である。市民的統合とは、「移民が「市民のような」あるいは市民的スキルを身につけることを通じて、統合が生じる」という考えを指す(Goodman and Wright 2015)。

これは具体的には移民が受け入れ国の言語や歴史、社会の仕組みについての知識、さらには自由民主的価値を身につけることを意味していた。

市民的統合を重視する政策を最初に打ち出したのはオランダである。すでに見たように、オランダでは一九九〇年代の終わりから、移民——その多くをEU圏外出身の難民や家族呼び寄せによる移民が占める——の失業率の高さとそれに伴う福祉への依存、居住空間の分離が問題となっていた。そこで一九九八年、移民の社会統合を促進する方策として、移民の社会経済的統合を進めるための「市民統合」政策を導入した。

市民統合政策では、EU圏外出身の移民に対しオランダ語講座や市民教育、労働市場への参加準備を含む一二ヵ月の統合コースへの参加が義務付けられた。この時点ではコースは国によって運営され、受講の費用は国が負担していた。

しかし、二〇〇三年、右派政党が躍進すると、従来の多文化主義から転換し、移民に「オランダ的価値観を自覚し、国の規範を保つ」ことを強調したものへと、市民統合法の改革を行うことが宣言される（Joppke 2007）。そして、この考えを反映するかたちで、二〇〇六年に行われた改正では、統合コースへの参加費用が移民の自己負担となったのに加え、その運営が民間に任されるようになり、国は統合度を測る試験のみを行うようになる。試験への合格は、永住権の取得の条件となった。

政治学者のヨプケは、この制度設計について、国は移民の統合プロセスに責任を負わず、最終的に統合に足る状態になっているかのみを問題としていることを指摘し、移民の自己責任が強調されることとなったと論じている。

一方で、市民統合は移住の条件としても用いられるようになる。家族の呼び寄せは家族で暮らす権利を保障するものとして、労働移民が制限された後も多くの国で認められてきた。しかし、前述したように、家族結合で移住する移民に対してはスキルを通じた選抜を行えないため、その統合が課題となる。そこで、オランダ政府は市民統合テストを家族呼び寄せによって移住する移民に対しても適用し、オランダ語とオランダ社会についての知識を尋ねるテストに合格しないと、移住が認められないことになった。

このオランダ型の市民統合モデルは、その後ヨーロッパ諸国に広がっていった。また、オーストラリアなど、ヨーロッパ以外でも似た政策が導入されている。

実際にはほとんどの場合、市民統合テストに不合格だったとしても帰国させられるわけではないが、地位の安定性を保障されない（そのため不安定な居住資格に置かれ続ける）ことや、給付の削減が行われることが多い（Goodman and Wright 2015; Neureiter 2019）。また、統合コースに参加しない場合や、一定期間内にテストに合格しない場合、課徴金の支払いが求められる国もある。

デンマークでは市民統合政策の導入とともに、移民に対する公的扶助給付の削減が行われた。二〇〇二年に直近八年間のうち七年未満の居住期間の人——そのほとんどを移民が占める——について、給付が三五〜五〇%程度減額された（Andersen 2007）。これも統合試験同様、統合——より厳密には雇用を通じた社会経済的統合——のインセンティブを高めるための政策といえよう。

アメリカの政治学者グッドマンは、入国、定住、市民権の獲得の三つの段階において、言語や市民的知識（国についての知識）、忠誠の宣誓が求められる程度をもとに市民統合政策の導入度を示す指標を作成し、その推移を調べた（Goodman 2010）。図4-2は、その結果を示している。

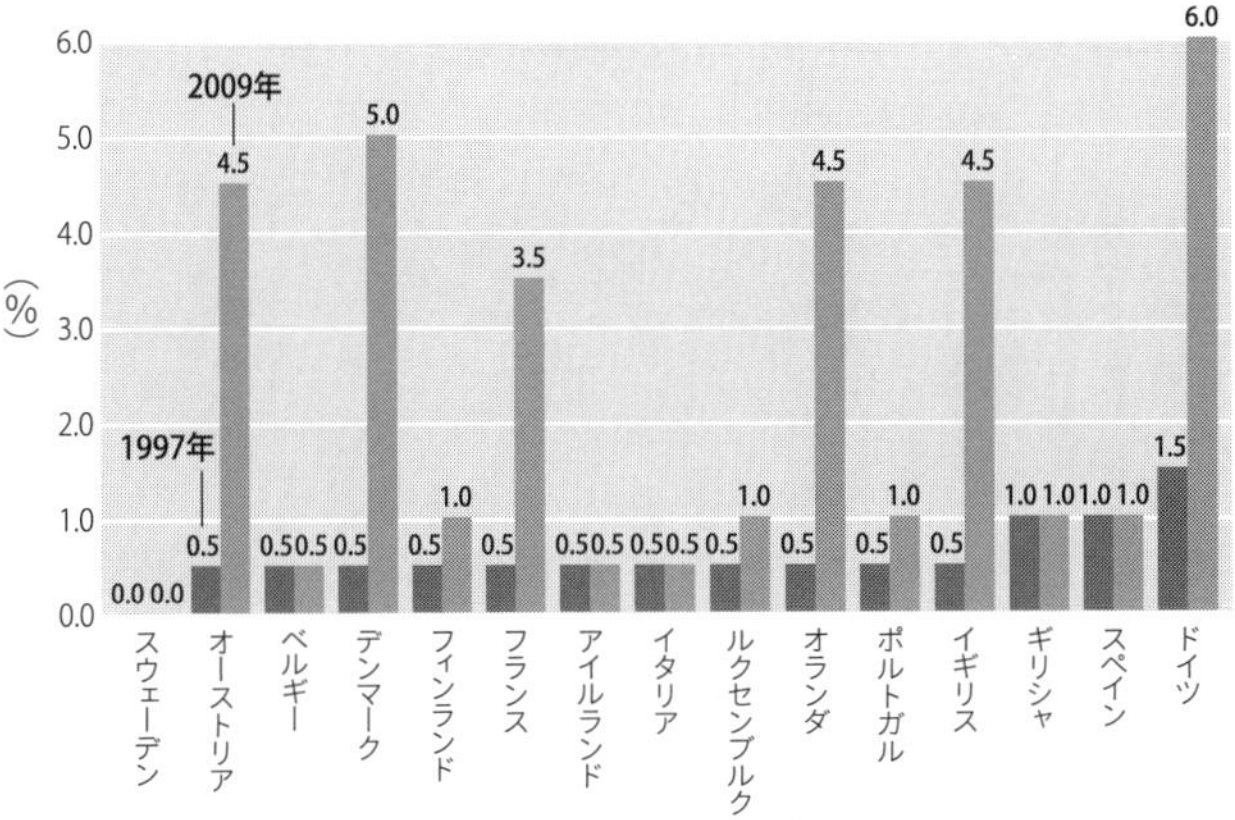

図4－2　市民統合政策の導入度の推移（1997年と2009年の比較）
出典：Goodman, S. W., 2010, Integration Requirements for Integration's Sake? Identifying, Categorising, and Comparing Civic Integration Policies. *Journal of Ethnic and Migration Studies* 36(5): 753-772. をもとに筆者作成

一九九七年時点では市民統合政策の導入の程度は低く、市民権取得に際し「十分な」統合や言語の知識が条件として挙げられていたり、一部の国で市民権取得のセレモニーが用意されていたりするにとどまる。二〇〇九年時点でもほとんど導入の程度が変化していない国がある一方、オーストリアやデンマーク、フランス、オランダ、イギリス、ドイツにおいては導入の程度が大幅に拡大している。

ここで興味深いのは、オランダ、イギリスという多文化主義国でも、ドイツ、デンマークという同化主義国でも、市民統合政策が拡張している点である。つまり、多文化主義国がその政策の不備を補うために市民統合政策を導入したとはいえない。

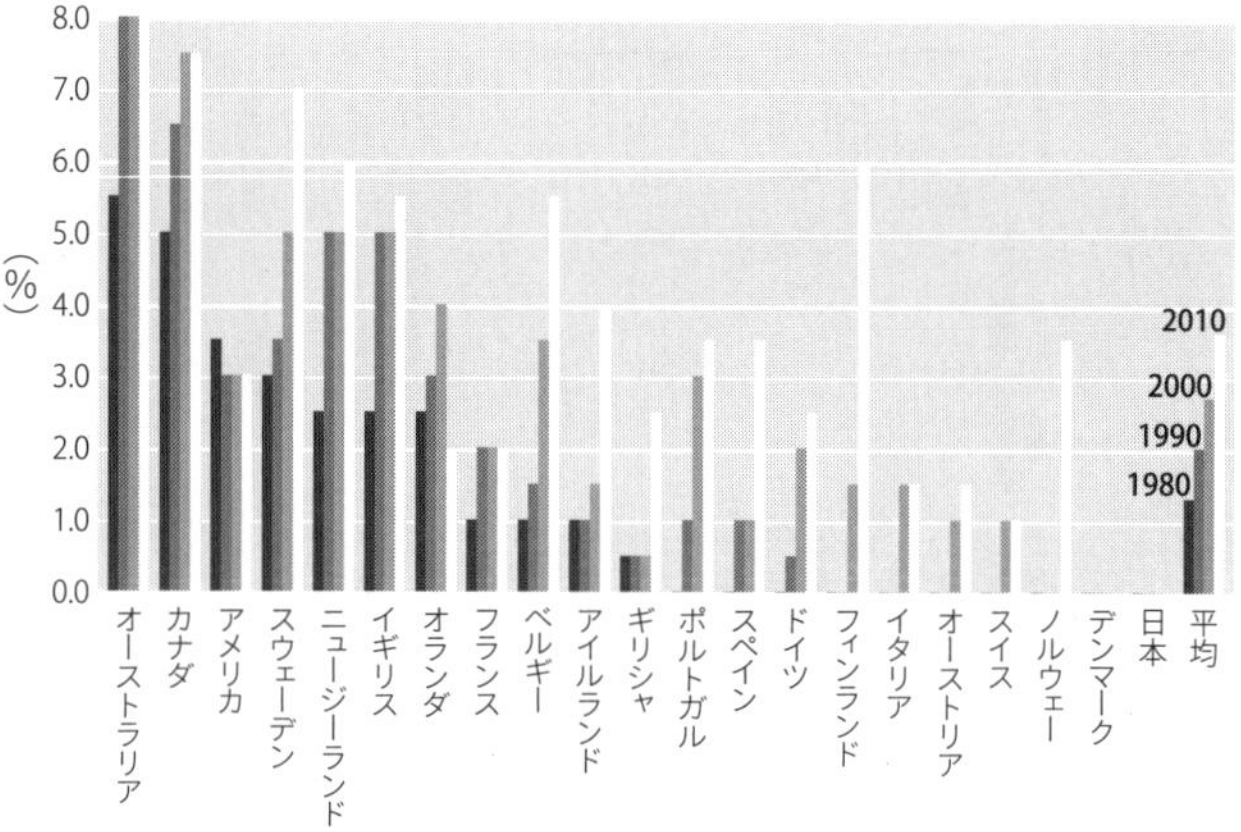

図4－3　多文化主義政策導入の程度の推移

出典：Multiculturalism Policy Index, http://www.queensu.ca/mcp/（latest access: 2019.8.4）をもとに筆者作成

ドイツの研究者であるミーアらはこの点について、「多文化主義の失敗」は実際には多文化主義を導入していない（したがって失敗のしようがない）国でも叫ばれ、市民統合政策の導入へと向かっていると指摘している（Meer et al. 2015）。

ただし、市民統合政策の導入は、多文化主義からの撤退を意味しない。図4－3はキムリッカの作成した多文化主義指標における得点の、一九八〇年から二〇一〇年にかけての推移を示したものである。これを見ると、一九八〇年から二〇一〇年までの三〇年間で、アメリカやオランダといった一部の国を除くほとんどの国で、むしろ多文化主義の進展が見られることがわかる。

市民統合政策と多文化主義政策の関連は、両者の得点をもとに各国をプロットした図

4－4を見るとより明確になる。ここで用いているのは二〇〇八年時点でのクープマンズによる多文化主義政策の導入の程度と二〇〇九年時点での市民統合政策の導入の程度である。

図4－4からは、スウェーデンでは多文化主義政策のみが、デンマークやドイツでは市民統合政策のみがそれぞれ導入されているのに対し、イギリスやオランダではその両方が比較的高い程度で導入されていることがわかる。つまり、市民統合政策と多文化主義政策は二者択一のものではなく、国によっては相補的に用いられている。

　したがって、市民統合政策は旧来の同化主義への回帰とはいえない。そこで強調されているのは

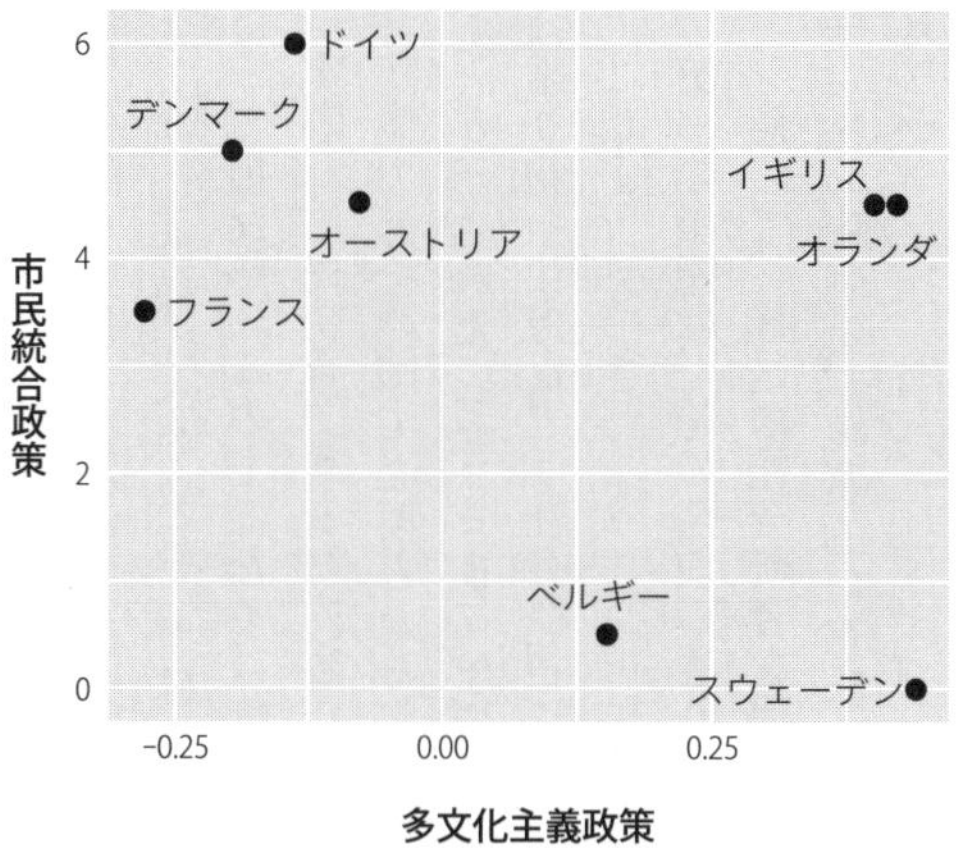

図4－4　各国の市民統合政策と多文化主義政策の導入程度の関連

出典：Citizenship Policy Index（Goodman, S. W., 2010, Integration Requirements for Integration's Sake? Identifying, Categorising, and Comparing Civic Integration Policies. *Journal of Ethnic and Migration Studies* 36(5): 753-772), Indicators of Citizenship Rights for Immigrants（Koopmans, R., 2013, Multiculturalism and Immigration: A Contested Field in Cross-National Comparison. *Annual Review of Sociology* 39: 147-169）をもとに筆者作成

あくまでも移民の社会統合を可能とするためのツールとしての言語と知識の習得であり、民族文化的な同化ではない。二〇〇六年のイギリスのブレア首相の言葉によれば、「市民的統合」は「「多様性への敬意」を確立するためにあり、「多様性への敬意」は「共通の価値」によって損なわれるのではなく、維持される」（Goodman 2010）。

実際、市民統合テストの内容に関する分析からは、ほとんどの国では価値や慣習ではなく、言語能力とその国で必要となる実践的知識（法制度や病院、役所などの使い方）を尋ねていることが示された（Michalowski 2011）。唯一の例外といえるのはオランダであり、オランダでは贈り物の仕方など、社会慣習についても尋ねられている。

ここまで見てきたように、市民統合政策は二つの機能をもちうる。

第一の機能は、その名前の通り、受け入れ社会で必要とされる知識やスキルを習得することを通じて、移民の社会統合を促進する機能である。これは移民が形式的にもっている就労や定住の権利を、実質的に意味のあるものにする機能ととらえることもできる（Goodman 2010）。

第二の機能は、移民の選別の機能である。とくに移住前のテストの存在によって、統合可能性の高い移民を選別できる。二〇一二年のオランダの移住前テストの合格率は七九％であり、特に高齢者や低学歴者に対して影響が大きい（Goodman and Wright 2015）。市民統合政策が、このどちらの機能を強くもつものになるのかは、それぞれの国の政策設計によって異なる。

多文化主義／市民統合政策の効果

ここまで、ヨーロッパ諸国を中心に、多文化主義モデルから市民統合モデルへと、掲げる社会統合のあり方が変化してきたことを示した。このような転換は、多文化主義政策が社会の分断を生む一方で、市民統合政策の導入が社会統合――特に雇用における統合――を促進するとの前提のもとで行われている。しかし、このような前提は妥当なのだろうか。

多文化主義政策や市民統合政策の効果を検証するのは容易ではない。多文化主義の導入されている国（たとえばイギリス）と、されていない国（たとえばドイツ）を比較した場合を考えてみよう。両国は当然ながら、多文化主義政策以外のさまざまな点でも異なっている。

イギリスは旧植民地宗主国であり、植民地出身の移民が多くの割合を構成する。一方ドイツはゲストワーカー制度にもとづく労働移民の受け入れを長年行っており、その後ドイツに残ったゲストワーカーと家族呼び寄せによる移民が多くの割合を構成している。英語はドイツ語に比べ、移住以前から触れる機会が多く、その意味で習得しやすい。さらに、社会保障のあり方も学校制度も互いに異なっている。

こうした多様な違いの中で、二国に移民の統合の程度の違いがあるとしても、それを多文化主義や市民統合政策の程度の差にもとづくものと厳密な意味で結論づけることはできない。

したがって政策の効果を調べるには、国家間の比較以上に同じ国の中で政策の導入前後で状況が変化したのかどうかを検証することが有効になる。ただし、市民統合政策への転換が近年起こったということもあり、その効果を時点間比較によって分析した研究はいまだ多くはない。

そこで、以下では時点間比較を行った研究を中心に、国家間比較を行った研究も視野に入れ、多文化主義や市民統合政策が移民の統合に与える影響をみていこう。

移民の統合は、失業状態の解消や所得の上昇などによって示される労働市場での統合、言語の習得やネイティブ住民との社会関係の形成を指す社会文化的統合、そして政治への関心や受け入れ国の制度への信頼の醸成、社会団体への参加による政治的統合の三つの次元から測定される。

ここではこの三つの次元の統合の中で、多文化主義政策や市民統合政策の帰結と関連付けられることのもっとも多い、労働市場での統合のみに焦点をしぼっている。

移民の労働市場における統合に対する多文化主義政策の影響については、時系列比較を用いた検証はほとんど行われておらず、国際比較研究を中心としている。クープマンズはこれらの研究をレビューし、多文化主義政策は大きな影響をもたないと指摘している（Koopmans 2013）。

ただし、多文化主義政策の効果は、選ぶ国や指標の作り方などによっても結果が異なりうるため、個々の国の事例にもとづく研究と組み合わせつつ、より慎重な検証を行うことが求められる（Goodman 2015）。

一方、市民統合政策の導入の影響については、いくつかの時点間比較による検証が行われている。しかし、そこでの知見は一貫していない。

たとえば、グッドマンとライトはヨーロッパ諸国で二〇〇二年から二〇一二年までの間に六回、最大一五ヵ国で行われた調査データをもとに、移住後一〇年以内の移民について、市民統合政策指標の高低と移民の社会経済的統合の関連を分析した。その結果、市民統合政策の程度は移民の失業確率や主観的な経済状況の良好さに影響を与えないことが示された（Goodman and Wright 2015）。

他方で、グッドマンらと同じ調査データについて、二〇一五年のデータも追加し分析したノエライターは、市民統合政策の導入は移民が求職活動を行う確率を上げて、主観的な経済状況を改善するとの結果を示している（Neureiter 2019）。

また、同じ移民を対象に対し繰り返し調査を実施することにより、統合プログラムへの参加の効果を示した研究も存在する。デンマークを対象とした研究によれば、言語教育プログラムへの参加は言語の習得を通じて移民が仕事を見つける確率を高める効果を持っている（Clausen et al. 2009）。一方、フランスにおける研究では、言語教育プログラムの効果は、教室での交流による情報獲得を通じて求職活動をする確率を上げる一方、仕事を見つける確率には影響しなかった（Lochmann et al. 2018）。

言語教育プログラムの重要性はフィンランドを対象とした研究からもうかがえる（Sarvimäki and Hämäläinen 2016）。フィンランドでは一九九九年の五月に、失業中の移民を対象に「統合計画」プログラムが導入された。これはケースワーカーとの面談を通じて、社会統合に向けた、一人ひとりの移民に合った職業訓練受講などの計画を作成するものである。

政策の対象となったのは一九九七年の五月以降に移住した人であったため、この直前、直後に移住した移民は移住のタイミングのわずかな違いだけで、政策の対象となるかどうかが決まる。そこで、両者の所得の比較によって、政策の効果を検証できる。

分析の結果、後者は前者に比べ、政策導入後の一〇年間の所得が累計で四七％上昇していた。ケースワーカーとのコミュニケーションの豊富さや、個々人にあったプランが立てられたこと自体の効果もあると考えられるが、より重要なものとしてサルヴィメキとヘメレイネンが指摘するのは、受講するプログラムの変化である。

失業中の移民に対する職業訓練などは以前から行われていたが、改革によって言語習得の重要性が強調された。結果として、導入後はより長期間、フィンランド語学習や移民向けの「統合」コースに参加する傾向が確認された。ここから、フィンランド語の習得が、移民によりよい職を得ることを可能にしたことが示唆される。

多文化主義政策の移民の社会経済的統合に対する効果はさらに検証が必要である。一方、受け入れ社会の言語を習得することは有効であるようだ。

2　居住者としての権利

しかし、移民統合のあり方は移民の文化の取り扱いによってのみ決まるわけではない。移民統合のあり方を考えるときには、どの程度の社会的・経済的・市民的権利を付与するのかが問われる。

移民の保有する権利を考える際の枠組みとして有効なのが、スウェーデンの政治学者トーマス・ハンマーによる三つのゲート論である（ハンマー　一九九九）。ハンマーは国籍を持たないままに居住国に定住する移民が増加している現実をもとに、合法的な永住資格を持つ移民を「デニズン」（denizen）と呼び、その権利を論じた。

三つのゲート

ハンマーによれば、国家による外国籍者への権利付与は、三つの段階に分けられ、それぞれの段階の間にはゲートが存在する（図4－5）。第一のゲートは入国許可であり、このゲートを通過すれば外国籍者は居住国に滞在する権利が与えられる。第二のゲートは永住資格の付与であり、このゲートを通過すれば外国籍者には永住権が与えられる。そして第三のゲートは国籍付与であり、このゲートを通過すれば外国籍者は、居住国の国籍者となる。

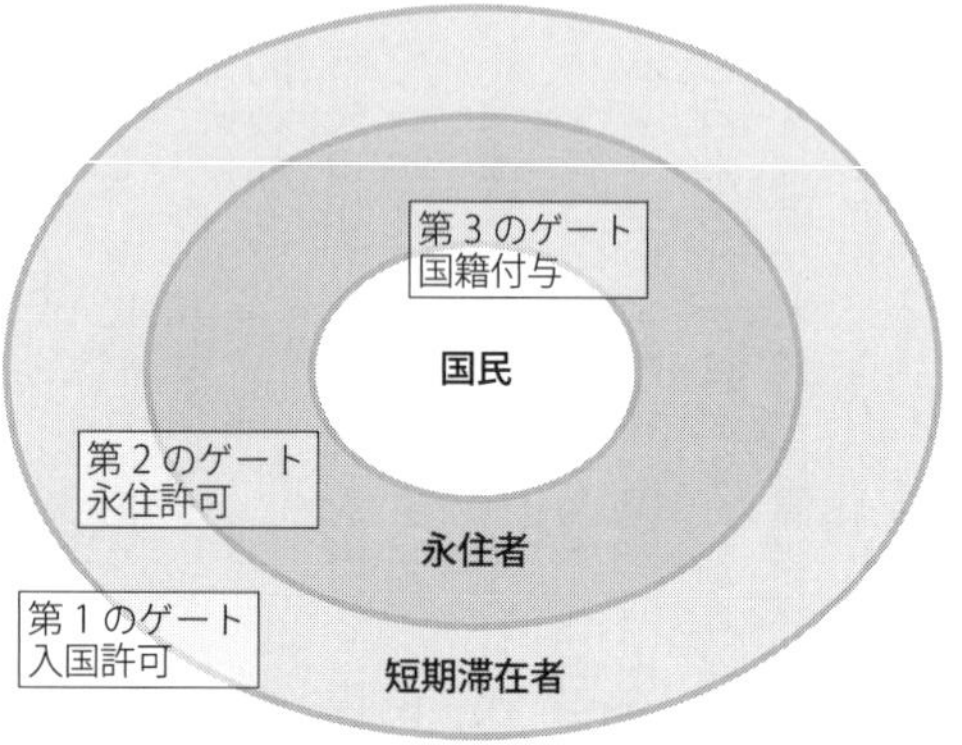

図4－5　移民管理の三つのゲート
出典：Hammar, T., 1990, *Democracy and the Nation State: Aliens, Denizens, and Citizens in a World of International Migration*. Aldershot: Avebury.（＝T・ハンマー, 1999, 近藤敦訳『永住市民と国民国家―定住外国人の政治参加』明石書店）

どの程度の権利が認められるのかは、外国籍者がこの三つのゲートの間のどこにいるのかによって異なる。当然ながら第三のゲートを越えれば、少なくとも形式上は居住国の他の市民と同様の権利が付与される。第二のゲートを越えた永住者（ハンマーの言葉だとデニズン）も後にみるように政治的権利を除けばほとんどその国の国籍者と同等の権利を与えられる傾向にある。永住者に比べれば、短期滞在者の権利は制限されやすい。移民受け入れ国はこの三つのゲートの越えやすさを調整することによって、移民管理を行っている。

第一のゲートを厳格に管理し、第二のゲート・第三のゲートをゆるやかにすれば、移民を厳選して受け入れるかわりに、その人たちに対しては長期的な滞在と一定の権利の享受を認めるような国のあり方になる。一方、第一のゲートをゆるやかにしながらも、第二のゲートの通過を困難にすれば、移民はあくまでも短期的な労働者として扱われることになる。従来のゲストワーカー制度は、このような移民受け入れ体制といえる（前掲書）。

第三のゲート──誰が国籍を持つのか

第三のゲートの通過条件をどのようなものとするのか──国籍を付与する基準──が問題になるのは、それが「国民」とは誰かを規定するからである。さらに、多くの例外が存在するものの（そして後に述べるように例外にあたる事例はますます増えているものの）、国民国家のもとでは、ある人の権利はその人が国籍を保有する国によって保障される（マーシャル&ボットモア　一九九三）。このため、「誰が国民となるのか」は、「その国で国家によって権利を保障されるのは誰か」ということをも意味している。

国籍を取得するには三つの方法がある。一つ目は出生にもとづく取得、二つ目は登録にもとづく取得、三つ目は帰化による取得である。

出生にもとづく国籍取得の基準は、大きく分けると、民族的基準（＝血統）にもとづくものと、市民・領土的基準（＝出生）にもとづくものの二つがある。民族的基準は、血統主義的制度によって具現化される。血統主義的制度のもとでは、両親のいずれかが国籍を持っている場合に、子どもが国籍を取得する。

裏返せば血統主義的制度のもとでは、両親ともに外国籍であれば、特に帰化による国籍取得の要件が厳格である場合、民族的基準は外国籍者が権利を共有する「国民」の成員となることを困難にする。日本は、血統主義的国籍制度の国に含まれることを本書の序章ですでに述べた。

一方、市民・領土的基準を具現化した制度として、出生地主義的制度が挙げられる。カナダ、アメリカなどの出生地主義制度では、その国で生まれた子どもには親の国籍に関係なく、国籍が付与される。また、イギリスやオーストラリアでは永住者の親から生まれた子どもに、フランスやオランダでは移民三世に、国籍が出生によって付与される（近藤　一九九九）。もともと移民国としての伝統を持つアメリカやカナダなどの少数の国を除くと、ほとんどの国が血統主義的国籍制度を採用してきた。しかし、移民の受け入れ・定住が進み、自国で生まれ育つ子どもが増えていく中で、出生地主義的制度を取り入れる国も増えてきている。たとえばドイツでは二〇〇〇年に施行された改正国籍法で、ドイツに八年以上合法的に居住し、無期限の滞在許可をもつ外国籍者の子どもに国籍が付与されるようになった（前掲論文）。

あるいは一定の条件を満たす場合に、自動的に国籍を付与する、登録による国籍取得を通じて対応を行う国もある。たとえばフランスでは、外国籍の両親から生まれた子どもであっても、出生後の継続的な居住をもとに国籍を付与している。ほかにもスウェーデンでは一八歳未満のスウェーデン生まれの永住者について、五年以上継続してスウェーデンに居住している場合、スウェーデン国籍を付与している（*The Swedish Citizenship Act*）。これらは居住主義にもとづく国籍付与とみなせる。

これらの条件を満たさない場合にも、個別に申請を行い、帰化によって国籍を取得できる。国籍取得と永住権の取得要件のうち、居住年数、言語能力、市民的統合、元の国籍放棄の必要性についてまとめたのが表4－2である。実際には国籍取得に際してはここに挙げた以外にも、犯罪歴がないことや経済的に自立しており、公的扶助の給付を受けていないこと、憲法への忠誠などの要件が求められることが多い。反対に、国籍保有者の配偶者などの場合は、要件が緩和されることもある。

国籍取得と永住権取得を比べれば、国籍の取得の方が長い居住年数を必要とする傾向にある。日本は例外であり、永住権の取得に国籍の取得よりも長い居住年数を要している。これは日本の永住資格にかかわる制度と国籍制度の間で十分に調整が行われなかったことを示しているだけでなく、「国籍を獲得しないままに永住する」というあり方を想定の外に置いてきたことの現れといえる（近藤　二〇〇九）。

言語や市民的統合の面でも、国籍取得は永住権の取得よりも要件が厳しい。国籍を保有する市民となるためには、より高度な市民的統合が求められる。ただし、西欧諸国では永住資格を獲得する際にも市民的統合が必要となる。前節で見たように、西欧社会では市民的統合を促す政策への要求が高まっており、それは国籍をもたない永住者に対しても適用されていることが、ここからもうかがえる。

二重国籍は日本とドイツ、オランダを除く国々で認められている。また、ドイツ、オランダでは例外として認められる場合も多い。

たとえばドイツではEU出身の移民であれば両国が認めた場合は二重国籍が認められるほか、国籍放棄が困難な国では放棄の申請の必要がないことなどもあり、全体の五〇%以上で二重国籍のままで帰化が認められている（Policy Indicator Score〔2007-2014〕）。OECD諸国とそこへの一〇〇以上の送り出し国を対象とした場合でも、二重国籍をまったく認めていない国は三割にとどまる（Alarian and Goodman 2017）。つまり、世界的には一人の人が一国の国籍のみをもつことを原則としない状態が広がっている。

では、実際にどのぐらいの移民

永住権取得			
必要 年数	言語能力	市民統合	期間
0-2	場合による	—	永住
0-5	場合による	—	永住
0-1	—	—	永住
0-4	—	—	永住
5	A2	—	永住
5	A2	試験	5年
5	B1	試験	永住
5	A1	コース(CAI)	10年
5	B1	コースと試験	永住
10	—	—	永住

	国籍取得			
	必要年数	言語能力	市民統合	二重国籍
オーストラリア	4	A2 程度	試験	○
カナダ	4	A2 程度	試験	○
アメリカ	5	低い（基準なし）	面接	○
スウェーデン	5	—	—	○
デンマーク	9	B1	試験	○
オランダ	5	A2	試験	原則禁止だが例外あり
イギリス	5	B1	試験	○
フランス	5	B1	面接	○
ドイツ	8	B1	試験	原則禁止だが例外あり
日本	5	A2 程度	—	原則禁止

表4－2　国籍および永住権取得に必要となる要件（抜粋）
出典：Migrant Integration Policy Index, 2015, Policy Indicator Scores.をもとに筆者作成．通常の移民の場合，言語レベルのA1はごく基礎的なやりとりができる程度，A2は日常的な身の回りのことについて会話できる程度，B1は仕事，学校などの場で出会う話題で会話ができる程度の言語能力を指す

が国籍を取得しているのだろうか。序章で見たように（図P－3）、スウェーデンが七・九％と高い値を示しているのに対し、日本は一％を下回っている。それぞれの国は移民の構成なども異なるため、帰化率の違いが国籍取得にかかわる制度に影響を受ける程度は、この表からはわからない。

少なくとも、スウェーデンでは第三のゲートはゆるやかに設定されており、「外国籍者」と「国籍者」の境界が比較的越えやすい。これに対し、日本では第三のゲートを通過する外国籍者は全体のなかのごくごく少数であることがわかる。

居住者としての権利

ただし、これらのゲートを越えることがどのような意味を持つのかは、短期滞在者、永住者、国籍保有者が保有する権利の差によって異なる。国籍の有無によって享受できる権利に差がないのであれば、第三のゲートは象徴的な意味をもつにとどまる。

今日では国籍を持たない移民に対しても比較的広範な権利が認められるようになっている。移民に対する権利の付与は、市民的権利、社会的権利、政治的権利の順に行われる（ハンマー　一九九九、近藤　二〇〇九）。

市民的権利とは言論・思想・信条の自由や、財産権、正当な契約を結ぶ権利、裁判に訴える権利など、個人の自由を守るために必要とされる権利を指す。市民的権利の内容は基本的人権にかかわるものであるため、国籍を問わず認められる傾向にある。ただし、居住の権利や職業選択の自由については永住資格を持たない外国籍者には制約が置かれる。また、永住資格を持っていても、国家権力の行使にかかわる公務員（たとえば警察官など）については国籍保持者に限定されることが多い（近藤　一九九九）。

社会的権利とは「経済的福祉と安全の最小限を請求する権利に始まって、社会的財産を完全に分かち合う権利や、社会の標準的な水準に照らして文明市民としての生活を送る権利に至るまでの、広範囲の諸権利」（マーシャル&ボットモア　一九九三）を意味し、教育を受け

	永住者			移民労働者			
	労働市場へのアクセス	社会保障へのアクセス	住宅へのアクセス	労働組合のメンバーシップ	社会保障へのアクセス	住宅へのアクセス	労働条件
オーストラリア	100	0	0	100	0	0	100
カナダ	100	100	100	100	100	100	100
アメリカ	100	50	50	100	0	100	50
デンマーク	100	100	100	100	50	100	100
スウェーデン	100	100	100	100	100	100	100
イギリス	100	100	100	100	0	0	100
フランス	0	100	100	50	100	100	100
ドイツ	100	100	100	100	100	100	100
オランダ	100	100	100	100	100	100	100
日本	100	100	100	100	50	50	100

表４－３　各国の永住者および移民労働者に対する権利付与の状況

出典：Migrant Integration Policy Index, 2015, Policy Indicator Scores.をもとに筆者作成．永住者の労働市場，社会保障，住宅へのアクセスは国籍保持者と同条件で認められている場合は100，国籍保持者が優先される場合は50，その他の条件が設定されている場合は０．移民労働者の労働組合のメンバーシップは，国籍保持者と同条件で認められている場合は100，選任される地位に就くことに制限がある場合は50，その他の制限がある場合は０．移民労働者の社会保障へのアクセス，住宅へのアクセスはすべての在留資格の移民労働者に認められている場合は100，長期の居住者および，家族結合による移民と短期の居住者のいずれかにのみ認められている場合は50，長期の居住者のみ，またはまったく認められていない場合は０．労働条件はすべての面で国籍保持者と同じ場合100，一つの面で扱いが異なる場合は50，一つ以上の面で扱いが異なる場合は0

る権利や社会保障を受給する権利などを含む。

社会的権利についても、第1章で述べたように難民条約などの国際条約を通じて、外国籍者にも提供することが国際的に要請されている。ただし、どの程度認められるかは国や外国籍者の出身国、永住資格の有無などによって異なる。

表4-3は移民統合政策指数（Migrant Integration Policy Index）の数値をもとに、永住者と移民労働者に権利が認められている程度を指標化したものである。ただし、ＥＵ諸国におけるＥＵ市民など特別な関係にある国の市民以外に限定される。オーストラリアやアメリカで永住権取得後一定期間は社会保障利用が認められないこと、フランスで外国籍者に就労可能な職業に制限があることを除くと、ほとんどの国で永住者に対し国籍保持者と同等の権利が認められている。

永住資格のない移民労働者も、労働条件や労働組合への参加については国籍保持者と同等に認められる傾向にあるが、社会保障へのアクセスは制限する国が見られる。たとえばデンマークではＥＵ圏外移民の老齢年金や傷病手当の受給に一〇年間の居住が必要とされる。イギリスでも在留資格によって公的扶助や住宅手当、公営住宅へのアクセスに制限がある。日本においても生活保護は定住者などの一部の在留資格を保有する人に限定されている。

国籍ともっとも関連が強いのは政治的権利である。政治的権利とは参政権や被選挙権などの政治的権力の行使のための権利を指す。政治的権利は国民主権の観点から、国籍を持つ市

	国政選挙権	地方選挙権	地方被選挙権	諮問制度（国）	諮問制度（主要都市）
オーストラリア	50	50	50	100	0
カナダ	0	0	0	0	0
アメリカ	0	50	0	0	50
デンマーク	0	100	100	100	100
スウェーデン	0	100	100	50	50
イギリス	50	50	50	0	50
フランス	0	50	50	0	50
ドイツ	0	50	50	100	100
オランダ	0	100	100	50	50
日本	0	0	0	0	100

表4－4 外国籍者への政治的権利の付与状況の比較

出典：Migrant Integration Policy Index, 2015, Policy Indicator Scores.を一部改変して筆者作成．国政選挙権は一定の居住の後に認められていれば100，特定の国籍に限定して何らかの条件のもとで認められていれば50，認められていなければ0．地方選挙権は5年以内の居住ののちに認められていれば100，5年以上の居住が必要であったり，他の要件を満たす必要があったり，特定の地域でのみ認められている場合50，認められていない場合は0．被選挙権は制限なく認められていれば100，国家間の相互協定や特定のポストについてのみ認められているなどの特別の要件があれば50，認められていないかほかの制限があれば0．諮問制度は政策で制度化されていれば100，制度化されておらずアドホックに行われる場合は50，存在しない場合0

民にのみ開かれてきた。しかし近年では、特に地方参政権については、外国籍者にも開かれていることが少なくない。

表4－4は表4－3と同じ移民統合政策指数をもとに、各国の移民の政治的権利に関する政策をまとめたものである。

国政選挙での参政権はイギリスがイギリス連邦諸国の出身者に、オーストラリアが一九八四年以前に選挙人登録した同出身者に認めている以外は認められておらず、今日でも国籍保持者に限定された権利である。

これに対して、地方参政権は外国籍者にも開かれている国が見られ、スウェーデンとオランダでは五年間、デンマークでは三年間の居住ののちに認めている。イギリスではイギリス連邦諸国の出身にのみ、オーストラリアではイギリス連邦諸国出身者に加え、一部の地域では、その他の国籍の人にも一定の条件で認めている。EU諸国では他のEU市民に認めている。

また、多くの国で主要都市では移民諮問機関を通じて政治に参加する道筋が開かれている。日本でも外国人が集住する一部の都市に限ってではあるが、外国人市民代表者会議などの形で外国籍住民の声を行政に届ける仕組みがつくられている。

権利付与は統合に寄与するか

移民と国民の間で認められる権利の格差は徐々に縮まりつつある。この変化は、移民にとっては利益となる。他方で、すでに国籍を保有している市民からの批判の対象ともなりうる。たとえば移民に対する社会保障給付は移民の労働市場の統合を阻害するとの懸念を招きうる。しかし、こうした懸念は妥当だろうか。移民への権利付与が移民統合にもたらす影響についての実証研究の結果を見ると、権利の付与はどちらかといえば統合を促しているように見える。

まず第三のゲートをゆるやかにし、国籍を取得しやすくした場合の効果を見てみよう。ここまで見てきた多くの分析と同様、国籍の取得が移民の統合をもたらすのかを検証するのは難しい。一般に国籍を取得しようとする移民は受け入れ社会に対するコミットメントが強く、国籍を取得する前の段階からすでに統合の程度が高い。そのため、帰化した移民とそうでない移民を比較して前者の統合度が高かったとしても、それは国籍を取得したためではなく、国籍の取得を導いた個々人の意識や能力の差に起因するものでありうる。

この問題を解決するため、同じ人に繰り返し調査をしたパネル調査データによる検証が行われている。パネル調査では国籍取得以前の個人の状態がわかるので、国籍を取得したことによって個人の状態が変化したかどうかを調べることができる。

分析の結果は、国籍取得の肯定的な効果を支持するものであった。移民の雇用状況が国籍を取得した後によくなる傾向は、アメリカ、ドイツ、オランダなど、国を越えて確認されている（Bratsberg et al. 2002; Peters et al. 2018; Steinhardt 2012）。

特に、この効果はヨーロッパのEU圏外出身者、低学歴者など、労働市場で弱い地位にいる人に対して大きい。これは国籍取得によって雇用主の見方が変わるからだと説明される。国籍を取得したことは、雇用主にとっては高い統合度合いやモチベーションのシグナルとして機能する。この結果、よりよい仕事が得やすくなり、経済的統合が進むと考えられる。

また、社会学者のハインミューラーらは、すでに廃止されたものの、特異な帰化政策を行っていたスイスのデータを用いて国籍取得の社会統合に対する効果を分析している（Hainmueller et al. 2017）。

スイスのいくつかの自治体では二〇〇三年以前、帰化の申請を認めるかどうか、市民が判断するシステムをもっていた。移民は自分の居住する自治体に帰化の申請を行う。自治体は移民の出身国や性別、婚姻状態、子どもの数、移住した年、学歴、職業、面接の結果としての言語レベルや統合レベルの評価を書いたリーフレットを、自治体に居住する全有権者に送る。有権者はそれをもとに帰化を認めるかどうかを判断し、半数以上から肯定的な評価を得た場合、帰化が認められる。

このシステムでは、判断の基準はあくまでもリーフレットに載っている情報である。そこで同等の属性を持っているにもかかわらず、一方は帰化が認められ、他方は認められないのであれば、帰化の承認は移民の側の要因ではなく、他の何らかの要因によって決まったことを意味する。同じ条件、同じ程度のモチベーションを持つと考えられる帰化候補者のうち、結果的に国籍を取得できた人とできなかった人のその後の状況を比較することにより、国籍取得が社会統合に効果をもつのかどうかを確認できる。

定住意欲や団体参加、スイス語の新聞を読むかなどの要素で測定した社会統合度に対して市民権取得が与える効果を見ると、国籍の取得はスイス社会への統合の程度を高め、その効果はスイス社会で周辺化されやすいトルコ系移民やユーゴスラビア系移民でより強かった。

この結果もまた、国籍の取得のメリットは、より弱い地位にいる移民にとって大きなものであることを示している。

これらの結果を考慮すれば、帰化要件が緩和され、より弱い立場にいる人でも帰化が可能になれば、彼ら／彼女らの社会経済的、社会文化的統合は進むと予想される。

では、社会保障の給付はどうだろうか。人が見つかった仕事に就くかどうかは、その仕事から得られる賃金や労働条件が自分の望んでいる水準を上回っているか、また今後より良い仕事が見つかる確率はどの程度かをもとに判断される。公的付与や失業手当などが提供されると、それによって生活が可能となるため、希望する仕事の水準が引き上げられ、納得のいかない仕事であれば、その職に就かずに仕事を探し続ける選択を行いやすくなる。これを経済学の言葉で留保賃金が上がるという。このため、社会経済的統合の促進という観点から、社会保障給付の切り下げや制限が叫ばれてきた。

しかし、北欧諸国のデータを用いた分析結果によれば、給付の削減によって社会経済的統合が促進されるとはいいにくい。

たとえば、デンマーク、スウェーデン、ノルウェーという北欧三ヵ国の一九九三年から二〇〇六年までのデータ分析を見ると、デンマークにおける移民統合政策の改革（統合プログラム参加中の給付の削減や受給期間の制限〔二〇一一年に廃止された〕、受け入れの厳格化）が、移民の労働市場への統合にほとんど影響していないことが明らかにされている（Jakobsen et al. 2019）。

移民の属性によって効果が異なるかどうかを検証すると、プログラム参加中の給付の削減が、仕事を見つけやすい高学歴難民や男性難民の仕事を見つける確率を高める一方、仕事を見つけにくい低学歴難民や女性難民の仕事を見つける確率には弱い効果しかもたないことが示された（Rosholm and Vejlin 2010）。さらに、プログラム参加中の給付の削減は、子どものいる女性難民の労働市場からの退出確率を高めていた。

仕事を見つけやすい移民にとっては、給付の削減は仕事に就くインセンティブを高めるため、仕事を見つける確率を上げる。一方で、低学歴移民や女性移民が就労せずにいるのは、彼ら／彼女らのモチベーションの問題ではなく、就くことができる雇用自体が少ないからである。このため、給付の削減が働く意欲を高めたとしても、仕事を見つけられるわけではない。

さらに、デンマークにおける積極的労働市場政策（職業訓練や雇用創出により職業能力を高めることで失業者の就労を促す政策）の移民に対する効果の分析によれば、職業訓練などには効果がない一方、移民を雇用した企業に助成金を出すプログラムへの参加が雇用を促す効果を持っていた（Clausen et al. 2009）。

これらの結果からは、仕事を見つける確率の低い移民に対して特に重要なのは、就労のインセンティブを高める政策より、職を提供し、その中でスキルを積む機会を与えることだと示唆される。ただし、これらの研究は数年単位の短期的影響をみるにとどまっているため、長期的にどのような効果をもたらすのかはさらなる検証が必要となる。

最後に政治的権利付与の効果を見てみよう。移民に対する政治的権利の付与は、移民統合のあり方に対して非常に大きな意味をもつ。ドイツの政治学者クープマンズは、（潜在的）有権者としての移民の政治的力が、移民の権利の拡大を促しうると指摘する。

クープマンズは他の研究者とともに、一九八〇年から二〇〇八年にかけてのヨーロッパの移民統合政策に変化をもたらした要因を分析した。その結果、ＥＵに加盟することではなく、有権者における移民割合が高いことによって、より多くの権利を移民に付与するようになることが示された（Koopmans et al. 2012）。ただし、この効果は移民統合政策のどの側面に対するものかによって変化し、国籍取得の容易さには影響を与えるが、外国籍者への権利付与の寛容性には影響を与えないとの指摘もある（Goodman 2015）。

また、旧植民地宗主国であったことが、移民に対する権利の拡張につながることも確認されている（Koopmans and Michalowski 2017）。宗主国は植民地支配の過程で、植民地住民の協力を得るために一定の権利を付与してきた。また少なくとも植民地の独立後しばらくは、旧植民地出身者に市民権を付与するなどの政策を行ってきた（Janoski 2010）。これは政治的権利を持つ移民が一定の規模で国内に存在したことを意味する。こうした過去の歴史の結果として、移民に対して寛容な制度が形成されていったことが示唆される。

翻ってみれば、日本は旧植民地宗主国であるが、移民に対する権利の付与は限定的である。これは第1章で見たように戦後に国内の旧植民地出身者を「外国人」として扱い、市民としての権利の外に置いてきたこと、そして血統主義的国籍制度を維持したため、「移民出身者」が政治的権利保有者として大きな規模をもたなかったことに起因していると説明しうる。

これらの結果は、移民統合のあり方を議論する主体は、誰であるべきかという問いを浮かび上がらせる。移民を包摂する社会を作り上げるのは、移民自身の声が政治に反映されることによってなのだとすれば、最初に必要なのは、そうした参加を可能とする仕組みを作ることともいえる。

ただし、政治的権利の付与がそのまま移民の政治参加を促すとは限らない。多くの場合、移民は受け入れ社会住民と比べ政治参加の程度が低い。スウェーデンで行われた調査によれば、二〇一〇年の地方選挙の投票率は、スウェーデン人が八三・九％であるのに対し、帰化移民が七一・三％、国籍を取得していない移民が三六・三％であった（Bevelander 2015）。

たとえ形式的に選挙権が与えられていたとしても、投票に行くにはさまざまな壁がある。投票には政治的な知識が必要になり、また働くことのできたはずの時間を投票に充てることを意味するため、経済的な余裕も必要となる。移民の政治参加への壁の一部は、受け入れ社会住民と同様、学歴や収入などの政治的・経済的資源の不足によって説明される。しかし、これらの要素が同じであっても、移民は受け入れ社会住民よりも投票に行きにくい傾向にあることに変わりはない（Ruedin 2018）。

スウェーデンのマルメ市とイギリスのロンドンに位置するイーリング区に暮らすソマリア人、ポーランド人に対して行われた聞き取り調査の結果によれば、移民が投票に行くかどうかは、自分自身を受け入れ社会の一員としてみなせているかどうかに影響を受けていた（Scuzzarello 2015）。

ポーランド人はどちらの都市でも母国にアイデンティティを置く傾向にあり、結果として自国での政治参加を希望していた。一方、ロンドンのソマリア人はムスリムとしてのアイデンティティとイギリス人としてのアイデンティティを同時に持っており、イギリス社会の構成員としてイギリスで投票を行っていた。

これに対し、「スウェーデン人であること」が民族的に同質な集団への所属として認識される傾向にあるため、マルメのソマリア人はスウェーデン社会の一員としてのアイデンティティを築きにくく、スウェーデンでの投票に参加していない。

この結果は、国籍取得が投票を促すとの結果とも一貫するものであろう。移民の政治的権利が実質的なものとなるには、彼ら／彼女らが社会の構成員として受け入れられていると感じられるような環境が必要になる。

本章で見てきた知見は、移民に対する平等な権利の付与や公用語教育へのアクセスが、移民の包摂を促すことを示唆するものであった。第2章でふれたように、移民に対する社会的権利の付与や言語教育などのサービスの提供は、受け入れ社会にとっては負担ともなりうる。しかし、そうした負担は長期的に見れば、移民の社会経済的統合を可能とすることによって補われるものとも考えられる。

裏返せば、短期的なコストへの懸念から、移民に対して諸権利からの排除や支援の削減を行うことは、長期的には社会的コストの増大を招く可能性がある。したがって、移民受け入れの影響を考える際には、どの程度のタイムスパンでとらえるべきかの議論も必要となる。次章ではより長期的な観点から、移民受け入れの影響について検討する。

第5章　移民受け入れの長期的影響

1　移民二世の社会統合

移民受け入れと人口

移民受け入れの影響を長期的に見た場合、受け入れた移民が日本で子どもを産み、育てていく、そのことに伴う影響も考える必要がある。ここでは、移民の子どもを「移民第二世代」、それと区別して自らが移住者である移民を「移民第一世代」と呼ぶ。また、移民的バックグラウンドを少なくとも二世代にわたりもたない場合をネイディブと呼ぶ。

図5-1はヨーロッパ四ヵ国、アメリカ、カナダの移民第一世代および第二世代の人口割合を示したものである。これを見ると、アメリカ、カナダといった伝統的移民受け入れ国だけではなく、スウェーデンやフランスでも移民第二世代が人口の一割を超えているとわかる。

日本では移民第二世代に関する統計はないものの、是川の推計によれば二〇一五年時点で

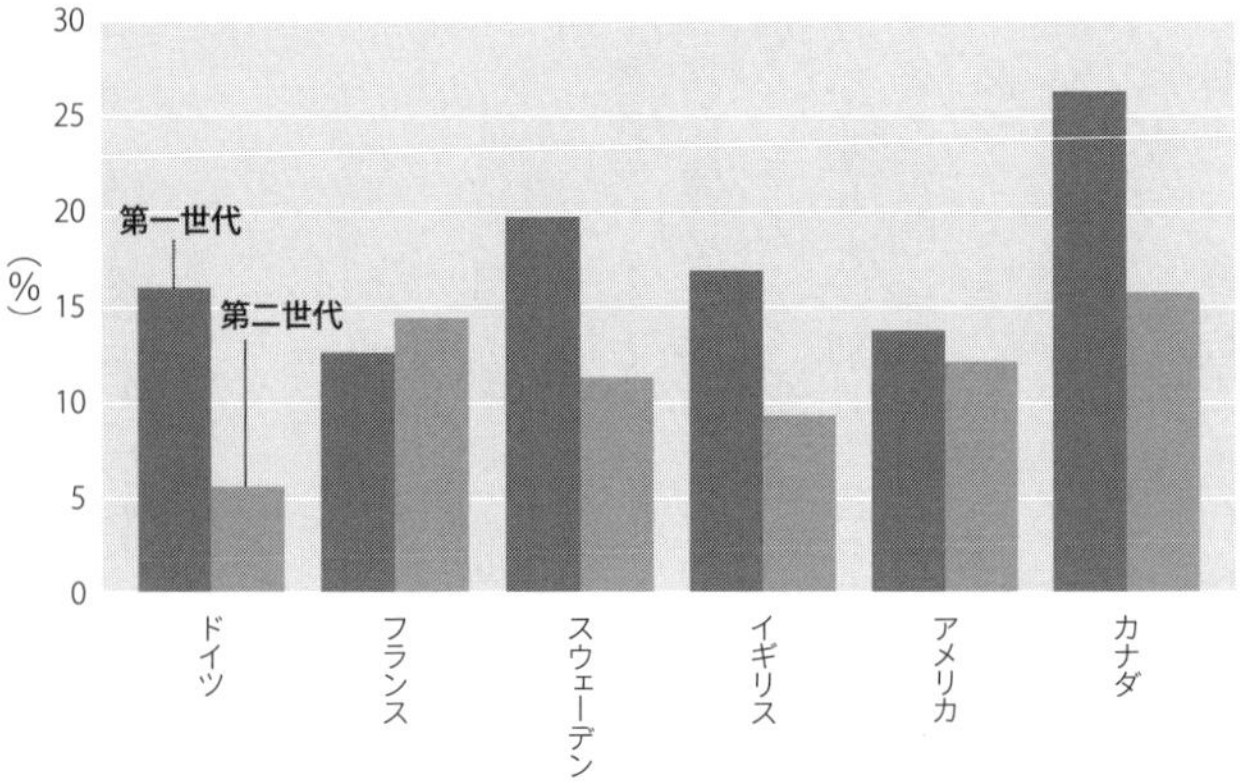

図5－1　移民第1世代，第2世代の人口割合

出典：ドイツ，フランス，スウェーデン，イギリスについてはEurostatの2014年データ（Population by sex, age, migration status, country of birth and country of birth of parents，15歳から64歳人口に占める割合），アメリカについては2017年データ（Pew Research Center），カナダについては2016年データ（Statistics Canada，15歳～64歳人口に占める割合）をもとに作成

移民第二世代は八四万七〇〇〇人程度であり（是川 二〇一八）、人口の〇・七％にとどまる。しかし、序章で見たように、日本でも現状程度の移民の増加が続いた場合、移民的バックグラウンドを持つ人の人口割合は、二〇六五年までに一二・〇％になると推計されている。

本章では二つの点に着目し、移民受け入れの長期的影響を検討する。

第一点目は、移民第二世代の社会統合——特に高い学歴、よい職業を得ることを指す社会経済的地位達成——である。高い社会的地位に到達できることは移民第二世代自身にとってプラスになるだけでなく、受け入れ社会にとっても経済的メリットが大きくなる。

これに対し、第4章で見たように、世代を重ねたとしても社会経済的に不利な状態に置かれつづけるならば、それ自体が問題となるだけでなく社会にとっても不安定化を招きうる。したがって移民の社会経済的地位達成を可能とする条件を探る必要がある。

第二点目は、移民の受け入れに伴うエスニシティ構成の変化と「国民」としての意識の関係である。移民的背景を持つ人の増加は、国内のエスニシティ構成を変化させるだろう。後に見るように、こうしたエスニシティ構成の変化は、ときにネイティブ住民にとって「国民」の形を変える脅威として受けとられる。その場合、社会の分断や不安定化が生じる可能性がある。本章の後半では、エスニシティ構成の変化が「国民」としての意識の喪失や集団間の対立につながるのかどうかを検討する。

移民第二世代の統合の状況

まず、第一点目、移民第二世代の社会経済的地位達成について見ていく。

移民第二世代は移民第一世代と比べ、統合が容易だと思われるかもしれない。受け入れ国で生まれ育った子どもたちは、その国の言葉を話せ、多くの場合、受け入れ国の文化や習慣を身につけている。出生地主義や居住主義的な国籍制度の国であれば、居住国の国籍を付与される「市民」でもあるため、少なくとも形式上は受け入れ国の市民と同等の権利を有している。

実際に、いくつかの面では第二世代の移民では統合が進んでいる様子がうかがえる。アメリカの調査では、移民第二世代のヒスパニックやアジア系住民の九割が英語に堪能《たんのう》で、六割が自分を「典型的なアメリカ人」とみなしている（Pew Research Center 2013）。

第一世代の中で自分を「典型的なアメリカ人」とみなす人は三割程度にとどまることを考えれば、世代を経ることによって、アメリカ社会の一員としてのアイデンティティを形成していることがうかがえる。ヨーロッパのデータでも、移民第二世代は第一世代よりも受け入れ国の言語を習得しており、受け入れ国の国民としてのアイデンティティをもっていることが示されている（Algan et al. 2012）。

しかし、すべての側面で統合が進んでいるわけではない。特に社会経済的な面では不利な地位におかれることも少なくない。

移民第一世代は子どもの教育に対して高い期待を持つ傾向にある。もともと移民第一世代は、自分自身や家族の生活を改善するために国境を越える選択をした人たちだ。そうした選択を実現するだけのスキルや心身の健康、意志の力をもつ傾向にある。実際には移動先でさまざまな苦労があり、スキルにみあった仕事に就いたり、経済的に成功することは容易ではない。

しかし、移民第一世代は自分の子どもの将来に楽観的な見通しをもち、子どもたちが高い

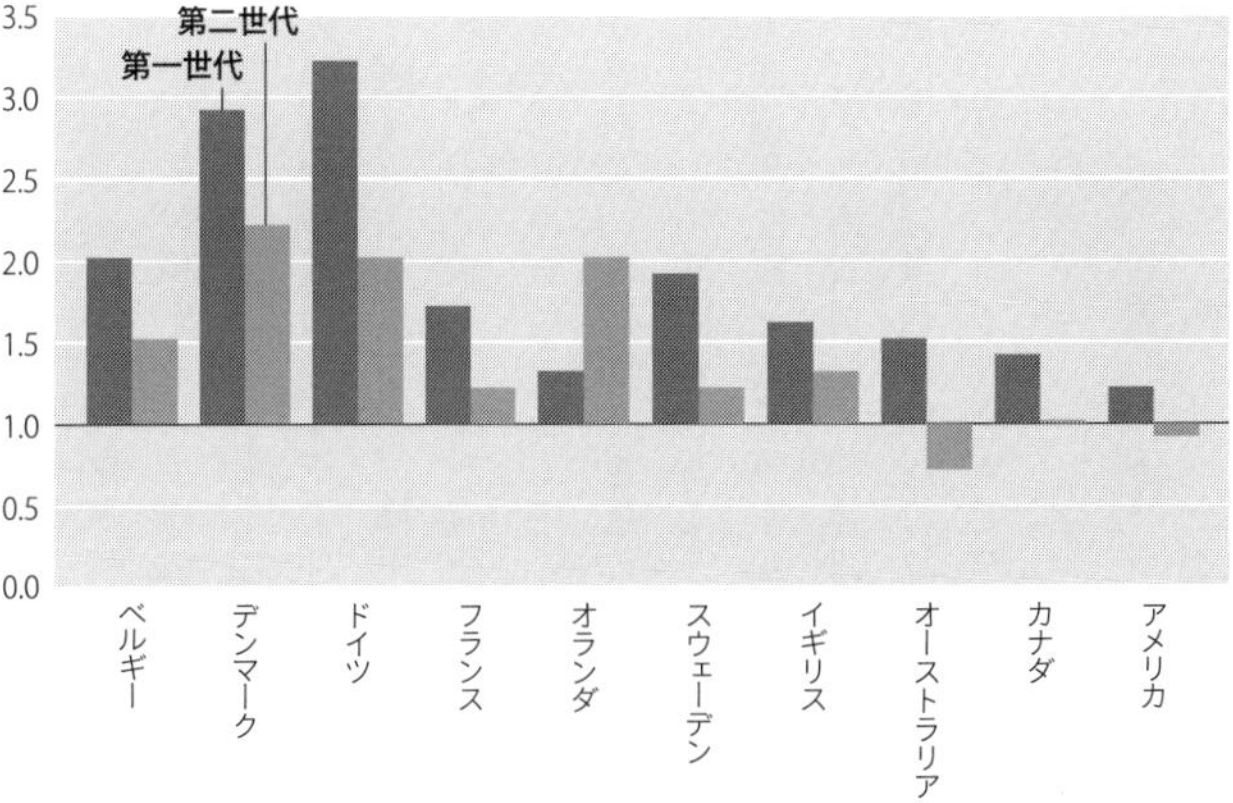

図5－2　ネイティブと比較した場合の移民の成績下位層へのなりやすさ
出典：Migrant Integration Policy Index の 2012 年データより筆者作成．数値はネイティブと比べた場合の移民の子どもの下位層へのなりやすさ（〇〇倍）を示す．数学の成績をもとに，母親が中学卒業までの学歴の場合のみを比較している

学歴を得て、良い仕事に就くことを期待する（ポルテス＆ルンバウト 二〇一四）。移民第一世代の子どもの教育への期待の高さは、移民第二世代自身の期待にも影響する。そのため、移民第二世代は家庭の社会経済的な不利にもかかわらず、高い進学期待をもち、ネイティブ以上に学習に打ち込む（Kao and Tienda 1995; Friberg 2019）。

では、移民第二世代はネイティブと比べ、高い学歴を得ているのだろうか。図で学力の格差を見てみよう。OECDは一五歳の子どもを対象にした、PISAと呼ばれる学力テストを実施している。移民政策グループ（Migration Policy Group）は数学の成績をもとに、成績下位層の占める割合を移民第一世代、第二世代、ネイティブで比較し、移民がネイティブに比べ、どの程度、学習面で困難を抱えているかを調べている。図5-2はその結果の一部を示したものだ。

ただし、子どもの成績は親の学歴によって影響を受けるため、ここでは母親が中学までの学歴を持っている子どものみを比較している。図の数値は、ネイティブと比較した場合の移民の下位層へのなりやすさ（二ポイントであれば二倍）を示す。

図5-2を見ると、移民第二世代ではネイティブとの差はほとんどの国で改善されており、カナダやアメリカなどの移民国では第二世代ではほぼ差が見られない。また、オーストラリアやアメリカではむしろネイティブよりも成績下位層になりにくい傾向が見られる。

しかし、移民第二世代の不利が残る国もある。オランダでは移民第一世代よりも状況が悪化している傾向がわかる。また、オランダに加え、デンマーク、ドイツでは移民第二世代でも成績下位層となる確率がネイティブの二倍になっている。

このような成績の格差は、教育達成の格差として表れる。図5-3は、ネイティブと第一世代、第二世代の移民の高等教育率（大学以上の教育を受けた率）を比較したものである。アメリカについては全体での割合と比較している。これを見ると、フランスやアメリカ、イギリスではネイティブ（アメリカでは全体平均）よりも第二世代では教育達成の程度が高くなっているのに対し、ドイツやスウェーデンではネイティブよりも第二世代では高等教育を受けている率が低くなっている。

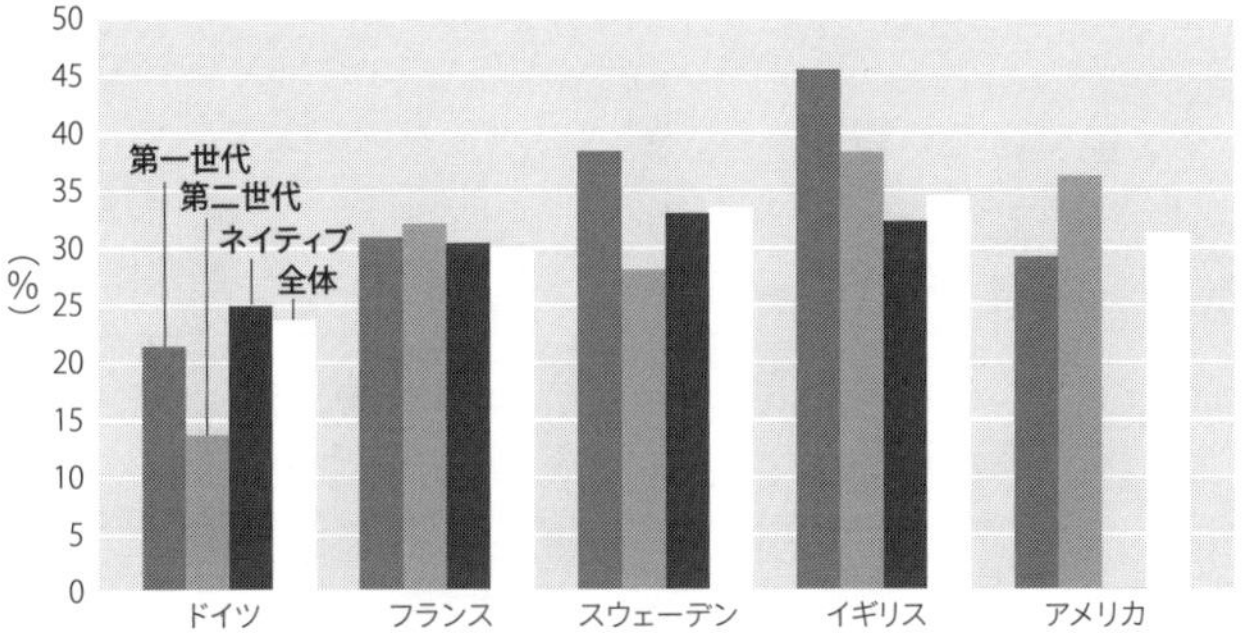

図5－3　移民第一世代，第二世代の高等教育率

出典：ドイツ，フランス，スウェーデン，イギリスについてはEurostatの2014年データ（Educational attainment level［ISCED11］distribution by sex, age, migration status and educational attainment level of parents，15歳から64歳人口に占める割合），アメリカについては2012年データ（Pew Research Center，18歳以上に占める割合）をもとに作成

さらに、たとえ高い教育を得たとしても、それがそのまま雇用状態の改善につながるとは限らない。移民第一世代、第二世代、ネイティブの失業率を比較すると（図5－4）、すべての国で移民第二世代はネイティブよりも失業率が高く、イギリスとアメリカについては、わずかではあるが移民第一世代よりも状況は悪化している。ただし、移民第一世代の失業率は、雇用を失った第一世代が帰国することによって変動する。この場合、移民第一世代の失業率は過少に表れている。

移民第二世代がネイティブと同様の地位達成を遂げられるかどうかは、国によって異なるとともに、それぞれの出身国によっても異なる。たとえばヨーロッパでは、ヨーロッパ諸国出身の移民が相対的に高い達成を遂げやすいのに対し、非ヨーロッパ圏の、経済発展

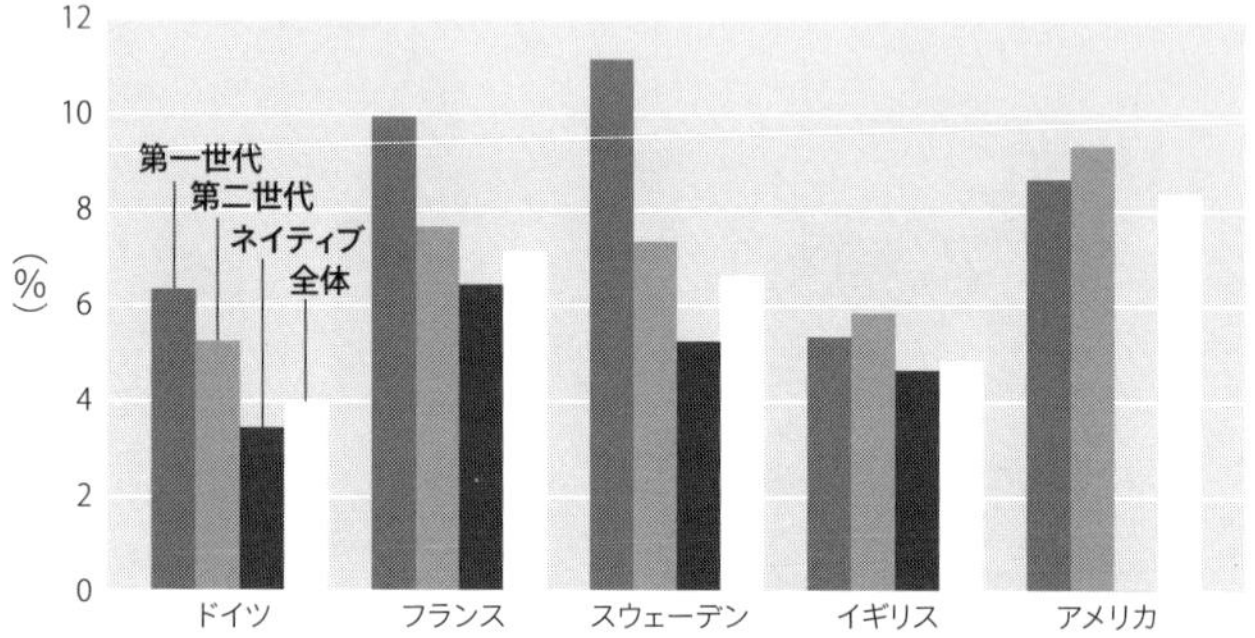

図5－4　ネイティブ，移民第一世代，移民第二世代の失業率の比較
出典：ドイツ，フランス，スウェーデン，イギリスについてはEurostatの2014年データ（Labow status distribution of the population by sex, age, Migration status and educational attainment level, 15歳から64歳に占める割合），アメリカについては2012年データ（Pew Research Center，18歳以上に占める割合）

の程度が低い国出身の移民では不利が大きい傾向にある（Heath et al. 2008）。

アメリカの中でも、ヨーロッパ系移民や中国・ベトナムからのアジア系移民の第二世代は相対的に教育達成の程度が高く、中米・南米出身の移民の第二世代は不利な立場に置かれやすい（Zhou 1997）。

移民二世の地位達成の三つの経路

社会的威信の高い職業や高い経済的地位に到達するという社会経済的地位達成の程度の、移民第二世代内部での多様性を説明する理論として、アメリカの社会学者ポルテスとルンバウトは「分節化された同化論」（Segmented Assimilation Theory）を提唱した（ポルテス&ルンバウト　二〇一四）。

第4章で見たように、アメリカでは多様な

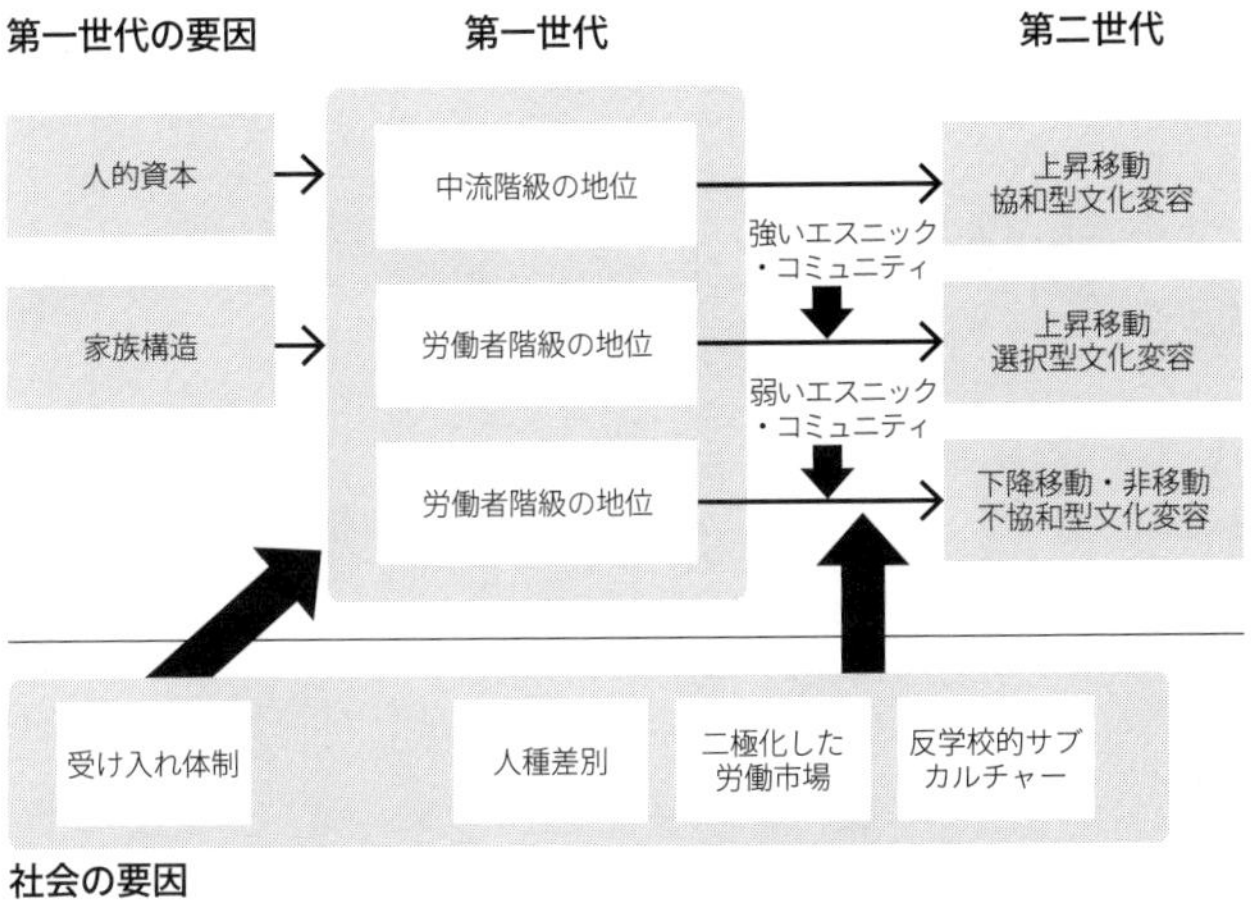

図5－5　移民第二世代の分節化された同化のプロセス

出典：Portes, A. and R. G. Rumbaut., 2001, *Legacies: The Story of Immigrant Second Generation*.（＝A・ポルテス，R・ルンバウト，2014、村井忠政ほか訳『現代アメリカ移民第二世代の研究―移民排斥と同化主義に代わる「第三の道」』明石書店）の図3-1をもとに作成

出身国からの移民の受け入れが進む中で、時間がたつにつれて移民が徐々に主流社会に統合していくという直線的な同化理論への疑念が生じていた。ポルテスらは一九九二年から一九九六年の間に二度にわたり、移民第一世代とその子どもに対する大規模な質問紙調査と聞き取り調査を実施し、その地位達成の多様性と、それに影響を与える要因を検証した。

　分節化された同化論では、三つの同化の経路を想定する（図5－5）。ポルテスらは、この三つの経路に影響する社会の要因として、二極化した労働市場と人種差別、それによって生じた反学校的サブカルチャーを挙げる。

ポルテスらが注目した、移民第二世代の子どもたちが参入していく労働市場は、二極化が進んでおり、工場労働者などの仕事が減少している。このため、工場で働く工員から工場の管理職へといった、従来の移民が果たしてきた地位達成の経路が縮小した。したがって、地位達成のためには高い学歴を得ることが必要になる。

また、アメリカでは根強い人種差別が存在するため、非白人の移民の上昇移動に障壁が存在する。日々、差別に直面し、将来に希望が抱けない状態の中で、若者は自分たちのアイデンティティと尊厳を守るために、主流社会へ対抗するような、反学校的、逸脱的な文化をつくりだす。こうした文化に近づくことは、学校からの中退や、非行、犯罪などのリスクを高めることにつながる。

こうした社会の要因があるため、移民第二世代が地位達成を遂げられるかどうかは、親が子どもにこのような逸脱文化から距離を置かせ、高い学歴を獲得させられるかどうかが重要となる。それには、親のもつ資源の量や家族の状況という家族の要因に加え、移民の受け入れ体制がどの程度整っているかや、エスニック・コミュニティの状況も影響する。ポルテスらは、これらの要因の影響の中で、三つの経路がつくられると論じる。

第一の経路は、移民第一世代にあたる親の豊富な人的資本（言語能力やスキル、学歴など）と経済資本、受け入れ国での好意的な受け入れ体制を元手にして、高い地位達成を遂げる経路である。家族の経済状況の安定や好意的な受け入れ体制が整っていることは、家族の状態の安定にも貢献する。

たとえばアメリカのヨーロッパ系移民は相対的に高い英語能力をもち、専門職で働き、差別を経験することも少ない。このため、親が子どもの勉強をみることも、生活面の相談にのることも、よりよい生活環境や学習環境を提供することもできる。子どもはこうした環境を享受し、大学に進学し、親と同様の中流の地位を達成し、あるいは親以上の上昇移動を経験する。

第二の経路は、労働者階級の家庭からエスニック・コミュニティの力によって地位達成を遂げる経路である。親に必ずしも豊富な資源がなくとも、エスニック・コミュニティが強い結びつきと、上昇移動を可能とする資源を持っている場合、それを元手にした地位達成が可能である。

エスニック・コミュニティはさまざまな点で移民の子どもの地位達成に貢献する。たとえば、親が十分に英語を話せない場合でも、エスニック・コミュニティを通じて仕事を得たり、生活に必要な情報を獲得したりできる。さらに、同じ言語を話す人が周囲に多くいるため、子どもは親の出身国の言語を維持しやすくなり、親子のコミュニケーションの断絶が起こりにくい。

第３章で見たように、コミュニティ内の緊密なつながりは、子どもに対する監視の目の多さを意味し、非行に走る可能性を低下させる。アメリカのアジア系移民の子どもたちの高い教育達成は、親子をサポートするエスニック・コミュニティの力によって説明される。

ここで重要なのは、エスニック・コミュニティが地位達成を可能とするだけの資源を持っていることだ。よい就職口の情報がなければ、エスニック・コミュニティを通じて職を得ることは必ずしも生活の安定につながらない。また、エスニック・コミュニティが生活に必要な情報を提供できるのは、そうした情報を持つ人がコミュニティ内にいるからである。

この意味で、エスニック・コミュニティが階級横断的であること、つまり社会経済的地位の高い人も加わっており、自分の資源や情報を提供してくれることが必要となる（Stepick and Stepick 2010）。また、非行の道に進む歯止めとなるような人間関係がなければ、コミュニティが存在していても十分な機能を果たせない。むしろ、エスニック・コミュニティ内部で反学校的で逸脱的な文化が広がっていれば、エスニックなネットワークそのものが、移民の子どもを非行に駆り立てることもある。

第三の経路は、親に豊富な人的資本がなく、あるいはあったとしても国の非好意的な受け入れ体制によってそれを活用できず、エスニック・コミュニティの支えもないことにより、下降移動を遂げる経路である。親世代に十分な経済資本がなく、エスニック・コミュニティの支えもないため、たとえ子どもが優秀であったとしても大学進学の費用を捻出できなかったり、早い段階で就職し賃金を得たりすることが求められる。

仮に親が本国で高い学歴や職業スキルをもっていたとしても、受け入れ国で強い差別がある場合や、在留資格を安定させられず、非正規移民となった場合には、子どもを地位達成させるのに十分な経済力をもてない場合もある。

さらに、親世代が十分な人的資本をもたず、エスニック・コミュニティのサポートもない場合、親と子どもに断絶が起こる可能性を、ポルテスらは指摘する。ここで問題となるのは、親と子どもの文化変容のギャップである。これをポルテスらは不協和型文化変容と呼んでいる。

一般に、子どもは親よりも早い速度で受け入れ国の言語や文化を習得していく。親自身も高い言語能力や適応力をもっていれば、子どもと同程度とはいかなくとも、一定程度、言語や文化を習得できる。つまり、親子とも受け入れ社会に同化する協和型文化変容が起こる。この場合、親は子どもとのコミュニケーションを維持できる。また、強いつながりをもったエスニック・コミュニティがあれば、子どもは親の言語や文化を一定程度受け継ぐことが可能となる。つまり、子どもが親と同じ文化を一定程度維持する選択型文化変容が起こる。ここでも親子のコミュニケーションは維持される。

しかし、親が受け入れ国の文化や言語を習得できない一方で、子どもは親の母国の言語や文化を忘れ、受け入れ国に同化している場合（不協和型文化変容）、親と子はコミュニケーションをとれなくなり、親は子どもに対する統制力を失いやすくなる。特に、受け入れ国で暮らしていくために必要なさまざまな手続きや情報の獲得が、子どもを通じてしかできない状態になると、親の権威は失われてしまう。親が早期に子どもへの統制を失うと、子どもは地位達成を目指すよりも、仲間集団とのかかわりを重視し、非行に走るなど、下降移動に近づく選択をしやすくなる。

この分節化された同化論は大きな影響を与え、さまざまな研究者がその妥当性の検証を進めている。論点となったのは主に三つの点である。

第一の論点として、実際にこのような三つの経路による統合が生じているのか、特に下降移動の妥当性が問題となった。また、分節化された同化論はアメリカ社会を背景としたものであるため、他の国でもあてはまるのかも検証の対象となった。

研究の結果をみると、分節化された同化論自体はアメリカ以外にも当てはまるものの、下降移動はアメリカでもそれ以外の国でも、あったとしてもごく少数の例であることが報告されている（Stepick and Stepick 2010; Vermeulen 2010; Behtoui 2013）。

たしかにすべての第二世代が親よりも高い地位を達成するわけではなく、その内部には多様性がある。しかし、ほとんどの場合、移民第二世代は親と同じ低技能労働者としての地位を維持するか、少しずつであれ上昇移動を遂げるかであり、下降移動のリスクの高い集団もあるが、それは一つのパターンといえるほどの確率ではない。

第二に、エスニック・コミュニティのサポートによる地位達成という経路の妥当性が検証された。しかし、これについても明確な結果は得られていない。ニューヨークとニュージャージーで行われた調査結果からは、エスニック・コミュニティとのかかわりの程度は子どもの上昇移動（高等学歴の獲得や専門職・管理職につくこと）や下降移動の可能性（高校中退や失業、犯罪リスクなど）と関連しないことが示されている（Waters et al. 2010）。

ただし、エスニック・コミュニティのもつ資源の量を考慮に入れれば、分節化された同化論を支持する結果もある。アメリカとカナダを対象とした分析からは、エスニック・コミュニティ内部の平均的な教育年数が長いことによって、移民第二世代の地位達成が促されるとの知見が示されている（Lee 2018）。周囲に高い教育達成を実現した同じエスニシティの人たちがいることで、彼ら／彼女らがロールモデルとなり、教育達成への意欲が高まる。その結果として、移民の子どもの地位達成が促される。

第三の論点として、親と子どもの文化変容のタイプが子どもの地位達成に与える影響も検証されている。エスニック・コミュニティのサポートによる上昇移動は、子どもが出身国の文化や言語を維持することによって、親子でコミュニケーションをとることができ、良好な関係が維持された結果として生じると説明されている。反対に、親が受け入れ国の言語を習得せず、出身国の文化を維持する一方、子どもが出身国の文化や言語を喪失することで、親子のコミュニケーションが維持できなくなることが、下降移動を促すとされる。こうした関連が実際に見られるのかが検証された。

前述したニューヨークとニュージャージーで行われた調査データでは、国籍によらず第二世代の移民の半数以上が英語と母国語をともに一定以上使うことのできる「選択型同化」を遂げており、親は英語ができず、子どもは母国語ができない「不協和型同化」はもっとも割合の高いプエルトルコ系でも二割にとどまる（Waters et al. 2010）。さらに、このような文化変容のタイプは子どもの地位達成に影響していなかった。

他方で、文化変容のパターンの影響を支持する結果もある。たとえば、ノルウェーのデータの分析からは、強い信仰心や親を重んじる姿勢があるほど、また、親と親の母国語で話している人ほど、高い学歴を希望し、宿題に長時間取り組んでいた（Friberg 2019）。このような結果の違いが対象とする国の違いによるのか、文化変容の測定方法によるのかについては、さらに検討の余地がある。

教育制度の影響

ここまで見てきたように、分節化された同化理論の妥当性は、社会によって異なっている。ただ、移民二世の教育達成に一貫した効果を示してきた要素がある。それは、教育制度である。より具体的には、教育制度の階層化と標準化の度合いによって、移民二世の地位達成が異なることが指摘されている。

教育制度の階層化とは、学校段階を上がる過程で異なる進路へと続く道筋に振り分けられていく程度を指す（Allmendinger 1989）。たとえばドイツでは中等教育段階から、職業学校と大学進学を目指す普通学校への進学が振り分けられる。この振り分けは、小学校段階の成績を基準に行われる（Miera 2008）。つまり、子どもがまだ小学校に通っている段階で、将来の進路がある程度決まってしまうのだ。

一方、教育制度の標準化とは、地域によらず教育の質が一定の水準を満たしていることをいう（Allmendinger 1989）。たとえばアメリカでは学校制度の州ごとの独自性が高く、学校によってもカリキュラムが異なっている。これに対し日本ではカリキュラムや制度が全国で統一されており、標準化の程度が高いといえる。

階層化と標準化のうち、移民第二世代の地位達成に影響を与えるのは、階層化の要素である。階層化が進んでいる場合、親と子どもは早い段階の学業成績をもとに、将来の進路を決めなければならない。

親のもつさまざまな資源（経済的な資源や、言語能力、学校についての知識）が、子どもが小さいころほど成績に反映されやすいとすれば、早い段階で進路が決まることは、資源の少ない移民にとって不利になりやすいことを意味する。また、子どもがどの程度教育達成を遂げられるかが予測がつかないことも、より見通しのききやすい職業コースへと進みやすくする。

表5－1は、ドイツにおける一五歳時点の在学している学校の種類を、ネイティブと移民のバックグラウンドをもつ子で比較したものである。基幹学校、実科学校はともに職業訓練につながる学校であり、ギムナジウムが大学進学に向けたコース、統合学校はこうした分割

が行われていない学校である。これを見ると、ネイティブの子どもの三三・二%がギムナジウムに進学しているのに対し、移民のバックグラウンドをもつ子どもでは二四・六%にとどまる。

	ネイティブ	移民バックグラウンド
基幹学校	16.6	31.8
実科学校	38.6	29.7
ギムナジウム	33.2	24.6
統合学校	11.6	14.0

表5－1　ドイツにおける15歳の子どもの通学学校分類

出典：Miera, F., 2008, *Country Report on Education: Germany*. Edumigrom Background Papers. Edumingrom. 表4をもとに筆者作成

近年では統合学校への進学が増えているため、分離の程度は弱まりつつあるものの、移民のバックグラウンドをもつ子どもはより高い教育達成を遂げるのが難しい状況におかれているとわかる。

階層化の効果は国家間の比較からも検証されている。先ほども見たPISAデータを用いた研究では、学校間の階層化の程度が高い国だと移民第二世代とネイティブの差が大きいこと、移民とネイティブの間で学校の分離が起こっているような場合に、特にその傾向があることを示している（Teltemann and Schunck 2016）。

一方、学校内で習熟度別の授業が実施されている場合や、学校間で予算が平等に分配されていない場合には、その傾向は緩和される。後者の結果については、習熟度別のクラスで移民の子どもたちに合わせた授業が実施できることや、移民の多い学校に予算がより多く配分されることによって、不利が改善されているのではないかと解釈されている。

分節化された同化モデルの妥当性はいまだ検証の途上であり、親の社会経済的地位に一貫した効果が確認される反面、エスニック・コミュニティや文化変容の効果は明確ではない。しかし、日本を対象とした研究を見るかぎりでは、分節化された同化モデルが適用できるとの知見が多い。これらの具体的な知見を確認する前に、日本における移民第二世代の地位達成の状況を、教育達成に着目して見ていこう。

日本における移民第二世代の状況

日本における移民第二世代の状況を把握することは容易ではない。学力調査などのデータには国籍の情報は含まれていない。例外としてOECDで実施されているPISA調査があるが、対象者の中に親が外国籍である子どもが含まれる割合はきわめて低く、分析に足るデータとはならない。

移民第二世代の教育達成の状況を把握するために用いられる数少ないデータとして、国勢調査データが挙げられる。国勢調査では世帯の構成員の国籍や就学・就業状況が尋ねられている。それを用いることで、親が外国籍である子どもの就学状況を把握できる。たとえば一七歳の子どもが通学していれば、高校までの教育達成を遂げていることがわかる。

しかし、国勢調査を用いた把握にも限界はある。国勢調査では同一世帯で暮らす家族の情報は把握できるものの、別居の家族の状況はわからない。したがって、親と同居しており、親が外国籍であるという場合のみが「移民第二世代」の状況として特定できる。

このような特定の仕方には問題がある。たとえば、「親が外国籍の子ども」という以上の情報は得られないため、幼少期に来日したいわゆる一・五世代の移民なのか、移民第二世代なのか、あるいは第三世代、第四世代なのか、区別できない。また、親元を離れている子どもの情報は親の情報と紐《ひも》づけされていないため、子どもが日本国籍を取得しており、親元を離れて大学に進学している場合、「移民第二世代の就学状況」としては把握されない。

さらに、外国籍のままで親元を離れている場合には、移民第一世代(たとえば留学生)なのか、第二世代なのかはわからない。こうした理由から、国勢調査では大まかな傾向しか把握できないことに注意が必要である。

このような限界を念頭に置きつつ、移民第二世代の状況を見ていこう。表5-2は是川が算出した、母親の国籍別の高校在学率を示したものである(是川 二〇一八)。これを見ると、母親が中国籍、フィリピン籍の場合、高校在学率は八五%を超えており、母親が日本国籍の場合と比べれば低いものの、相対的に高い在学率となっている。

ただし、母親がフィリピン籍の場合には年齢が上がるにつれて在学率が低下する傾向も確認されており、中退率の高さがうかがえる。また、母親がブラジル籍の場合の高校在学率は八割を下回っており、他の国籍の場合に比べて高校進学率が高くない。

また、外国籍者の高校進学については、定時制や通信制の高校への進学の割合が高いことも知られている。ハヤシザキカズヒコによる集計によれば、浜松市では二〇一三年の高校進学者のうち、定時制・通信制高校への進学者が四七％を占めている（ハヤシザキ　二〇一五）。日本では高校進学時にどのような高校に入るかによって、その後の進路が大きく影響を受ける。定時制や通信制から大学への進学は不利であるため、高校進学率が上昇している一方で、より高い学歴への到達のチャンスは広がったとはいえない。

実際、二〇一〇年調査のデータではあるが、大学への進学率を国籍別にみると、韓国・朝鮮籍者や中国籍者でほぼ日本国籍者と同等の大学進学率を達成しているのに対し、フィリピン国籍者やブラジル国籍者では大学進学がほとんどなされていない。高等教育という面では大きな壁があることがうかがえる。ただし前述したように、この中には留学生も含まれており、移民第二世代に限定した場合には結果が異なる可能性がある。

母親の国籍	男性	女性
中国	86.9%	88.4%
フィリピン	85.5%	87.1%
ブラジル	74.4%	77.4%
日本	96.0%	96.5%

表5－2 母親の国籍別に見た高校在学率

出典：是川夕，2018，「移民第二世代の教育達成に見る階層的地位の世代間変動―高校在学率に注目した分析」『人口学研究』54: 19-42. の『国勢調査』（平成22年）における月齢187～222か月の在学率をもとに作成

このように日本国籍者と比べ、中国籍や韓国・朝鮮籍の移民第二世代は同等の教育達成を遂げる傾向にあるのに対し、ブラジル籍、フィリピン籍の第二世代は不利な地位におかれる傾向にあった。

他方で、学力や学習時間をみた場合には、異なる傾向が

確認される。ＰＩＳＡ調査をもとに一五歳の学生の学力を分析した場合、読解力や科学的リテラシーについて移民第一世代はネイティブ日本人を下回るものの、移民第二世代とネイティブ日本人の間に顕著な差は見られない（Ishida et al. 2016）。

また、厚生労働省が実施している『二一世紀出生児調査』データの分析からは、わずかではあるが、日本国籍者よりも外国籍者の子どもの方が勉強時間が長いとの結果が示されている（中室ほか 二〇一六）。これらの調査は国籍別ではないため、移民の子どもたちの内部での多様性はわからない。しかし少なくとも全体で見た場合、移民の子どもたちの学習意欲や学力はネイティブの日本人と比べて決して劣っているわけではない。

社会経済的地位の影響

では、移民の教育達成の程度は何によって説明されるのか。これまでの日本を対象とした研究では移民内部での国籍による差を説明するものはほとんどないため、移民全体での地位達成を決める要因を見ていく。いくつかの詳細な分析からは、親の社会経済的地位の効果が確認されている（是川 二〇一二、Takenoshita et al. 2013）。他の国で見られたのと同様、親の学歴が高かったり、職業的地位が高かったりすることによって、子どもはより高い学歴に到達しやすくなる。

ただし、国勢調査データを用いて高校進学に対する親の社会経済的地位の効果を検証した是川夕によれば、親の社会経済的地位が子どもの進学に与える影響は、外国籍者の方が日本国籍者よりも弱い（是川　二〇一八）。なお、ウェブ調査を用いた分析では、移民第二世代とネイティブ日本人の間で親の社会経済的地位から子どもの教育年数、職業へと与える影響に差がないことが指摘されている（石田　二〇一八）。

しかし、以下では国籍調査データの代表性の高さに鑑み、とりあえず社会経済的地位の効果が弱いという前提で、その理由を検討する。

分節化された同化論にもとづけば二つの解釈が可能である。

第一の解釈では、社会経済的地位の効果の弱さは、「社会経済的地位が高かったとしても、それを生かして子どもの地位達成につなげることができない」という受け入れ国の受け入れ体制の影響を示すものと考えられる。

第二の解釈では、「社会経済的地位が低かったとしても、エスニック・コミュニティの支援によって子どもの教育達成を遂げられる」という、エスニック・コミュニティの効果を示すものと考えられる。

第一の解釈では、日本国籍を持つ人と比べ、「高い社会経済的地位をもっていたとしても、教育達成を遂げにくい」ことになり、第二の解釈では日本国籍を持つ人と比べ、「社会経済的地位によらず、教育達成を遂げられる」ことになるので、この二つの解釈が意味するところは大きく異なる。

いずれにせよ親の社会経済的地位の効果が弱いという結果は、一九九〇年代に在日コリアン男性の地位達成について見いだされた結果（Kim 2003）と通じるものである。在日コリアンの場合には教育達成の程度は日本国籍者と変わらないが、それに対する親の社会経済的地位の効果は弱かった。

つまり、親の社会経済的地位にかかわらず教育達成を遂げていた。また、移民第二世代については本人の学歴が職業に与える影響は弱く、最初に就く仕事は日本国籍者よりも地位の低い仕事であった。しかし、調査時点ではそうした地位の差はなくなり、むしろ日本国籍者よりも高い職業的地位に就いていた。この結果は分節化された同化論におけるエスニック・コミュニティの支援による地位達成、すなわち第二の経路から説明される。

就職差別の結果、在日コリアンは高い学歴を達成したとしても、大企業など条件のよい職場への就職へとつなげることは困難であった。そこで、強固なエスニック・コミュニティ内の互助によって、地位達成を遂げた（前掲論文、谷富夫編 二〇〇二）。それが可能だったのは、エスニック・コミュニティの規模が大きかったことや、その中で起業に有効な資源・情報が存在していたことがある。

一方、一九九〇年代以降に移住した移民では、こうしたエスニック・コミュニティを通じた地位達成が生じているとはいえない。国勢調査データを用いた是川による分析では、同じ都道府県に暮らす同国籍者の人口は中国籍者でのみ高校進学率を高めるものの、他の国籍ではほとんど影響していない（是川夕　二〇一二）。

ブラジル人は一定の規模をもつが、日本国内や日本‐ブラジル間の移動が頻繁に行われることもあり、十分な資源と結合力を持つコミュニティが形成されているとはいえない。松宮朝によれば、定住化によって少しずつ形成されてきていたコミュニティも、リーマンショック後に弱体化している（松宮　二〇一八）。

エスニック・コミュニティの弱さと韓国・朝鮮籍、中国籍者以外の外国籍者の教育達成の相対的な低さを合わせて考えれば、少なくともこれらの国籍以外では日本国籍者と比べ、「社会経済的地位を子どもの教育達成に生かしにくい」という傾向があると考えられる。

移民第一世代のもつさまざまな資源を、子どもの教育に生かすのが困難な理由の一つに、親の日本語能力の不足がある（宮島　二〇〇二、志水ほか編　二〇〇一）。

社会学者の宮島喬《たかし》は、一九九八年から一九九九年に神奈川県下で行った聞き取り調査から、外国人中学生・高校生の父親の多くは、中等教育以上の学歴をもち、都市出身者の割合も高く、教育を重視するレベルが比較的高いにもかかわらず、両親とも日本語を「よく話せる」ケースはまれであることを示している。そのため、親は子どもの教育に十分にかかわれず、子どもに自らの就学経験を伝達できない。また、進学のために必要な情報にアクセスできない。

反対に、家庭で日本語を話している場合に子どもの学力が高くなるとの結果からは、親の日本語能力が親子間のスムーズなコミュニケーションを可能とし、教育達成を促していることがうかがえる（Ishida et al. 2016）。

同様の効果は、中国残留日本人の係累である中国帰国者に対する鍛治《かじ》致《いたる》の調査からもうかがえる。鍛治は大阪府下のある中学校区で中学生として居住したことのある中国出身者全員に調査を実施し、小学校高学年で来日した世代（第一・四世代）と、日本で生まれた世代（第二世代）で高い大学進学率がみられることを示している（鍛治　二〇一八）。

さらに、鍛治は親子の文化変容の程度についても調べ、第一・四世代では親子ともに中国語・中国文化を習得していること（子どもは日本文化・日本語も習得している）、第二世代では親子ともに日本語や日本文化を習得していることを指摘している。

この鍛治の調査結果は、親子の文化や言語の一貫性が、子どもの高い教育達成を促すという点で、「協和型文化変容」「選択型文化変容」のメカニズムの妥当性を一部支持するものといえよう。

教育制度の影響

また、「下降移動」が日本において妥当するのかはともかく、反学校的文化に近づくことが教育達成を困難にしていることは、日本の研究でも指摘されている。その前提として、日本の学校の単文化主義が挙げられる。

「すべての子どもを平等に取り扱う」という日本の学校の原則は、「すべての子どもを「日本のルールで平等に」取り扱う」ことを含意する。そのため、異なる文化や習慣をもつ人はルールからの逸脱者として扱われる。たとえば、ある学校でのフィールドワークを行った児《こ》島《じま》明《あきら》は、日系ブラジル人の第二世代が日本のルールへの適応を暗に要求されることへの抵抗として、授業をさぼったり、遅刻したりするなどの反学校的なふるまいを行うことを指摘している。児島によれば、こうした抵抗に対し、学校が注意をするのではなく、「例外」として黙認する場合も少なくない。第二世代の反学校的なふるまいと、学校からの「例外」としての扱いは、結果的に第二世代の学校への適応をより困難とする負の連鎖につながる（児島　二〇〇六）。

学校制度の効果はどうだろうか。日本の学校制度は階層化の程度が高い。高校進学時点でのコースの分岐は移民の子どもたちを教育達成から遠ざける。前述したように、外国籍の生徒は定時制高校や通信制高校への進学率が高い。このような進路は、卒業後に就職をする方向に子どもたちを導く。

そもそも学校教育を受けている途中で来日した世代にとっては、入試そのものが大きな障壁となる。日本語能力が十分でない中で、日本語による試験を受けること自体容易ではなく、社会科など、母国で学んできた内容とは異なる科目もある。

しかし、近年では多様な入試制度の活用を通じて教育達成が可能となる例も現れている。

たとえば、来日後間もない外国籍児童に対し、高校入試で試験科目の限定や、母語での小論文の容認、時間の延長などの措置が行われることは、高校進学の障壁を緩和する。前述の鍛治の調査では、中学生のころに来日した一・二世代の高校進学率が、特別枠の設置によって四七％から八五％まで急激に上昇したことを示している（前掲書）。

また別の調査でも、特別枠の導入によって、大阪府下の公立中学校の外国籍生徒の八割が全日制高校に進学したことが示されている（大阪府人権教育研究協議会　二〇一二）。ただし、特別枠は来日後まもない場合にのみ限定されるため、幼少期に来日した場合や、日本で生まれた第二世代には適用されない。鍛治によれば、第二世代はこうした制度とは無関係に、親の高い日本語能力と日本での相対的に長い就労年数に支えられた経済的安定により、日本人と同等の教育達成を遂げている。

移民第二世代の進学に有効と考えられるのは、移民のバックグラウンドをもつ教員の存在である。言語面でのサポートが可能なだけでなく、ロールモデルとして進学への意欲を引き出しやすい。群馬県太田《おおた》市ではバイリンガル教員の採用によって、二〇〇二年から二〇〇六年までで高校進学率が五〇％から八七％まで高まっている（新藤ほか　二〇〇九）。これは移民の子どもたちを対象とした取り組みの導入により学力の向上がみられるとの前述のPISA調査を用いた分析の結果（Teltemann and Schunck 2016）とも一致する。

進学だけでなく、日本では移民の不就学も重要な問題となる。教育基本法では「国民は、その保護する子に、別に法律で定めるところにより、普通教育を受けさせる義務を負う」とある。これをもとに外国籍児童の就学は権利であっても、親が教育を受けさせる義務を負うわけではないとされてきたのだ。

このため、どの程度外国籍の親に子の就学を働きかけるかは、自治体によって異なっており、就学案内を送る際に日本語でのみ送付している例も少なくない（文部科学省 二〇一九）。

文部科学省の調査によれば、二〇一九年時点で、日本に住民登録している六〜一四歳の外国籍者約一二万人のうち、通学の状況が把握できていない人も含めた二万人程度に不就学の可能性があるとしている（前掲調査）。

日本では分節化された同化論が移民第二世代の教育達成に広く適用されてきたものの、特定の国籍に焦点化した研究が多いこともあり、ポルテスらが提示したような、移民第二世代の教育達成の経路の全体像を説明するまでには至っていない。

しかし、これまでの研究を見ると、移民第二世代の地位達成は親世代の社会経済的地位や日本語能力によって規定される部分が大きく、エスニック・コミュニティを通じた地位達成という第二の経路は現れていないことがうかがえる。また、日本の学校制度を特徴づける階層化や単文化主義も、移民第二世代の地位達成を阻害する役割をもつ。

したがって、移民第二世代の地位達成を可能とする条件を考える際には、個々の学校の取り組みに加え、親世代の社会統合やエスニック・コミュニティの状況、そしてより全般的な教育制度の見直しも視野に入れる必要がある。

2　あらたな自画像の形成は可能か

関係を見る。

次に第二点目、移民の受け入れに伴うエスニシティ構成の変化と「国民」としての意識の関係を見る。

民族構成の変化はバックラッシュを生むか

移民の第二世代、第三世代が生まれていく中で、社会の姿は変わっていく。こうした人口構成の変化を、人々は受け止めることができるのだろうか。ネイティブ住民が人口構成の変化に反発するならば、反移民意識の高まりや、それにもとづく社会分断、社会不安の広がりが起こることも懸念される。どれほど移民自身が社会統合を望もうとも、ネイティブ住民の側が敵対的であれば、統合は困難になり、結果的に分断が深まるという悪循環も生じうる。

実際、このような「高まりゆく多様性への不安」が社会の分断につながっているような事例は、今日の社会ではめずらしくない。たとえばアメリカでは二〇六〇年に、二〇一四年時点ではマジョリティである「非ヒスパニックの白人」の割合が四四%まで低下するとの推計結果が出された（Colby and Ortman 2015）。

このような「マジョリティの地位の喪失」は多数派の不安をかきたてうる。アメリカとポルトガルで行われた実験では、自分たちの白人アメリカ人／ポルトガル人としての優位性を正当と考えている人は、民族構成の変化に怒りや恐怖を感じていた（Outten et al. 2018; Mutz 2018）。

ただし、人口構成の変化そのものがネイティブ住民の移民に対する意識に与える影響は明確ではない。たとえば移民の増加が移民に対する意識に与える影響については多くの研究が行われているが、結果は移民の割合、異なる人種や民族の割合、増加のスピードなど、どのようなかたちで住民の構成割合の変化をとらえるのかによって異なり、一貫しているのは「割合の認識」の効果だけだった（Pottie-Sherman and Wilkes 2015）。

つまり、マイノリティに対する感情の悪化は、移民の増加や人口構成の変化そのものによって生じるとはいえない。より重要なのは、そうした変化をどのように認識するかである。そもそも人口構成の推定は「民族」や「人種」をどのように定義するかで異なるため、一義的に行えるものではなく、それ自体が政治的な意味を含みうる。

前述のアメリカの人種構成の推定は、人種間結婚によるミクスド・レイス（Mixed Race）の人やヒスパニックの白人を「非白人」に入れているなどの点で批判されている。人種そのものが構成的なものであり、自己認識と他者認識は必ずしも一致しない。したがって、人種構成も一義的なものではない。

この点を指摘したうえで、ジャーナリストのエドサルはニューヨークタイムズ紙で、メイヤーズとレヴィによる非ヒスパニックの白人に対する調査を用いた研究結果を示しながら、人種構成の変化が与える影響について、「人種構成の変化」をどう表象し、認識するかによって異なることを示す（Edsall 2018）。

この研究では、対象者を三組に分け、それぞれに人口構成の変化についての異なる記述を見せている。

第一の組には、アメリカの人口構成が変化し、白人の割合が減少するとの記事を見せる。第二の組には、国際結婚によるミクスド・レイスの人たちを本人が「白人」と自認していれば「白人」に含めた場合、白人人口は変わらないとの記事を見せる。第三の組には、白人の割合には言及せず、多様性が増すとだけ書かれた記事を見せる。そのうえで、記事を読んでどのように感じたかを答えてもらっている。その結果、第一の組では第二、第三の組に比べ、顕著に不安や怒りを覚えると回答する率が高かった（Myers and Levy 2018）。

この結果からは、社会の多様化それ自体が不安をかきたてるわけではないとわかる。そのことについて、「マジョリティとなる白人にとって地位の低下につながる」というフレーミングがなされることが、不安を高めるのだ。

「われわれ」と「彼ら」を分けるもの

したがって、問題となるのは多様性の増加をどのように受けとるかだ。多様化していく社会の中で、同じ社会の構成員としての「われわれ」の自画像を書きかえ、より多様な人を包摂するものへと変えていけるなら、多様性の増加は脅威とはならないだろう。しかし、そうした自画像の書きかえは可能なのだろうか。

自集団と他集団の切り分けは、その人の暮らす社会の影響を受ける。南アフリカで行われた「人種」認識に対する古典的研究（Pettigrew et al. 1958）が、そのことを示唆している。この研究では特殊な装置を用い、被験者の右目と左目にそれぞれ別の人種の写真を見せる。すると被験者には両者が混合されたような写真が見える。この写真をもとに、「ヨーロッパ系」「インド系」「ミクスド・レイス」「アフリカ系」のいずれの写真が見えたかを回答してもらう。

すると、白人、特にアフリカーナー（一七世紀に入植した移民の子孫）の被験者は、写真を「ヨーロッパ系」か「アフリカ系」のいずれかに分類する傾向にあった。つまり、たとえ二つの人種が混じった写真を見たとしても、「ミクスド・レイス」という選択をしにくく、「ヨーロッパ系」か「アフリカ系」という「純粋な」人種分類を用いようとする。

この背景には、南アフリカがアパルトヘイト政策を行っていたことがある。その中で優位集団として社会化された人は、「人種」をより明確に区分しようとするのだ。

移民の受け入れにかんして言えば、移民を「われわれ」＝「国民」の中に包摂できるかどうかが問われる。

国民の定義については、血統主義／出生地主義の国籍制度と呼応するように、祖先の共有や宗教などの民族文化の共有をもとにした民族主義的国民観と、国籍や法・政治制度の共有をもとにした市民主義的国民観の二つに分けられてきた（Kohn［1944］1994; ブルーベイカー二〇〇五）。

このどちらの国民観をもっているかは、国民の形成過程によって影響を受ける。中央集権の国家の成立過程と歩調を合わせて国民が形成されていった場合、国民は市民主義的共同体として想像されやすい。例としてフランスが挙げられる。フランス革命後、市民権を共有する人々からなる共同体として国民が想像された。この共同体では、自由主義や民主主義などの価値の共有が重視される。一方、中央集権的な国家の成立より前に国民が形成されていた場合、国民は民族文化的な共同体として想像されやすい。言いかえれば、民族文化的な国民が国家としての制度を整えていくかたちで、国民国家がつくられる。この例としてはドイツが挙げられる。

人々の抱く国民観は社会意識調査データの分析を通じて検証されてきた。もっともよく使われる調査では「本当の〇〇人」であるために重要となる要素を尋ねている。分析を通じて、人々の重視する要素は、祖先や宗教の共有からなる民族主義的要素と、法制度の重視からなる市民主義的要素の二つに分けられることが明らかになっている（Jones and Smith 2001）。

図５‐６は二〇一三年のデータを用い、人々が国民の定義として祖先を共有していること

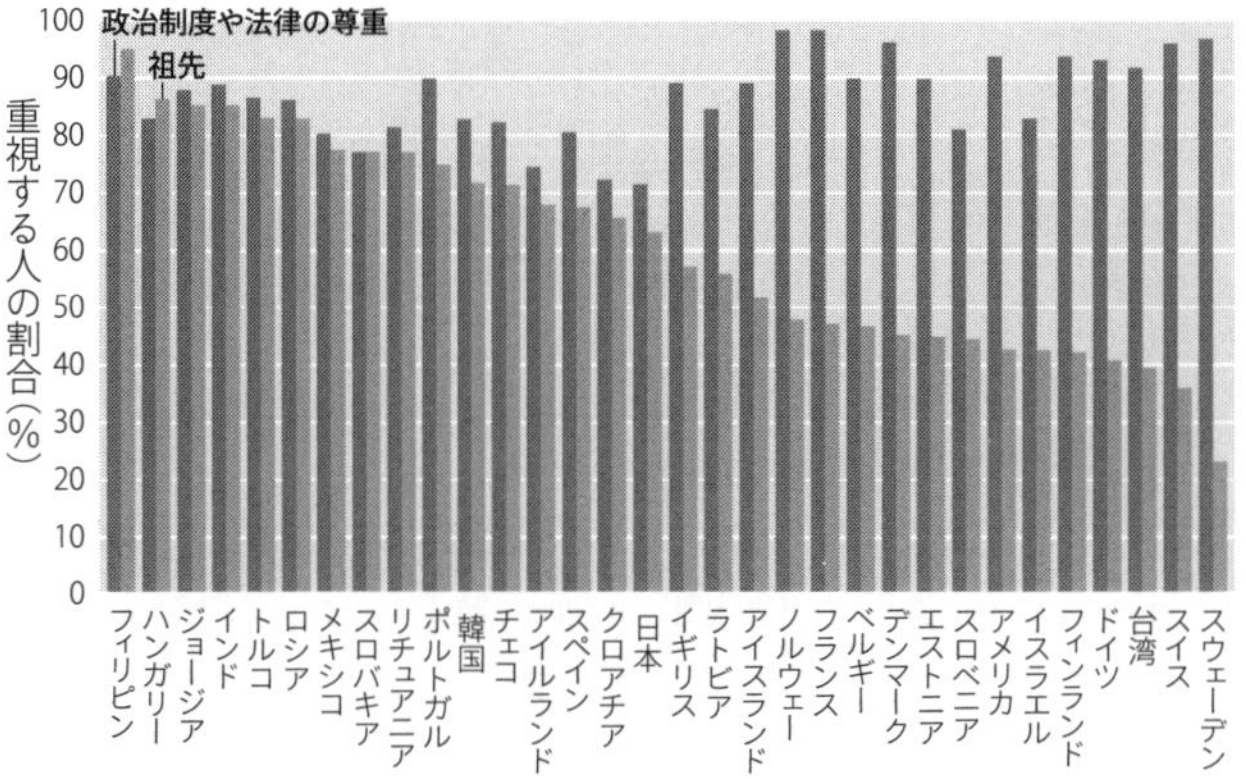

図5－6　国民の要素として重視する項目

注：「とても重要だ」と「まあ重要だ」を足した割合を示している．ただし、「わからない」と回答した人や、無回答だった人は除いて割合を算出している
出典：International Social Survey Programme 2013 をもとに筆者作成

と、政治制度や法律を尊重していることのどちらを重視しているか、それぞれの割合を示したものである。ただし、祖先の共有は民族主義的国民観の、政治制度や法律の尊重は市民主義的国民観のそれぞれ核となる要素である。

図5－6を見ると、スウェーデン、フィンランドなどの北欧諸国や、スイス、ドイツなどの西欧諸国の多くでは政治制度や法律の尊重を重視する割合が九割を超えているのに対し、祖先を重視する割合は五割を下回る。一方で、台湾を除くアジア圏の国々や、ハンガリー、スロバキアなどの東欧諸国の多くでは政治制度や法律の尊重を重視する割合と、祖先を重視する割合の差が小さく、半数以上の人が祖先も「重視する」と答えている。日本も後者のグループ

に含まれ、七割が政治制度や法律の尊重を重視しているのに対し、六割が祖先を重視している。

この結果は、西欧の市民主義的国民観、非西欧圏の民族主義的国民観という区分に一致している。

このように歴史的に形成されてきた国民観を社会化によって人々が習得するのであれば、国民観は変化しづらいだろう。もしそうであるなら、日本も含め民族主義的国民観をもつ国では多様性の受け入れは困難になる。

しかし、こうした予測には留保が必要である。たとえ、国民の形成過程に影響を受けるとしても、人々のもつ国民観は不変のものではなく、社会制度や環境の変化によって変わりうるからである。国民観に影響を与える要因としてここでは二つの要因を取り上げる。

第一の要因としては、多様性の高まりが挙げられる。ただし、その効果は研究によって異なる。カナンとサイモンは、二〇〇三年と二〇一三年のデータを用い、外国生まれ人口の増加が国民の条件として祖先や宗教の共有を重視する程度を弱めることを明らかにした(Canan and Simon 2019)。また、彼らは西ドイツの二八の地域にも同様の分析を行い、すでに外国生まれ人口の割合が高い地域を除き、同様の結果が確認されることを示している。

一方で、ライトは出生や祖先の共有などの要素を国民の条件として重視する度合いを測る尺度を作成した。そして、二〇〇〇年から二〇〇三年にかけての外国生まれ人口の高まりが、

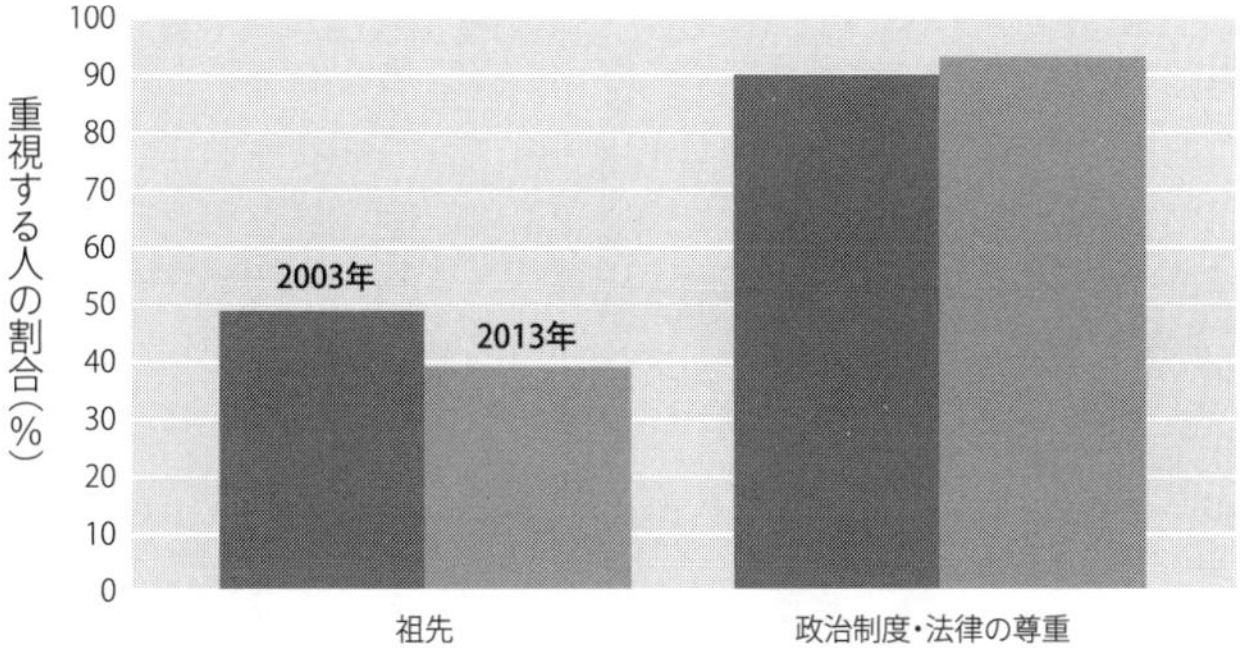

図５－７　西ドイツにおける国民の要素として重視する項目の変化
出典：International Social Survey Programme 2003, 2013 をもとに筆者作成

この帰属的要素を重視する度合いを強めることを示した（Wright 2011）。

つまり、多様性の高まりが与える影響はどの程度のタイムスパンを想定するのか、民族的要素をどのように定義するのかによって、異なりうる。

第二の要因としては、国籍制度が挙げられる。ドイツは二〇〇〇年に国籍制度をそれまでの血統主義の制度から出生地主義の制度に変更した。ドイツの研究者であるトリットラーはこの変更の影響を、二〇〇三年と二〇一三年の国民観の比較を行い分析した（Trittler 2017）。

その結果、二〇〇三年から二〇一三年にかけて、西ドイツの人たちの間で祖先の共有を国民の条件として重視する程度が低下し、反対に市民主義的要素を重視する程度が高まっていることが示された。

トリットラーが使用したのと同様のデータをもとに、祖先の共有と政治制度や法律の尊重を重視する割合を示したのが図5-7である。これをみると、祖先の共有を重視する人の割合は一〇ポイントほど低下し、反対に政治制度・法律の尊重を重視する人の割合はほんのわずかではあるが上昇して二〇一三年には九割を超えている。

二〇〇三年から二〇一三年までの社会変化は移民の増加なども含むため、この結果を国籍制度の変化の影響と単純に断定することはできない。厳密な検証にはさらなる分析が必要となるが、国籍制度が「国民とは誰か」を考えるための参照点となることで、国民観に影響を与えていることが示唆される。

外集団への偏見をどう改善するか

ここまで「われわれ」と「彼ら」の境界を変える、すなわち「彼ら」を包摂できるように「われわれ」を変化させることによって、多様性を受け入れる可能性を検討してきた。しかし、多様性を受け止めるための手段はこれだけではないだろう。自分たちと異なる「彼ら」への肯定的な感情をはぐくむこともまた、多様性を受け止める手段となりうる。

自分たちと異なる「彼ら」への肯定的な感情をはぐくむための手段として、繰り返し効果が確認されているのは、「彼ら」との接触である。接触による偏見の低下は、心理学者オルポートの古典的研究の中で詳細に論じられている（オルポート 一九六一）。

オルポートは偏見の低下につながる接触の条件として、以下の四つの条件を挙げた。

第一の条件は、関係が一定の頻度・密度・期間をもつことである。互いをよく知ることができるぐらいの接触がある場合、偏見の低下が促される。

第二の条件は、接触の促進を社会的・制度的に支持する枠組みの存在である。相手集団との接触が望ましいものとして権威によって支持されており、互いがよい形で接触できるような形で設定されている場合、偏見は低下する。

第三の条件として、接触ができる限り対等な地位の人の間で行われることが挙げられる。一方が命令的な立場にあったりすれば、劣位に置かれた集団への偏見は低下しにくいだろう。対等な関係性のもとで行われることによって、偏見の低下が促される。

第四の条件として、両者がどちらにも望ましい目標の達成のために依存しあっていることを挙げる。この場合、相互に協力する形での接触が可能となり、肯定的な影響が出やすくなる。

学校や職場での接触はこれらの条件を満たすため、より親密な関係性の形成に役立ちうる。ただし、その後の研究では実際にこれらの要件をすべて満たす必要はないことが確認されている（Pettigrew and Tropp 2006）。詳しく見るとオーストラリア、北米、ヨーロッパを対象とした五二六の論文を総合的に検討した結果からは、これらの要件は偏見の低下を促進する役割を持つものの、必ずしも満たさなくともよいことが示されている。

四つの条件の中では、特に接触の促進を社会的・制度的に支持する枠組みが存在する場合、偏見低下の効果が強くなる。つまり、接触が望ましいこととして制度化されている場合に、偏見は低下しやすくなる。

接触の効果については、因果関係が反対ではないかとの指摘もある。つまり、相手集団に対して肯定的な感情を持っているからこそ、接触を厭わないのではないかという疑念が示される。前述のペティグリューとトロップの分析では、接触が偏見を弱めるのか、あるいは、偏見がないから接触するのかについても検証されている。そして、被験者に外集団と接するかどうかの選択権がない場合――ランダムに接触が割り当てられた場合など――であっても、偏見が低下することを示している。

このような研究の例として挙げられるのが、大学の学生寮における異人種間接触の効果を検証したヴァン＝ラールらの研究である（Van Laar et al. 2005）。この研究では、大学の寮のルームメイトを選べない状況を用い、一年後また数年後の偏見の低下を検証している。その結果、異なる人種のルームメイトをもつことは、後の異人種への態度を改善することが明らかになっている。

日本で行われた調査の結果を見ても、接触の効果は繰り返し確認されている（大槻　二〇〇六、田辺編　二〇一一、Nukaga, 2006）。移民増加に対する態度や、移民に対する否定的な認識は、移民との接触がある場合に抑制される。それは学校や職場での接触にとどまらず、近所で見かけるだけというような、表面的な接触についてもいえる。

ただし、職場に外国人がいることは排外意識を低下させるものの、非熟練労働に従事している人の中ではむしろ排外意識を高める効果を持つとの結果もあるため、条件によって接触の効果が異なる可能性は否定できない（Mazumi 2015）。

しかし、多くの研究結果からは、異なる文化を持つ集団と接触する機会が与えられること、特に良好な接触経験が持てるように制度化されていることによって、相手集団への偏見を低下させられると考えられる。

移民の受け入れの影響を長期的に見た場合、移民第二世代の地位達成には第一世代の移民の社会統合が進んでいること――社会経済的な安定や日本語の習得――が重要となる。それと同時に、教育制度のあり方も、移民第二世代が教育達成を遂げられるかどうかにかかわっていた。初期の段階での進路の振り分けが、移民第一世代の不十分な社会統合状況と重なり合うことにより、移民第二世代の地位達成はさらに難しくなる。

また、受け入れ社会の住民が移民を自分たちの一員として受け入れられるかには、制度の象徴的な機能を考える必要がある。ある制度が集団間の接触を促進すべきものとしているか、ある社会の構成員をどのように定義しているかによって、人々の自集団・他集団への見方は変わる。制度上での移民の包摂は、人々の意識の面での移民の包摂も可能にすることが示唆される。

終章　移民問題から社会問題へ

社会が生み出す「移民の影響」

ここまで移民の受け入れがもたらす影響を、雇用や社会保障といった経済的影響（第2章）、治安などの社会的影響（第3章）、統合政策による介入の影響（第4章）、長期的影響（第5章）について見てきた。

四つの章を通して見えてきたのは、移民の受け入れがもたらす影響は、受け入れた社会が移民をどのように処遇するのか／それに対して移民自身がどのように反応するのかによって変化するということである。

政府が誰を移民として受け入れるのかに始まり、どのような権利を付与するのか、企業はどのような待遇を用意するのか、地域社会は彼らを受け入れようとするのか、移民自身はこれらの条件をどのように受けとるのか。多様なアクターの意思決定の結果がかかわり合う中で、移民の受け入れが社会にもたらす影響が決まる。

移民と直接には接することのない人であっても、右派政党の躍進が移民政策の厳格化を招いたように、世論を形成する一人として、政府や企業の意思決定に影響を与え、まわりまわって移民の受け入れが社会にもたらす影響の一部を構成する。したがって、移民の受け入れとは、移民とそれを受け入れる政府の間だけで行われていることではなく、社会全体が主体としてかかわる現象になる。

さらに、移民の受け入れがもたらす影響は、一つの次元にとどまるものではない。「移民問題」を論じる際に、繰り返し引用されてきた「われわれは労働力を呼んだが、やってきたのは人間だった」というスイスの作家の言葉は、そのことを簡潔に表現している。

一人の人間である以上、労働者としての移民に対する処遇は、その人の地域社会とのかかわり、子どもの社会統合など、他の次元にも波及して影響を与える。このため、移民の受け入れを議論する際には、一つの側面――たとえば雇用への影響――のみを見るのでは十分ではない。本書で見てきたように、多元的な視点が求められる。

移民の受け入れを問うことは、移民に関する議論を超えて、総体としての社会全体のあり方を問うことを意味する。その中でも、日本での移民受け入れの影響で、特に重要な役割を果たすと考えられる三つの要素がある。

労働市場での処遇

第一の要素は、労働市場での処遇である。日本の移民受け入れ政策は労働者としての移民の受け入れを中心に行われてきた。しかしそれは、日本の労働市場のあり方を変えるというよりも、すでにある労働市場の形に合わせて、その中の不足を埋める形で実施されてきたといえる。これは高技能移民についても、低技能移民についても同じである。

確かにイノベーションをもたらすような高技能移民の受け入れは積極的に実施されてきた。しかし、実際の高技能移民の多くが、日本語を話し、日本の慣習に詳しい留学生出身者であることは、政府の意図にかかわらず、ネイティブとしての日本人を主な従業員とする現状——使用言語や仕事の仕方、雇用慣行など——を維持しようとする企業の選好を示唆している。

しかし、長時間労働などのワークライフバランスの悪さが、高技能移民が求めるキャリアのあり方と合致しておらず、定住の阻害要因となっていたように、こうした企業の選好は潜在的な高技能移民の期待とは必ずしも合致しない。結論は実証的な研究の成果を待つ必要があるが、このような企業の選択する雇用のあり方は、日本において高技能移民の受け入れがイノベーションをもたらす可能性を押し下げていると推測される。

他方で、企業で積極的に活用されているのは、仕事の増減にあわせて調整可能なフレキシブルな労働力として、あるいは日本人ならば避けるような賃金・労働条件の雇用でも継続して働いてくれる労働力としての移民労働者である。彼らは企業にとって使い勝手のいい労働力となり、場合によっては倒産の可能性を緩和する機能も果たしている。

第2章で見たように、彼らは競合関係となる日本人の低技能労働者や非正規雇用者の賃金や雇用を悪化させるというより、日本人では埋まらない労働市場の穴を埋める役目を果たしている。これらの点を考慮すれば、フレキシブルな労働力としての外国人労働者の雇用は、受け入れ社会住民、特に経営者層にとって、ポジティブな影響をもたらすともいえる。

しかし、それは他方で社会にネガティブな影響をもたらすものともなりうる。外国人労働者を雇用することで生産性の低い産業が存続すれば、社会がより生産性の高い産業へとシフトすることへの障害となる。

また、第3章で見たように、勤め先が短期間で変わり、仕事を求めて居住地を転々とする場合、地域社会とのつながりは作りにくくなる。そのことは、地域の問題解決能力を奪うとともに、地域社会の担い手を育成しにくくするだろう。

さらに第5章で確認したように、不安定な経済状況の中で育った子どもたちが、そこから抜け出す可能性を思い描けなければ、逸脱行動に走る確率は上がり、結果的に社会の分断が生じうる。

後者二つの影響は、移民の定住を認めず、あくまでも短期的な労働力としてのみ活用することによって解消可能であるとする見方もあるだろう。技能実習や特定技能、日系四世の受け入れなど、現在の政策の多くは、この方向を向いているようだ。一定の期間に限定して滞日を認め、その期間が過ぎた後、あるいは倒産などで雇用がなくなった場合には帰国することを義務付ければ、移民の統合や第二世代以降の階層の固定化は問題とならなくなる。けれども、こうした制度のあり方は倫理的な妥当性が問われるだけでなく、必ずしも受け入れ社会にとって、合理的なものとはならない。期間限定での移民の受け入れを徹底させようとすれば、一定期間後にすべての移民の帰国確認が必要となり、出入国管理のコストは増える。

また、企業にとっても、スキルを習得した労働者を短期間で失うことを意味する。それだけではない。雇用があくまで短期的／フレキシブルなものであり、またそれが失われれば帰国する必要があるという前提は、そこに応募する側の選択にも影響する。

日本に定住できないとわかっていれば、そうした希望をもって来日する人はいなくなる。移住にかかるコストを考えれば、短期間かつ、悪くすれば途中で失われるかもしれない雇用を通じて、コストを上回る見返りを得ることは容易ではない。だとすれば、日本を移住の選択肢とする人は減るだろう。日本を選ぶ人々の中では、より高い賃金を得るために、リスクをとることも起こりうる。劣悪な労働環境や低い賃金は、技能実習生の「失踪」が起こる要因となった。短期的な労働力としてのみの活用は、そうした選択を起こしやすくする環境を作り出すことになりうる。

地域との関係

第二の要素は、移民と地域社会のかかわりである。移民が地域とかかわりを作ることができないままに増加すれば、近隣トラブルが起こりうる。一方、地域社会における関係性の形成は、受け入れ社会の移民に対する偏見を解消し、地域での逸脱行動を未然に防ぐ役割も果たす。

ただし、移民が地域社会と良い関係性を作ることができるかどうかは、移民と地域社会住民にとどまらない、他のアクターの影響を考慮に入れる必要がある。

たとえば、第一の要素——労働市場での移民の処遇——の影響がある。第3章で見たように、フレキシブルな労働力としての移民の雇用は、頻繁な転職とそれに伴う転居を促していた。結果として、自治会活動への参加や地域社会とのつながりの形成は難しくなる。

特に、人材派遣会社が会社までの送迎、子どもの保育園への対応、日常的な問題の解決など、移民の生活を丸抱えにしている場合、トラブルそのものは起こりにくいものの、地域とのつながりは形成されない。結果として、間接雇用の多かった日系ブラジル人が地域社会にとって「顔の見えない」存在となっていた（梶田ほか　二〇〇五）。

そして、NPOなどの支援もあり、そのような中でも時間をかけて形成してきたコミュニティが、リーマンショックに伴う大量解雇と帰国によってふたたび弱体化したことも、すでに指摘した。雇用の安定性は、継続的な居住を可能にすることで、地域社会とのつながりを作る前提となる。

移民政策のあり方によっても、地域社会とのつながりやすさは異なりうる。ここで重要となるのが、在留期間の長さと更新可能性、そして家族帯同や家族形成の可能性である。短期間でより多く稼いで帰国するつもりであれば、労働時間は長くなり、地域活動に参加する時間的・精神的余裕はなくなる。その意味では、在留資格の更新ができず一定期間の後に帰国が求められるような受け入れ制度は、地域社会との関係形成の阻害要因となりうる。

また、国籍によらず、地域参加を促す要因として家族、特に子どもの存在が挙げられる。日本に慣れ、場合によっては日本語しか話せず、日本に多く友達がいるような子どもがいると、帰国よりも定住を意識するようになる。

PTA活動への参加や親同士のネットワークの形成も、地域参加の契機となる。小内透の集住地の調査では、日系ブラジル人の中にも、子どものいる人を中心に定住化が進み、戸建てをもつ人も生まれている。こうした層では地域社会に日本人と同様に参加する傾向が見られた（小内　二〇一二）。したがって、日本で家族を形成、または帯同する可能性が高まることは、地域社会とのつながりが生まれるかどうかに影響する。

さらに、地域社会の運営のされ方も、地域でのトラブルが生じるか否かに影響していた。トラブルが解決に向かった地域では、自治会の運営メンバーに移民が含まれていた。移民が主体的に参加できる仕組みの有無が、地域参加の可能性に影響する。ただ、第3章で取り上げたように、住民自治に責任を負わせることは、持続可能性を弱め、また自治会参加者と非参加者間でのトラブルを生みうる。このような地域社会の運営のあり方自体を問題とすることもできるだろう。

統合政策のあり方

第三の要素は、移民統合政策である。本書では、移民にかかわる制度に限定されない多様な制度が、「移民受け入れに伴う影響」を規定することを見てきた。しかし、それは移民に直接かかわる制度の重要性を否定するものではない。

第4章で見たように、移民に対してどのような権利を認めるのかによって、移民の地位達成や社会参加の程度は変わりうる。そして第一、第二の要素で見たように、そうした移民の地位達成や社会参加のあり方が、移民受け入れの影響を変える。特に重要な移民統合政策として、移民に対する言語教育が挙げられる。

日本では多くの場合、仕事の場でも、社会生活の場でも、日本語を話すことが必要となる。樋口直人が在日ペルー人ほぼ全員に行った調査では（樋口　二〇一九）、日本語能力が高い場合に、正規雇用の職を獲得しやすいことが確認されている。同様の結果は、日本全国に暮らす外国籍者を対象とした調査（永吉　二〇一九）でもみられる。また、勤め先で日本語を必要としない場合でも、日本語ができないことは地域で関係性を作っていく際の障害になる。

さらに、移民の日本語能力の向上は、第二世代の地位達成にプラスの効果をもたらしうる。親と子どもが同じ言語で意思疎通できることは、子どもとの関係性を作りやすくする。また、親が日本語を読めることで、育児や教育に関する情報を獲得しやすくなるだろう。これらの点については、子どもの母語維持や生活情報の多言語での提供などを通じても促進すべきであるが、移民第一世代に対する日本語教育を行うメリットの一つとしても考えられる。

日本政府も日本語教育の必要性に無自覚であるわけではない。二〇一八年の出入国管理法の改正時に提出された「外国人材の受入れ・共生のための総合的対応策」の中で、必要となる対応策として「日本語教育の充実」を掲げ、日本語教育を担う人材の育成や全国的な教育体制づくりなどを挙げている。しかし、日本語教師はボランティア頼りの地域も多く、質・量ともに不足しており、職業とした場合の待遇が十分でないなどの課題が多い。

その他の権利――国籍取得や社会保障の受給資格など――についてはどうだろうか。第5章では、これらの権利についても、削減するよりも拡大する方が移民の包摂を促す可能性が高いことを示した。権利の付与に否定的な立場からは、権利の提供によって社会の安定性が失われることへの懸念が表明される。生活保護を受給する権利を提供すれば、生活保護に依存して暮らすのではないか。国籍付与を容易にすれば、国に対する忠誠心もなく、社会に甘えて暮らすような人が増えるのではないか。こうした事例がまったくないわけではないだろう。外国籍者による「不正受給」に関するニュースに触れれば、そうした懸念が生じるのも不思議ではない。

しかし、ニュースで報じられる事例の存在は、それが「一般的に見られる傾向」として存在することを意味しない。第2章で見たように、福祉に引きつけられて移住する「福祉の磁石」効果は、より寛容かつ包括的な福祉制度を持つ北欧諸国でさえごく弱いものしか確認されていない。

むしろ第4章で見たように、全体の傾向では権利の取得は移民の社会経済的安定につながるようだ。

移民統合政策の発展には、移民自身が政治参加する機会が寄与していた。この結果は、前述した地域社会における移民の統合が、移民自身を自治会の役員とすることによって達成されたという結果にも沿うものである。移民にとって参加可能な社会のあり方は、国際社会からの圧力や、受け入れ社会からの「寛容な配慮」によって達成されるものではなく、主体的に参加し、自分たちの声を届ける機会を得ることによって達成されるものともいえる。

この結果は、人によっては「移民に政治的権利を与えれば社会をのっとられる」という不安を具現化した、ネガティブなものとして受けとるかもしれない。しかし、第4章で見たように、実証的な研究では、移民の政治参加は受け入れ社会に包摂されているという意識によって促され、母国よりも受け入れ国社会に関心がある場合に行われていた。つまり、受け入れ社会の一員としてのアイデンティティが、受け入れ社会への積極的な参加を生んでいるのである。

第3章で見たように、制度には象徴的な機能があり、国籍制度や移民統合政策は、「国民とは誰か」、「移民は社会にとってどのような存在か」、「移民と受け入れ社会住民との関係はどのようであるべきか」などについて、暗黙のメッセージを発している。そして、第5章で見たように、移民と受け入れ社会住民の間の交流は望ましいとのメッセージが発せられることで、交流はより偏見を低下させる。移民を諸権利の中に包摂することは、移民や受け入れ社会住民に「あなたは（彼らは）社会の一員である」とのメッセージを発し、反対にそこから排除すれば、移民自身や受け入れ社会住民に、「あなたは（彼らは）社会の対等な構成員ではない」とのメッセージを発する。そのことがもたらす帰結についても、考慮する必要があるだろう。

ある目的をもって導入された制度が、その目的に沿った効果を持つとは必ずしも限らない。また、短期的に、ある次元で望ましい影響をもっていたとしても、移民自身も含めた、他のアクターの意思決定に影響を与え、長期的には別の帰結を招く可能性もある。本書で繰り返し述べたように、政策の影響の検証は容易ではない。さらなる知見の積み重ねが求められている。

「移民問題」が隠すもの

移民と社会の相互作用の結果として、移民受け入れの影響が生じることを前提とすれば、これまで「移民問題」として語られてきたさまざまな事象――移民の劣悪な労働環境や地域のトラブルなど――も違った意味を持つ。

たとえば、終身雇用や生活保障が提供されている正規雇用の枠が減少する中で、雇用の外で生活保障を提供する仕組みはいまだ脆弱なままである。日系ブラジル人の大量失業とその後の経済状況の悪化はそのような状況を反映したものだ。

不安定な雇用を外国人労働者に担ってもらう構造があるからこそ、失業や貧困が「移民問題」になる。技能実習生についての「問題」も、日本人労働者を集めるだけの賃金や労働条件を維持できない企業――特に地方の企業――をどうするのか、という問題を先送りした結果だといえる。同様のことは、介護職における労働者不足、地方における結婚相手の不足などを補う形で、移民の受け入れが行われてきたことからもうかがえる。

つまり、少子高齢化や産業構造の変化、経済活動のグローバル化などによって変化を求められながらも、対応が十分に進まない場面で、そのほころびを覆い隠す存在として、移民の受け入れが進められてきた。しかし、社会構造がもつ問題が変わらない以上、そこからくるひずみを移民に課したところで、問題が解消するわけではない。

非正規雇用の生活保障の問題が「日系ブラジル人の問題」となったように、そこで生じる問題が、もともと社会の構造から生じていたものであっても、移民の問題として読み替えられる。このことには弊害がある。

移民に焦点を合わせることによって、問題の責任は移民と移民に直接かかわる制度に帰される。移民はさまざまな事情はあれど（当然例外もあるが）、自ら移住を選んできた人たちだ。そして、それが当人にとってどこまで可能な選択肢であるかはともかく、ホスト社会からみれば、帰ることのできる国を持つ人たちともいえる。そのために、移民の苦境はつきつめれば「自己責任」と解釈され、「不満があるなら帰ればいい」と主張される。

移民や移民制度に焦点を合わせることによって、制度上の問題が明らかになり、技能実習制度の改善など、一定の成果がもたらされてきたのも事実である。しかし、移民の受け入れの議論を、移民に直接かかわる制度にのみ焦点化することは、その背景にある社会自体の問題を見えにくくしてきた側面もあるのではないか。

だからこそ、移民に限定されない、雇用や地域、国の形のあり方までも含めた、幅広い議論が必要だともいえる。そして、議論の土台として、諸外国および日本で行われてきたさまざまな調査研究の結果をふまえる必要があろう。

「移民問題」は「移民が引き起こす問題」でもなければ、「移民のために考えるべき問題」でもない。「移民の受け入れ」という現象に直接的／間接的にかかわってきたすべての人が当事者であり、自分たちがその構成員となる社会のために考えるべき、社会問題なのだ。

あとがき

最初に本書の執筆の話をいただいたのは、このあとがきを書いている今からちょうど六年前、二〇一三年の一二月のことです。「感情論や印象論に陥らずに移民について考えるための土台になるような本を出したい」という、編集の上林達也さんの当時の言葉は、出入国管理法が改正され、「移民」に関する議論がさかんに行われるようになった今日の状況を予言していたかのようです。

お引き受けしたものの、何を書くべきかが定まらず、書き上げるまで六年もの月日が経ってしまいました。日本の移民研究はフィールドワークを中心としており、多くの研究者が現場に出て、移民や彼ら／彼女らを取りまく人たちの話を聞き、苦楽を共にし、そこにある現実を伝えてきました。

一方、統計を用いた計量分析を専門にする私の研究で把握できるのは、全体から見える「傾向」であり、そこには個々の移民や彼ら／彼女らを取りまく人たちの思いや苦労、困難を乗り越える創意のありさまは現れてきません。移民の存在にまだ実感がなく、ひとくくりの、抽象的な存在としてとらえがちな日本社会で、統計データをもとに移民を語ることは、ステレオタイプ的な移民像をむしろ強めてしまうかもしれないという懸念もあり、何をどう描くべきなのか迷っているうちに、時間が過ぎてしまいました。

再び執筆に踏み出せた理由の一つは、出入国管理法の改正に伴い、「現場の声」が盛んに届けられるようになったことです。移民の生活状況や移民受け入れ制度のあり方について多大な関心が向けられる一方、両者をとりまき、影響を与えているはずの日本社会については、背景として語られるにとどまっているのではないか。移民と移民制度のリアルについて多くの人が知ることとなった今だからこそ、移民とより広い社会の関係を、マクロな視点で論じることにも意義があるのではないか。そのような思いから、「移民の受け入れが社会に与える影響」をテーマに据え、本書を書き上げることができました。

移民の受け入れと社会の関係を考える際、よく思い出す光景があります。技能実習制度がまだ研修・技能実習制度だった頃、その問題点を扱うシンポジウムを聞きに行ったときのことです。

研修生や技能実習生の賃金の低さや労働環境の悪さを指摘する報告が続いたのち、パネリストとして参加していたある国会議員が聴衆に向けて、こう言いました。待遇を改善して十分な賃金を出したら、地方の農家や零細企業は潰れてしまう、皆さんは潰れろと言うんですか――。

地方の農業や零細企業の問題に対する解決策として研修・技能実習制度が置かれ、本来個別に対応できるはずの農家や零細自営業者の生活と、研修生・技能実習生の生活が、天秤にかけられる。技能実習制度の問題とは、その制度自体の欠陥というだけでなく、農業の後継者不足や地方の零細企業の働き手の不足に、どのように対応するのかについての、私たちの選択の結果として生じているのだと感じた、その時の気持ちとともに、記憶に焼きついていきます。移民受け入れの影響は、多様なアクターの選択の結果生じるという本書の視点は、この光景と結びついています。

本書の執筆にあたっては、多くの方に助けられました。何より編集の上林さんには、遅々として進まない原稿を粘り強く待っていただき、執筆が進むよう励ましていただきました。長期間かかってしまったことをお詫《わ》びするとともに、心からお礼申し上げます。

また、執筆途中に石田浩先生、鎌田拓馬さん、伊藤理史さん、五十嵐彰さん、杉本泰聖さんにいただいたコメントのおかげで、内容を改善することができました。柴田悠さんには、若手の移民研究者として上林さんにご紹介いただき、本書を書くきっかけを作っていただきました。

他にも、お一人お一人の名前は挙げられませんが、執筆過程で議論や愚痴につきあってくださった友人や研究者仲間の皆さんの支えがなければ、書き上げることはできませんでした。記してお礼申し上げます。そして、最後に、執筆の過程では生活が荒れたこともありましたが、支えつづけてくれた家族に、感謝します。

本書で使用した結果の一部は、日本学術振興会から助成を受けた、科学研究費補助金〔若手研究A「外国籍者の階層的地位に関する実証研究」（課題番号16H05954）〕の成果です。限られた紙幅と著者の能力の限界のため、本書は移民と社会の間の複雑な関係を論じ切れてはいません。日本では計量的な実証研究自体が不足しており、諸外国で得られた知見が日本にもあてはまるのかを把握するには、さらなる研究の進展も必要となります。

その意味で、とても十分なものとはいえませんが、本書が今後の社会のあり方について議論するための何らかの材料になれば、何よりの喜びです。

二〇一九年一二月三日

永吉　希久子

Reeskens, T. and M. Hooghe, 2010, Beyond the Civic-Ethnic Dichotomy: investigating the structure of citizenship concepts across thirty-three countries. *Nations and Nationalism* 16（4）: 579-597.
志水宏吉, 清水睦美編, 2001,『ニューカマーと教育—学校文化とエスニシティの葛藤をめぐって』明石書店.
新藤慶, 菅原健太, 品川ひろみ, 野崎剛毅, 2009,「教育と保育を通じた日本人とブラジル人の関係」『「調査と社会理論」研究報告書』28, 177-214.
Stepick, A. and C. D. Stepick, 2010, The complexities and confusions of segmented assimilation. *Ethnic and Racial Studies* 33（7）: 1149-1167.
Takenoshita, H., Y. Chitose, S. Ikegami, E. A. Ishikawa, 2013, Segmented Assimilation, Transnationalism, and Educational Attainment of Brazilian Migrant Children in Japan. *International Migration* 52（2）: 84-99.
田辺俊介編, 2011,『外国人へのまなざしと政治意識』勁草書房.
谷富夫編, 2002,『民族関係における結合と分離—社会的メカニズムを解明する』ミネルヴァ書房.
Teltemann, J. and R. Schunck, 2016, Education systems, school segregation, and second-generation immigrants' educational success: Evidence from a country-fixed effects approach using three waves of PISA, *International Journal of Comparative Sociology.*（最終アクセス 2019 年 10 月 24 日, https://doi.org/10.1177/0020715216687348）
Trittler, S., 2017, Repertoires of national boundaries in France and Germany-within-country cleavages and their political consequences: Repertoires of national boundaries in France and Germany. *Nations and Nationalism* 23（2）: 367-394.
Van Laar, C., S. Levin, S. Sinclair, and J. Sidanius, 2005, The effect of university roommate contact on ethnic attitudes and behavior. *Journal of Experimental Social Psychology* 41（4）: 329-345.
Vermeulen, H., 2010, Segmented assimilation and cross-national comparative research on the integration of immigrants and their children. *Ethnic and Racial Studies* 33（7）: 1214-1230.
Waters, M. C., V. C. Tran, P. Kasinitz and J. H. Mollenkopf, 2010, Segmented assimilation revisited: types of acculturation and socioeconomic mobility in young adulthood. *Ethnic and Racial Studies* 33（7）: 1168-1193.
Wright, M., 2011, Diversity and the Imagined Community: Immigrant Diversity and Conceptions of National Identity. *Political Psychology* 32（5）: 837-862.
Zhou, M., 1997, Segmented Assimilation: Issues, Controversies, and Recent Research on the New Second Generation. *The International Migration Review* 31（4）: 975-1008.

終章

樋口直人, 2019,「労働—人材への投資なき政策の愚」髙谷幸編『移民政策とは何か—日本の現実から考える』人文書院, 23-39.
梶田孝道, 丹野清人, 樋口直人, 2005,『顔の見えない定住化—日系ブラジル人と国家・市場・移民ネットワーク』名古屋大学出版会.
永吉希久子, 2019,「日本における外国籍者の階層的地位」駒井洋監修, 是川夕編『移民・ディアスポラ研究 8　人口問題と移民—日本の人口・階層構造はどう変わるのか』明石書店, 114-133.
小内透, 2011,「日系ブラジル人のデカセギ現象の変容」『現代社会学研究』24, 81-91.

主要参考文献

Lee, R., 2018, How do coethnic communities matter for educational attainment? A comparative analysis of the United States and Canada. *International Journal of Comparative Sociology* 59（2）: 139-164.

松宮朝, 2018,「リーマンショック後の南米系住民の動向と第二世代をめぐる状況」駒井洋監修, 是川夕編『移民・ディアスポラ研究８　人口問題と移民―日本の人口・階層構造はどう変わるのか』明石書店, 180-198.

Mazumi, Y., 2015, How Does the Presence of Migrants at Worksites Shape Japanese Attitudes toward Migration? An Analysis Using JGSS-2015.『日本版総合的社会調査共同研究拠点　研究論文集』16, 17-28.

Miera, F., 2008, *Country Report on Education: Germany*. Edumigrom Background Papers. Edumingrom.

宮島喬, 2002,「就学とその挫折における文化資本と動機づけの問題」宮島喬, 加納弘勝編『国際社会２　変容する日本社会と文化』東京大学出版会, 119-144.

文部科学省, 2019,「外国人の子供の就学状況等調査結果（速報）」（最終アクセス 2019 年 12 月 1 日, http://www.mext.go.jp/b_menu/houdou/31/09/__icsFiles/afieldfile/2019/09/27/1421568_001.pdf）

Myers, D. and M. Levy, 2018, Racial Population Projections and Reactions to Alternative News Accounts of Growing Diversity. *The Annals of the American Academy of Political and Social Science* 677: 215-228.

Mutz, D. C. 2018. "Status threat, not economic hardship, explains the 2016 presidential vote," *Proceedings of the National Academy of Sciences of the United States of America* 115（19）: 4330-4339.

中室牧子, 石田賢示, 竹中歩, 乾友彦, 2016,「定住外国人の子どもの学習時間についての実証分析」『経済分析』190, 47-68.

Nukaga, M., 2006, Xenophobia and the Effects of Education: Determinants of Japanese Attitudes toward Acceptance of Foreigners.『日本版 General Social Survey 研究論文集』５, 191-202.

大阪府人権教育研究協議会, 2011,『大阪の子どもたち―子どもの生活白書　2010 年度版』大阪府人権教育研究協議会.

大槻茂実, 2006,「外国人接触と外国人意識―JGSS-2003 データによる接触仮説の再検討」『日本版 General Social Surveys 研究論文集』５, 149-159.

Outten, H. R., T. Lee, R. Costa-Lopes, M. T. Schmitt, and J. Vala, 2018, Majority Group Members' Negative Reactions to Future Demographic Shifts Depend on the Perceived Legitimacy of Their Status: Findings from the United States and Portugal. *Frontiers in Psychology* 9（doi:10.3389/fpsyg.2018.00079）

Pettigrew, T. F., G. W. Allport, and E. O. Barnett, 1958, Binocular resolution and perception of race in South Africa. *British Journal of Psychology* 49: 265-278.

Pettigrew, T. F. and L. R. Tropp, 2006, A Meta-Analytic Test of Intergroup Contact Theory. *Journal of Personality and Social Psychology* 90（5）: 751-783.

Pew Research Center, 2013, *Second Generation Americans: A Portrait of the Adult Children of Immigrants*. Pew Research Center.

Portes, A. and R. G. Rumbaut, 2001, *Legacies: The Story of Immigrant Second Generation*. University of California Press.（＝A・ポルテス, R・G・ルンバウト, 2014, 村井忠政ほか訳『現代アメリカ移民第二世代の研究―移民排斥と同化主義に代わる「第三の道」』明石書店）

Pottie-Sherman, Y. and R. Wilkes, 2015, Does Size Really Matter? On the Relationship between Immigrant Group Size and Anti-Immigrant Prejudice. *International Migration Review* 51（1）: 218-250.

immigrants from Turkey in Sweden. *Ethnic and Racial Studies* 36 (12): 2141-2159.
Brubaker, R., 1992, *Citizenship and Nationhood in France and Germany*. Harvard University Press. (＝R・ブルーベイカー, 2005, 佐藤成基, 佐々木てる訳『フランスとドイツの国籍とネーション―国籍形成の比較歴史社会学』明石書店)
Canan, C. and M. Simon, 2019, Immigration, diversity and the relevance of ascriptive characteristics in defining national identity across 21 countries and 28 West-German districts. *Migration Studies* 7 (2): 201-219.
Colby, S. L. and J. M. Ortman, 2015, *Projections of the Size and Composition of the U.S. Population: 2014-2060*. United Census Bureau.
Edsall, T. B., 2018, Who's Afraid of a White Minority? *The New York Times Aug. 30th*, 2018. (最終アクセス 2019年10月25日, https://www.nytimes.com/2018/08/30/opinion/america-white-minority-majority.html)
Friberg, J. H., 2019, Does selective acculturation work? Cultural orientations, educational aspirations and school effort among children of immigrants in Norway. *Journal of Ethnic and Migration Studies*. (最終アクセス 2019年10月24日, https://www.tandfonline.com/doi/full/10.1080/1369183X.2019.1602471)
ハヤシザキカズヒコ, 2015,「移民の子どもの教育の現状と課題」『日本労働研究雑誌』62, 54-62.
Heath, A. F., C. Rothon, and E. Kilpi, 2008, The Second Generation in Western Europe: Education, Unemployment, and Occupational Attainment. *Annual Review of Sociology* 34: 211-235.
石田賢示, 2018,「日本における移民の地位達成構造」駒井洋監修, 是川夕編『移民・ディアスポラ研究 8　人口問題と移民―日本の人口・階層構造はどう変わるのか』明石書店, 92-113.
Ishida, K., M. Nakamuro, and A. Takenaka, 2016, The Academic Achievement of Immigrant Children in Japan: An Empirical Analysis of the Assimilation Hypothesis. *Educational Studies in Japan: International Yearbook* 10, 93-107.
Jones, F. L. and P. Smith, 2001, Diversity and commonality in national identities: an explanatory analysis of cross-national patterns. *Journal of Sociology* 37 (1): 45-63.
鍛治致, 2018,「移民第二世代の文化変容と学業達成」駒井洋監修, 是川夕編『移民・ディアスポラ研究 8　人口問題と移民―日本の人口・階層構造はどう変わるのか』明石書店, 199-222.
Kao, G. and M. Tienda, 1995, Optimism and Achievement: The Educational Performance of Immigrant Youth. *Social Science Quarterly* 76 (1): 1-19.
Kim, M., 2003, Ethnic Stratification and Inter-Generational Differences in Japan: A Comparative Study of Korean and Japanese Status Attainment. *International Journal of Japanese Sociology* 12: 6-16.
Kohn, H., [1944] 1994, The idea of nationalism. In Hutchinson, J. and A. D. Smith (eds.) *Nationalism*. Oxford University Press, 162-165.
児島明, 2006,『ニューカマーの子どもと学校文化―日系ブラジル人生徒の教育エスノグラフィー』勁草書房.
是川夕, 2012,「日本における外国人の定住化についての社会階層による分析―職業達成と世代間移動に焦点をあてて」『ESRI Discussion Paper Series』No. 283.
――― 2018,「移民第二世代の教育達成に見る階層的地位の世代間変動―高校在学率に注目した分析」『人口学研究』54, 19-42.

Immigrants' Economic Integration: Empirical Evidence from France. IZA DP No. 113331. IZA Institute of Labor Economics.
Marshall, T. H. and T. Bottomore, 1992, *Citizenship and Social Class*. London: Pluto.（＝T・H・マーシャル, T・ボットモア, 1993, 岩崎信彦, 中村健吾訳『シティズンシップと社会的階級─近現代を総括するマニフェスト』法律文化社）
Meer, N., P. Mouritsen, D. Faas, and N. de Witte, 2015, Examining 'Postmulticultural' and Civic Turns in the Netherlands, Britain, Germany, and Denmark. *American Behavioral Scientist* 59（6）: 702-726.
Michalowski, I., 2011, Required to assimilate? The content of citizenship tests in five countries. *Citizenship Studies* 15（6-7）: 749-768.
Ministry of Industry, Employment and Communication, 2001, *The Swedish Citizenship Act*.
Morris-Suzuki, T., 2002, Immigration and Citizenship in Contemporary Japan. In J. Maswood, J. Graham, and H. Miyajima（eds.）*Japan: Change and Continuity*. London: Routledge, 163-178.
Neureiter, M., 2019, Evaluating the Effects of Immigrant Integration Policies in Western Europe Using a Difference-in-Differences Approach. *Journal of Ethnic and Migration Studies* 45（15）: 2779-2800.
Peters, F., M. Vink and H. Schmeets, 2018, Anticipating the Citizenship Premium: Before and After Effects of Immigrant Naturalisation on Employment. *Journal of Ethnic and Migration Studies* 44（7）: 1051-1080.
Rosholm, M. and R. Vejlin, 2010, Reducing income transfers to refugee immigrants: Does start-help help you start? *Labor Economics* 17（1）: 258-275.
Ruedin, D., 2018, Participation in Local Elections: Why Don't Immigrants Vote More? *Parliamentary Affairs* 71（2）: 243-262.
Sarvimäki, M. and K. Hämäläinen, 2016, Integrating Immigrants: The Impact of Restructuring Active Labor Market Programs. *Journal of Labor Economics* 34（2）: 479-508.
Scuzzarello, S., 2015, Political Participation and Dual Identification among Migrants. *Journal of Ethnic and Migration Studies* 41（8）: 1214-1234.
Sniderman, P. M. and L. Hagendoorn, 2007, *When Ways of Life Collide*. Princeton and Oxford: Princeton University Press.
総務省, 2006,『多文化共生の推進に関する研究会報告書』総務省.
Steinhardt, M. F., 2012, Does Citizenship Matter? The Economic Impact of Naturalizations in Germany. *Labor Economics* 19（6）: 813-823.
Taylor, C., 1994, The politics of recognition, in Gutmann, A.（ed.）*Multiculturalism: Examining the Politics of Recognition*. Princeton: Princeton University Press, 25-73.（＝C・テイラー, 1996, 佐々木毅, 辻康夫, 向山恭一訳『マルチカルチュラリズム』岩波書店）

第5章

Algan, Y., A. Bisin, A. Manning, and T. Verdier, 2012, *Cultural Integration of Immigrants in Europe*. Oxford University Press.
Allmendinger, J., 1989, Educational Systems and Labor Market Outcomes. *European Sociological Review* 5（3）: 231-250.
Allport. G. W. 1954, *The Nature of Prejudice*. Mass: Addison-Wesley.（＝G・W・オルポート, 1961, 原谷達夫, 野村昭訳『偏見の心理』培風館）
Behtoui, A., 2013, Incorporation of children of immigrants: the case of descendants of

Clausen, J., E. Heinesen. H. Hummelgaard, L. Husted, and M. Rosholm, 2009, The Effect of Integration Policies on the Time until Regular Employment of Newly Arrived Immigrants: Evidence from Denmark. *Labor Economics* 16（4）: 409-417.

Goodman, S. W., 2010, Integration Requirements for Integration's Sake? Identifying, Categorising, and Comparing Civic Integration Policies. *Journal of Ethnic and Migration Studies* 36（5）: 753-772.

——— 2015, Conceptualizing and Measuring Citizenship and Integration Policy: Past Lessons and New Approaches. *Comparative Political Studies* 48（14）: 1905-1941.

Goodman, S. W. and M. Wright, 2015, Does Mandatory Integration Matter? Effects of Civic Requirements on Immigrant Socio-economic and Political Outcomes. *Journal of Ethnic and Migration Studies* 41（2）: 1885-1908.

Hainmueller, J., D. Hangartner, and G. Pietrantuono, 2017, Catalyst or Crown: Does Naturalization Promote the Long-Term Social Integration of Immigrants? *American Political Science Review* 111（2）: 256-276.

Hammar, T., 1990, *Democracy and the Nation State: Aliens, Denizens, and Citizens in a World of International Migration*. Aldershot: Avebury.（＝T・ハンマー, 1999, 近藤敦訳『永住市民と国民国家―定住外国人の政治参加』明石書店）

Jakobsen, V., T. Korpi, and T. Lorentzen, 2019, Immigration and Integration Policy and Labor Market Attainment Among Immigrants to Scandinavia. *European Journal of Population* 35（2）: 305-328.

Janoski, T. 2010. *The Ironies of Citizenship: Naturalization and Integration in Industrialized Citizenship*. Cambridge: Cambridge University Press.

Joppke, C., 2007, Beyond national models: Civic integration policies for immigrants in Western Europe. *West European Politics* 30（1）: 1-22.

近藤敦, 1999,「国籍と外国人の「市民権」―国籍・居住権・社会権・経済的権利・政治的権利の比較」『エコノミクス』4（2）, 89-120.

——— 2009,「日本在住外国人に関する法制度」『学術の動向』14（2）, 20-30.

Koopmans, R., 2010, Trade-Offs between Equality and Difference: Immigrant Integration, Multiculturalism and the Welfare State in Cross-National Perspective. *Journal of Ethnic and Migration Studies* 36（1）: 1-26.

——— 2013, Multiculturalism and Immigration: A Contested Field in Cross-National Comparison. *Annual Review of Sociology* 39: 147-169.

Koopmans, R. and I. Michalowski, 2017, Why Do States Extend Rights to Immigrants? Institutional Settings and Historical Legacies Across 44 Countries Worldwide. *Comparative Political Studies* 50（1）: 41-74.

Koopmans, R., I. Michalowski, and S. Waibel, 2012, Citizenship Rights for Immigrants: National Political Processes and Cross-National Convergence in Western Europe, 1980-2008. *American Journal of Sociology* 117（4）: 1202-245.

Koopmans, R., P. Statham, M. Giugni, and F. Passy, 2005, *Contested Citizenship: Immigration and Cultural Diversity in Europe*. Minneapolis: University of Minnesota Press.

Kymlicka, W., 1995, *Multicultural Citizenship: A Liberal Theory of Minority Rights*. Oxford: Oxford University Press.（＝W・キムリッカ, 1998, 角田猛之, 石山文彦, 山﨑康仕訳『多文化時代の市民権―マイノリティの権利と自由主義』晃洋書房）

Lochmann, A., H. Rapoport, and B. Speciale, 2018, *The Effect of Language Training on*

ethnic disparities in violence. *American Journal of Public Health* 95 (2): 224-232.
Solivetti, L. M., 2016, Crime Patterns between Tradition and Change: A Territorial Analysis of the Italian Provinces. *Social Indicators Research* 128 (2): 531-558.
津島昌寛, 2010,「貧困と犯罪に関する考察―両者の間に因果関係はあるのか？」『犯罪社会学研究』35, 8-20.
都築くるみ, 1998,「エスニック・コミュニティの形成と「共生」―豊田市H団地の近年の展開から」『日本都市社会学会年報』16, 89-102.
――― 2003,「日系ブラジル人を受け入れた豊田市H団地の地域変容―1990～2002年」『フォーラム現代社会学』2, 51-58.
Vaughn, M. G., C. P. Salas-Wright, M. DeLisi, and B. R. Maynard, 2014, The Immigrant paradox: immigrants are less antisocial than native-born Americans. *Social Psychiatry Epidemiology* 49 (1): 1129-1137.
Volker, B., G. Mollenhorst, W. Steenbeek, V. Schutjens, and H. Flap, 2016, Lost Letters in Dutch Neighborhoods: A Field Experiment on Collective Efficacy. *Social Forces* 94 (3): 953-974.
Wadsworth, T., 2010, Is immigration responsible for the crime drop? An assessment of the influence of immigration on changes in violent crime between 1990 and 2000. *Social Science Quarterly* 91 (2): 531-553.
Wiedlitzka, S., L. Mazerolle, S. Fay-Ramirez, and T. Miles-Johnson, 2018, Perceptions of Police Legitimacy and Citizen Decision to Report Hate Crime Incidents in Australia. *International Journal for Crime Justice and Social Democracy* 7 (2): 91-106.
山岸俊男, 1999,『安心社会から信頼社会へ―日本型システムの行方』中公新書.
Yamamoto, R., 2012, Bridging crime and immigration: Minority signification in Japanese newspaper reports of the 2003 Fukuoka family murder case. *Crime Media Culture* 92 (2): 153-170.

第4章

Andersen, J. G., 2007, Restricting access to social protection for immigrants in the Danish Welfare State. *Benefits* 15 (3): 257-269.
Alarian, H. M. and S. W. Goodman, 2017, Dual Citizenship Allowance and Migration Flow: An Origin Story. *Comparative Political Studies* 50 (1): 133-167.
Banting, K., R. Johnston, W. Kymlicka, and S. Soroka, 2006, Do Multiculturalism Policies Erode the Welfare State? An Empirical Analysis. In K. Banting and W. Kymlicka (eds.) *Multiculturalism and the Welfare State: Recognition and Redistribution in Contemporary Democracies*. Oxford: Oxford University Press, 49-91.
Bevelander, P., 2015, Voting Participation of Immigrants in Sweden: A Cohort Analysis of the 2002, 2006 and 2010 Elections. *Journal of International Migration and Integration* 16: 61-80.
Biterman, D. and E. Franzén, 2007, Residential segregation. *International Journal of Social Welfare* 16: 127-162.
Bratsberg, B., J. F. Ragan Jr., Z. M. Nasir, 2002, The Effect of Naturalization on Wage Growth: A Panel Study of Young Male Immigrants. *Journal of Labor Economics* 20 (3): 568-597.
Brubaker, R., 2001, The return of assimilation? Changing perspectives on immigration and its sequels in France, Germany, and the United States. *Ethnic and Racial Studies* 24 (4): 531-548.

用いた外国人犯罪の費用」『日本地域政策研究』15, 84-91.
Lee, M. T., R. J. Martinez, and R. Rosenfeld, 2001, Does immigration increase homicide? Negative evidence from three border cities. *The Sociological Quarterly* 42 (4): 559-580.
Levy, B. L. and D. L. Levy, 2017, When Love Meets Hate: The Relationship Between State Policies on Gay and Lesbian Rights and Hate Crime Incidence. *Social Science Research* 61: 142-159.
Martinez, R., J. I. Stowell and J. A. Iwama, 2016, The Role of Immigration: Race/Ethnicity and San Diego Homicides Since 1970. *Journal of Quantitative Criminology* 32: 471-488.
Merton, R. K., 1938, Social structure and anomie. *American Sociological Review* 3 (5): 672-682.
松宮朝, 2004,「外国籍住民の増加と地域再編（二）―愛知県西尾市を事例として（二）西尾市S町, O町における地域活動の比較分析」『社会福祉研究』6, 45-64.
――― 2005,「外国人住民の増加にともなう県営住宅の現状と地域的展開」『社会福祉研究』7, 63-70.
――― 2008,「外国人住民と地域の再編・活性化―愛知県西尾市を事例として」『共生の文化研究』1, 158-163.
Müller, K. and C. Schwarz, 2018, Making America Hate Again? Twitter and Hate Crime Under Trump.（最終アクセス 2018 年 8 月 19 日, http://dx.doi.org/10.2139/ssrn.3149103）
二階堂裕子, 2016,「「非集住地域」における日本語学習支援活動を通した外国人住民の支援と包摂―ベトナム人技能実習生の事例から」徳田剛, 二階堂裕子, 魁生由美子『外国人住民の「非集住地域」の地域特性と生活課題―結節点としてのカトリック教会・日本語教室・民族学校の視点から』創風社出版.
National Public Radio, the Robert Wood Johnson Foundation, and Harvard T. H. Chan School of Public Health, 2017, Discrimination in America: Experiences and Views of Latinos.（最終アクセス 2020 年 1 月 5 日, https://cdn1.sph.harvard.edu/wp-content/uploads/sites/94/2017/10/NPR-RWJF-HSPH-Discrimination-Latinos-Final-Report.pdf）.
Nunziata, L., 2015, Immigration and crime: evidence from victimization data. *Journal of Population Economics* 28 (3): 697-736.
小内透, 酒井恵真編, 2001,『日系ブラジル人の定住化と地域社会』御茶の水書房.
Ousey, G. C. and C. E. Kubin, 2009, Exploring the connection between immigration and violent crime rate in US cities, 1980-2000. *Social Problems* 56 (3): 447-473.
Painter-Davis, N., 2016, Immigration Effects on Violence Contextualized: The Role of Immigrant Destination Type and Race/Ethnicity. *Sociological Perspectives* 59 (1), 130-152.
Piquero, A. R., B. E. Bersani, T. A. Loughran, and J. Fagan, 2016, Longitudinal Patterns of Legal Socialization in First-Generation Immigrants, Second-Generation Immigrants, and Native-Born Serious Youthful Offenders. *Crime and Delinquency* 62 (11): 1403-1425.
Ramey, D. M., 2013, Immigrant Revitalization and Neighborhood Violent Crime in Established and New Destination Cities. *Social Forces* 92 (2): 587-629.
Sampson, R. J. and W. B. Groves, 1989, Community structure and crime: Testing social-disorganization theory. *American Journal of Sociology* 94 (4): 774-802.
Sampson, R. J., J. D. Morenoff, and S. Raudenbush, 2005, Social anatomy of racial and

主要参考文献

Butcher, F. K. and A. M. Piehl, 1998, Recent Immigrants: Unexpected Implications for Crime and Incarceration. *Industrial Labor Relations Review* 51（4）: 654-679.

FBI, 2018, *Hate Crime Statistics.*

Ferraro, V., 2016, Immigration and Crime in the New Destinations, 2000-2007: A Test of Disorganizing Effect of Migration. *Journal of Quantitative Criminology* 32（1）: 23-45.

Flores, R. D., 2017, Do Anti-Immigrant Laws Shape Public Sentiment? A Study of Arizona's SB 1070 Using Twitter Data. *American Journal of Sociology* 123（2）: 333-384.

FRA, 2017a, *Fundamental Rights Report 2017.*

——— 2017b, *Second European Union Minorities and Discrimination Survey Main Results*.

Gerstenfeld, P. B., 2013, *Hate Crime: Causes, Controls, and Controversies*. Fourth Edition. Thousand Oak: Sage.

Grattet R. and V. Jenness, 2008, Transforming Symbolic Law into Organizational Action: Hate Crime Policy and Law Enforcement Practice. *Social Forces* 87（1）: 501-528.

Gusfield, J. R., 1967, Moral Passage: The Symbolic Process in Public Designations of Deviance. *Social Problems* 15（2）: 175-188.

船山和泉, 2008,「犯罪「行為者」としての外国人の表象に関しての一考察―メディア・フレームの中の『窃盗団』」『多文化関係学』5, 17-31.

濱田国佑, 2006,「地域住民の外国人との交流・意識とその変化―群馬県大泉町を事例として―第4章 共生に関する展望と町に対する意識」『「調査と社会理論」研究報告書』22, 59-78.

法務総合研究所, 2014,「外国人犯罪に関する研究」(最終アクセス2018年8月17日, http://www.moj.go.jp/housouken/housouken03_00079.html)

稲葉佳子, 石井由香, 五十嵐敦子, 笠原秀樹, 窪田亜矢, 福本佳世, 2010,「公営住宅および都市再生機構の賃貸住宅における外国人居住に関する研究―外国人居住への取組が行われる10団地を対象に」『日本建築学会計画系論文集』75(656), 2397-2406.

岩男壽美子, 2007,『外国人犯罪者―彼らは何を考えているのか』中公新書.

Jaitman, L. and S. Machin, 2013, Crime and immigration: new evidence from England and Wales. *IZA Journal of Migration* 2: 19.(最終アクセス2019年11月30日, https://doi.org/10.1186/2193-9039-2-19)

人権教育啓発推進センター, 2017,「外国人住民調査報告書―訂正版」(最終アクセス2019年12月2日, http://www.moj.go.jp/content/001226182.pdf)

梶田孝道, 丹野清人, 樋口直人, 2005,『顔の見えない定住化―日系ブラジル人と国家・市場・移民ネットワーク』名古屋大学出版会.

Koopmans, R. and S. Olzak, 2004, Discursive Opportunities and the Evolution of Right-Wing Violence in Germany. *American Journal of Sociology* 110（1）: 198-230.

Koopmans, R. and M. Schaeffer, 2016, Statistical and Perceived Diversity and Their Impacts on Neighborhood Social Cohesion in Germany, France and the Netherlands. *Social Indicator Research* 125: 853-883.

Koopmans, R. and S. Veit, 2013, Cooperation in Ethnically Diverse Neighborhoods: A Lost-Letter Experiment. *International Journal of Political Psychology* 35（3）: 379-400.

功刀祐之, 岩田和之, 宮澤秀悟, 2015,「外国人比率と犯罪率―都道府県別データを

OECD, 2013, *Employment Outlook 2013*. Paris: OECD.（最終アクセス 2019 年 11 月 27 日, https://doi.org/10.1787/empl_outlook-2013-en）
呉珠響, 斉藤恵美子, 2017,「無年金または低年金の定住コリアン高齢者が経験した健康に関連する生活上の困難さ」『日本看護科学会誌』37, 105-113.
Oishi, N., 2012, The Limits of Immigration Policies: The Challenges of Highly Skilled Migration in Japan. *American Behavioral Scientist* 56（8）: 1080-1100.
Okkerse, L., 2008, How to Measure Labour Market Effects of Immigration: A Review. *Journal of Economic Surveys* 22（1）: 1-30.
Ottaviano, G. I. P. and G. Peri, 2012, Rethinking the Effect of Immigration on Wages. *Journal of the European Economic Association* 10（1）: 152-197.
Pedersen, P. J., M. Pytlikova, and N. Smith, 2004, Selection or Network Effects? Migration Flows into 27 OECD Countries, 1990-2000. *IZA Discussion Paper Series No. 1104*.
Piore, M. J., 1978, Dualism in the Labor Market: A response to uncertainty and flux. The case of France. *Revue économique* 29（1）: 26-48.
Razin, A. and J. Wahba, 2012, Welfare Magnet Hypothesis, Fiscal Burden and Immigration Skill Selectivity. *Norface Migration Discussion Paper 2012-36*.
Reich, M., D. M. Gordon, and R. C. Edwards, 1973, Dual Labor Markets: A Theory of Labor Market Segmentation. *American Economic Review* 63（2）: 359-365.
Rowthorn, R., 2008, The Fiscal Impact of Immigration on the Advanced Economies. *Oxford Review of Economic Policy* 24（3）: 560-580.
式部信, 1992,「「外国人労働者問題」と労働市場理論」伊豫谷登士翁, 梶田孝道編『外国人労働者論』弘文堂, 137-168.
志甫啓, 2007,「日系ブラジル人の社会保障適用の実態―2005 年度磐田市外国人市民実態調査を用いた分析」『季刊・社会保障研究』43（2）, 84-106.
Sobotka, T., 2008, The Rising Importance of Migrants for Childbearing in Europe. *Demographic Research* 19（9）: 225-248.
総務省, 2014,『生活保護に関する実態調査結果報告書』総務省行政評価局.
Takenoshita, H., 2006, The Differential Incorporation into Japanese Labor Market: A Comparative Study of Japanese Brazilians and Professional Chinese Migrants. *The Japanese Journal of Population* 4（1）: 56-77.
丹野清人, 2007,『越境する雇用システムと外国人労働者』東京大学出版会.
Zabodny, M., 1997, Welfare and the Locational Choices of New Immigrants. *Economic Review-Federal Reserve Bank of Dallas; Second Quarter 1997*.

第３章

Allport, G. W., 1954, *The Nature of Prejudice*. Mass: Addison-Wesley.（＝G・W・オルポート, 1961, 原谷達夫, 野村昭訳,『偏見の心理』培風館）
Beale, S. S. 2000. Federalizing hate crimes: Symbolic politics, expressive law, or tool for criminal enforcement? *Boston University Law Review* 80: 1227-1281.
Bell, B. and S. Machin, 2013, Immigrant Enclaves and Crime. *Journal of Regional Science* 53（1）: 118-141.
Bianchi, M., P. Buonanno, and P. Pinotti, 2012, Do Immigrants Cause Crime? *Journal of the European Economic Association* 10（6）: 1318-1347.
Browning, C. R., J. Dirlam and B. Boettner, 2016, From Heterogeneity to Concentration: Latino Immigrant Neighborhoods and Collective Efficacy Perceptions in Los Angeles and Chicago. *Social Forces* 95（2）: 779-807.
Bureau of Justice Statistics, 2017, *Hate Crime Victimization, 2004-2015*.

主要参考文献

Jungar, A. and A. R. Jupskås, 2014, Populist Radical Right Parties in the Nordic Region: A New and Distinct Party Family? *Scandinavian Political Studies* 37 (3): 215-38.
上林千恵子, 2010,「外国人単純労働者の受け入れ方法の検討—日本の技能実習制度と西欧諸国の受け入れ制度との比較から」五十嵐泰正編『労働再審 2　越境する労働と〈移民〉』大月書店, 137-170.
梶田孝道, 丹野清人, 樋口直人, 2005,『顔の見えない定住化—日系ブラジル人と国家・市場・移民ネットワーク』名古屋大学出版会.
川本綾, 2011,「西成地区コリアンコミュニティの形成と変容」『URP GCOE Report Series No. 21 コリアンコミュニティにおける高齢居住者の生活と住まいからみた地域再生の課題—西成区在日コリアン多住地域を中心として』大阪市立大学都市研究プラザ, 37-47.
Kogan, I., 2007, *Working Through Barriers: Host Country Institutions and Immigrant Labour Market Performance in Europe*. Dordrecht: Springer.
是川夕, 2013a,「日本における外国人の移住過程がその出生率に及ぼす影響について」『社会学評論』64 (1), 109-127.
——— 2013b,「日本における外国人女性の出生力—国勢調査個票データによる分析」『人口問題研究』69 (4), 86-102.
——— 2019,「人口問題と移民—日本の経験」駒井洋監修, 是川夕編『移民・ディアスポラ研究 8　人口問題と移民—日本の人口・階層構造はどう変わるのか』明石書店, 22-40.
小﨑敏男, 2019,「移民・外国人労働者と労働市場」小﨑敏男, 佐藤龍三郎編『人口学ライブラリー 18　移民・外国人と日本社会』原書房, 135-158.
Lewis, E. G., 2004, How Did the Miami Labor Market Absorb the Mariel Immigrants? *Working Paper No. 04-3*.
——— 2005, The Impact of Immigration on New Technology Adoption in U.S. Manufacturing. Paper presented in *Immigration in the U.S.: Economic Effects on the Nation and Its Cities*. April 28-29, 2005. The Federal Reserve Bank of Philadelphia.
Liebig, T. and J. Mo, 2013, The Fiscal Impact of Immigration in OECD Countries. *International Migration Outlook 2013*. Paris: OECD Publishing.
増田幹人, 2019,「移民・外国人と社会保障財政」小﨑敏男, 佐藤龍三郎編『人口学ライブラリー 18　移民・外国人と日本社会』原書房, 185-211.
永吉希久子, 2018「福祉国家は排外主義を乗り越えるか——福祉愛国主義と社会保障制度」樽本英樹編著『排外主義の国際比較——先進諸国における外国人移民の実態』ミネルヴァ書房, 149-176
Nowrasteh, A., 2015, The Fiscal Impact of Immigration. In B. Powell (ed.) *The Economics of Immigration: Market-Based Approaches, Social Science, and Public Policy*. New York: Oxford University Press, 38-69.(=A・ナウラステ, 2016, 藪下史郎監訳, 鈴木久美訳,「移民の財政への影響」『移民の経済学』東洋経済新報社, 47-87)
中村二朗, 内藤久裕, 神林龍, 川口大司, 町北朋洋, 2009,『日本の外国人労働力—経済学からの検証』日本経済新聞出版社.
日本労働組合総連合, 2017,「外国人労働者の受入れ政策に関する連合の考え方」(最終アクセス 2019 年 12 月 29 日, https://www.jtuc-rengo.or.jp/activity/roudou/data/20170119.pdf?6456)
西岡由美, 2004,「技能実習生の活用実態と日本人社員との代替関係について」『日本労働研究雑誌』531, 26-34.

土田久美子, 竹中歩, 2012,「日本留学は学生の「人間開発」に寄与するか―留学生の選択プロセス」李善姫, 中村文子, 菱山宏輔編『移動の時代を生きる―人・権力・コミュニティ』東信堂, 91-119.
塚﨑裕子, 2008,『外国人専門職・技術職の雇用問題―職業キャリアの観点から』明石書店.
UNHCR, 2017,「日本と世界における難民・国内避難民・無国籍者に関する問題について（日本への提案）」UNHCR駐日事務所.
――― 2019, *Global Trends: Forced Displacement in 2018*. Geneva: UNHCR.
内海由美子, 澤恩嬉, 2010,「韓国人女性はなぜ日本に結婚移住するのか―山形県における聞き取り調査の結果に見るプッシュ要因」『山形大学留学生教育と研究』2, 13-29.
山口塁, 2016,「日本企業における留学生人材の活用と労働市場での位置づけ」『比較経済研究所ワーキングペーパー』200, 1-21.

第2章
Andersson, G., 2004, Childbearing after Migration: Fertility Patterns of Foreign-born Women in Sweden. *International Migration Review* 38 (2): 747-774.
Borjas, G. J., 1989, Economic Theory and International Migration. *The International Migration Review* 23 (3): 457-485.
――― 1999, Immigration and Welfare Magnets. *Journal of Labor Economics* 17 (4): 607-637.
――― 2003, The Labor Demand Curve Is Downward Sloping: Reexamining the Impact of Immigration on the Labor Market. *NBER Working Paper Series 975*5.
Bosetti, V., C. Cattaneo and E. Verdolini, 2012, Migration, Cultural Diversity and Innovation: A European Perspective. *Working Paper Series no. 469 from IGIER, Universitá Boccoli*.
De Giorgi, G. and M. Pellizzari, 2009, Welfare migration in Europe. *Labour Economics* 16 (4): 353-363.
De New, J. P. and K. F. Zimmermann, 1994, Native wage impacts of foreign labor: a random effects panel analysis. *Journal of Population Economics* 7: 177-192.
Dustmann, C. and T. Frattini, 2014, The Fiscal Effects of Immigration to the UK. *The Economic Journal* 124: 593-643.
Edo, A., 2013, The Impact of Immigration on Native Wages and Employment. *Documents de travail du Centre d'Economie de la Sorbonne 2013*, 64.
Ekberg, J. 2006. Immigration to the Welfare State. Is it a Burden or a Contribution? The Case of Sweden. *AMID Working Paper Series 48/2006*.
多文化社会における社会階層研究会, 2018,「くらしと仕事に関する外国籍市民調査報告書」
Gross, D. M., 2002, Three million foreigners, three million unemployed? Immigration flows and the labour market in France. *Applied Economics* 34 (16): 1969-1983.
橋本由紀, 2009,「日本におけるブラジル人労働者の賃金と雇用の安定に関する考察―ポルトガル語求人データによる分析」『日本労働研究雑誌』584, 54-72.
――― 2010,「外国人研修生・技能実習生を活用する企業の生産性に関する検証」『RIETI Discussion Paper Series 10-J-018』経済産業研究所.
――― 2011,「外国人研修生受入れ特区の政策評価」『RIETI Discussion Paper Series 11-J-048』経済産業研究所.
Hunt, J. and M. Gauthier-Loiselle, 2009, How Much Does Immigration Boost Innovation? *IZA Discussion Paper Series 3921*.

Contemporary Student Migration from China to Japan. *International Migration Review* 43 (1): 178-204.
万城目正雄, 2019,「外国人技能実習制度の活用状況と今後の展開」小﨑敏男, 佐藤龍三郎編『人口学ライブラリー18　移民・外国人と日本社会』原書房, 159-184.
三浦純子, 2013,「日本における難民の受け入れと社会統合―タイ難民キャンプからのカレン族を事例に」『立命館平和研究―立命館大学国際平和ミュージアム紀要』14, 49-55.
難民対策連絡調整会議, 2014,「第三国定住による難民の受入れに関する具体的措置について」(最終アクセス 2019 年 11 月 23 日, http://www.cas.go.jp/jp/seisaku/nanmin/pdf/h260124.pdf)
日本学生支援機構, 2018,「平成 28 年度　学生生活調査結果」日本学生支援機構.
日本学生支援機構, 2019,「平成 29 年度　私費外国人留学生生活実態調査　概要」日本学生支援機構.
日本私立大学団体連合会, 2009,「私立大学における教育の質向上」(2016 年 7 月 27 日取得, http://www.shidai-rengoukai.jp/information/info_21.html)
日本・東京商工会議所, 2019,「「人手不足等への対応に関する調査」結果概要」日本・東京商工会議所.
呉泰成, 2018,「難民認定制度の当事者経験―日本の難民認定申請者への聞き取りから」『大阪経済法科大学アジア太平洋研究センター年報』15, 12-20.
Oishi, N., 2012, The Limits of Immigration Policies: The Challenges of Highly Skilled Migration in Japan. *American Behavioral Scientist* 56 (8): 1080-1100.
大石奈々, 2018,「高度人材・専門人材をめぐる受入れ政策の陥穽―制度的同型化と現実」『社会学評論』68 (4), 549-566.
岡部牧夫, 2002,『海を渡った日本人』山川出版社.
朴沙羅, 2017,『外国人をつくりだす―戦後日本における「密航」と入国管理制度の運用』ナカニシヤ出版.
李善姫, 2012a,「ジェンダーと多文化の狭間で―東北農村の結婚移民女性をめぐる諸問題」『GEMC journal: グローバル時代の男女共同参画と多文化共生』7, 88-103.
――― 2012b,「グローバル化時代の仲介型結婚移民」李善姫, 中村文子, 菱山宏輔編『移動の時代を生きる―人・権力・コミュニティ』東信堂, 3-41.
賽漢卓娜, 2007,「中国人女性の「周辺化」と結婚移住―送り出し側のプッシュ要因分析を通して」『家族社会学研究』19 (2), 71-83.
白石勝己, 2007,「留学生数の変遷と留学生十万人計画―平成 18 年度留学生数は昨年比 4000 人減少」『アジアの友』452, 4-10.
総務省, 2019,「高度外国人材の受入れに関する政策評価書」総務省.
鈴木江理子, 2019,「外国人労働者受け入れの歴史と入管法改定―都合の良い労働力に依存する地域をどう変えるか」『POSSE』41, 28-35.
鈴木譲二, 1992,『日本人出稼ぎ移民』平凡社.
高松香奈, 2012,「難民政策の二重性」李善姫, 中村文子, 菱山宏輔編『移動の時代を生きる―人・権力・コミュニティ』東信堂, 177-208.
Takeshita, S., 2016, Intermarriage and Japanese Identity. In E. Healy, D. Arunachalam, and T. Mizukami (eds.) *Creating Social Cohesion in an Interdependent World: Experiences of Australia and Japan*. Hampshire: Palgrave Macmillan, 175-187.
丹野清人, 2007,『越境する雇用システムと外国人労働者』東京大学出版会.
外村大, 2008,「日本帝国の渡航管理と朝鮮人の密航」蘭信三編『日本帝国をめぐる人口移動の国際社会学』不二出版, 31-62.

23 日, https://www.otit.go.jp/gyoumutoukei_2018/)
長谷部美佳, 2016,「外国人家事代行スタッフの導入とその背景―日本女性の社会進出が「有償外国人労働者」を導入しなかったことから考える」『季刊家計経済研究』109, 37-44.
橋本由紀, 2011,「外国人研修生・技能実習生受入企業の賃金と生産性に関する一考察」『経済分析』185, 67-91.
樋口直人, 2010,「経済危機と在日ブラジル人―何が大量失業・帰国をもたらしたのか」『大原社会問題研究所雑誌』622, 50-66.
――― 2019,「労働―人材への投資なき政策の愚」髙谷幸編『移民政策とは何か―日本の現実から考える』人文書院, 23-39.
平野裕子, 2018,「グローバル化時代の介護人材確保政策―二国間経済連携協定での受入れから学ぶもの」『社会学評論』68 (4), 496-513.
人見泰弘, 2008,「難民化という戦略―ベトナム系難民とビルマ系難民の比較研究」『年報社会学論集』21, 107-118.
法務省入国管理局, 2018,「平成 29 年における留学生の日本企業等への就職状況について」法務省.
五十嵐泰正, 2015,「グローバル化の最前線が問いかける射程」駒井洋監修, 五十嵐泰正, 明石純一編『移民・ディアスポラ研究 4　「グローバル人材」をめぐる政策と現実』明石書店, 9-20.
International Labour Organization, 2016, *Decent Work for Migrant Domestic Workers: Moving the Agenda Forward*. Geneva: International Labour Office.
鹿毛理恵, ラタナーヤカ・ピヤダーサ, 2007,「経済発展に対する海外労働移動の関連性―戦前日本の経験をめぐって」『佐賀大学経済論集』40 (2), 43-68.
梶田孝道, 丹野清人, 樋口直人, 2005,『顔の見えない定住化―日系ブラジル人と国家・市場・移民ネットワーク』名古屋大学出版会.
上林千恵子, 2015a,『外国人労働者受け入れと日本社会―技能実習制度の展開とジレンマ』東京大学出版会.
――― 2015b,「介護人材の不足と外国人労働者受け入れ―EPAによる介護士候補者受け入れの事例から」『日本労働研究雑誌』662, 88-97.
警察庁, 1990,『平成 2 年 警察白書』警察庁.
小井土彰宏, 上林千恵子, 2018,「特集「日本社会と国際移民―受入れ論争三〇年後の現実」によせて」『社会学評論』68 (4), 468-478.
是川夕, 2019,「人口問題と移民―日本の経験」駒井洋監修, 是川夕編『移民・ディアスポラ研究 8　人口問題と移民―日本の人口・階層構造はどう変わるのか』明石書店, 22-40.
近藤敦, 2001,「在留特別許可の展望と課題―性質説から立憲性質説へ」『法政研究』68 (1), 271-296.
――― 2009,「移民と移民政策」川村千鶴子, 近藤敦, 中本博皓編『移民政策へのアプローチ―ライフサイクルと多文化共生』明石書店, 20-27.
倉田良樹, 2004,「日本における外国人IT技術者雇用の現状」『一橋大学経済研究所「世代間利害調整に関する研究」ディスカッションペーパーシリーズ』217, 1-22.
桑山紀彦, 1995,『国際結婚とストレス―アジアからの花嫁と変容するニッポンの家族』明石書店.
神坂仁美, 2014,「日本における類似難民の保護の課題と展望 (1) ―平等原則アプローチとEU Qualification Directiveの 2011 年改正からの示唆」『国際公共政策研究』18 (2), 139-156.
Liu-Farrer, G., 2009, Educationally Channeled International Labor Mobility:

主要参考文献

序章

Castels, S. and M. J. Miller, 2009, *The Age of Migration: International Population Movements in the Modern World*. 4th edition. Basingstoke: Palgrave Macmillan. (＝S・カースルズ, M・J・ミラー, 2011, 関根政美, 関根薫監訳『国際移民の時代　第4版』名古屋大学出版会)
知花いづみ, 2012,「フィリピンにおける人の移動と法制度―送出国と受入国の共通基盤の構築に向けて」山田美和編『東アジアにおける人の移動の法制度』調査研究報告書, アジア経済研究所.
是川夕, 2018,「日本における国際人口移動転換とその中長期的展望―日本特殊論を超えて」『移民政策研究』10, 13-28.
永吉希久子, 2018「福祉国家は排外主義を乗り越えるか――福祉愛国主義と社会保障制度」樽本英樹編著『排外主義の国際比較――先進諸国における外国人移民の実態』ミネルヴァ書房, 149-176
OECD, 2013, *OECD Factbook*. Paris: OECD.
李善姫, 2012,「ジェンダーと多文化の狭間で―東北農村の結婚移民女性をめぐる諸問題」『GEMC journal: グローバル時代の男女共同参画と多文化共生』7, 88-103.
Sassen, S., 1988, *The Mobility of Labor and Capital: A Study in International Investment and Labor Flow*. Cambridge: Cambridge University Press. (＝1992, 森田桐郎ほか訳『労働と資本の国際移動―世界都市と移民労働者』岩波書店)
髙谷幸, 2019,「序章―移民社会の現実を踏まえて」髙谷幸編『移民政策とは何か―日本の現実から考える』人文書院, 7-22.
United Nations, 2017, *International Migration Report 2018.* United Nations.
United Nations Department of Economic and Social Affairs, 1998, *Recommendations on Statistics of International Migration, Revision 1*. New York: United Nations.
World Bank, 2019, *Migration and Remittances: Recent Developments and Outlook*. Washington D.C.: World Bank.

第1章

明石純一, 2015,「国境を越える人材―その誘致をめぐる葛藤」駒井洋監修, 五十嵐泰正, 明石純一編『移民・ディアスポラ研究4　「グローバル人材」をめぐる政策と現実』明石書店, 92-105.
明石純一, 岡部みどり, 八代尚宏, 五十嵐泰正, 2019,「座談会　これからの「移民」の話をしよう。―外国人労働者とともに歩むニッポンのゆくえ」『POSSE』41, 10-27.
浅川聖, 2013,「日本の「内」への難民政策の特徴―難民認定申請者に対する「管理」と「保護」を中心に」『横浜国際経済法学』21 (3), 377-409.
安里和晃, 2016,「経済連携協定を通じた海外人材の受け入れの可能性」『日本政策金融公庫論集』30, 35-62.
ベフハルミ, 2006,「グローバルに拡散する日本人・日系人の歴史とその多様性」レイン・リョウ・ヒラバヤシ, アケミ・キクムラ＝ヤノ, ジェイムズ・A・ヒラバヤシ『日系人とグローバリゼーション』人文書院, 28-56.
中小企業庁, 2017,『中小企業白書 (2017年版)』中小企業庁.
外国人技能実習機構, 2019,「平成30年度業務統計」(最終アクセス2019年11月

永吉希久子（ながよし・きくこ）

東京大学社会科学研究所教授．1982年大阪府生まれ．大阪大学人間科学研究科博士後期課程修了後，追手門学院大学非常勤講師，ウメオ大学客員研究員，東北大学准教授などを経て現職．専攻は社会学（社会意識論，移民研究など）．本書で第37回大平正芳記念賞を受賞．
著書『行動科学の統計学』（共立出版，2016年）
共著『日本人は右傾化したのか』（勁草書房，2019年），
『移民・ディアスポラ研究8　人口問題と移民』（明石書店，2019年），
『日本の移民統合』（明石書店，2021年）など．

移民《いみん》と日本社会《にほんしゃかい》
中公新書 2580

2020年2月25日初版
2024年5月30日3版

著　者　永吉希久子
発行者　安部順一

本文印刷　暁印刷
カバー印刷　大熊整美堂
製　本　小泉製本

発行所　中央公論新社
〒100-8152
東京都千代田区大手町1-7-1
電話　販売 03-5299-1730
　　　編集 03-5299-1830
URL https://www.chuko.co.jp/

Published by CHUOKORON-SHINSHA, INC.
Printed in Japan　ISBN978-4-12-102580-7 C1236

中公新書刊行のことば

いまからちょうど五世紀まえ、グーテンベルクが近代印刷術を発明したとき、書物の大量生産は潜在的可能性を獲得し、いまからちょうど一世紀まえ、世界のおもな文明国で義務教育制度が採用されたとき、書物の大量需要の潜在性が形成された。この二つの潜在性がはげしく現実化したのが現代である。

いまや、書物によって視野を拡大し、変りゆく世界に豊かに対応しようとする強い要求を私たちは抑えることができない。この要求にこたえる義務を、今日の書物は背負っている。だが、その義務は、たんに専門的知識の通俗化をはかることによって果たされるものでもなく、通俗的好奇心にうったえて、いたずらに発行部数の巨大さを誇ることによって果たされるものでもない。現代を真摯に生きようとする読者に、真に知るに価いする知識だけを選びだして提供すること、これが中公新書の最大の目標である。

私たちは、知識として錯覚しているものによってしばしば動かされ、裏切られる。私たちは、作為によってあたえられた知識のうえに生きることがあまりに多く、ゆるぎない事実を通して思索することがあまりにすくない。中公新書が、その一貫した特色として自らに課すものは、この事実のみの持つ無条件の説得力を発揮させることである。現代にあらたな意味を投げかけるべく待機している過去の歴史的事実もまた、中公新書によって数多く発掘されるであろう。

中公新書は、現代を自らの眼で見つめようとする、逞しい知的な読者の活力となることを欲している。

一九六二年一一月

中公新書

社会・生活

11

- 2484 社会学 加藤秀俊
- 1242 社会学講義 富永健一
- 1910 人口学への招待 河野稠果
- 2282 地方消滅 増田寛也編著
- 2333 地方消滅 創生戦略篇 増田寛也 冨山和彦
- 2715 縛られる日本人 メアリー・C・ブリントン 池村千秋訳
- 2794 流出する日本人—海外移住の光と影 大石奈々
- 2580 移民と日本社会 永吉希久子
- 2454 人口減少と社会保障 山崎史郎
- 2446 人口減少時代の土地問題 吉原祥子
- 2607 アジアの国民感情 園田茂人
- 1479 安心社会から信頼社会へ 山岸俊男
- 2322 仕事と家族 筒井淳也
- 2768 ジェンダー格差 牧野百恵
- 2737 不倫—実証分析が示す全貌 五十嵐彰 迫田さやか
- 2431 定年後 楠木新
- 2486 定年準備 楠木新
- 2577 定年後のお金 楠木新
- 2704 転身力 楠木新
- 2632 男が介護する 津止正敏
- 2488 ヤングケアラー—介護を担う子ども・若者の現実 澁谷智子
- 2138 ソーシャル・キャピタル入門 稲葉陽二
- 2184 コミュニティデザインの時代 山崎亮
- 1537 不平等社会日本 佐藤俊樹
- 2489 リサイクルと世界経済 小島道一
- 2604 SDGs（持続可能な開発目標） 蟹江憲史